CHENGZIHE YEARBOOK 2018

# 城子河年鉴

## （2018）

鸡西市城子河区地方志办公室　编

方志出版社
Publishing House of Local Records

图书在版编目（CIP）数据

城子河年鉴. 2018 / 鸡西市城子河区地方志办公室编. -- 北京：方志出版社，2020.5

ISBN 978-7-5144-4187-1

Ⅰ. ①城… Ⅱ. ①鸡… Ⅲ. ①区（城市）—鸡西—2018—年鉴 Ⅳ. ① Z523.54

中国版本图书馆 CIP 数据核字（2020）第 065728 号

城子河年鉴（2018）

编　　者：鸡西市城子河区地方志办公室
责任编辑：梅中英

出 版 者：方志出版社
地址　北京市朝阳区潘家园东里 9 号（国家方志馆 4 层）
邮编　100021
网址　http://www.fzph.org
发　　行：方志出版社图书经销中心
电话　（010）67110500
经　　销：各地新华书店
排　　版：北京中文天地文化艺术有限公司
印　　刷：北京中科印刷有限公司

开　　本：889×1194　1/16
印　　张：13.75
字　　数：487 千字
版　　次：2020 年 5 月第 1 版　2020 年 5 月第 1 次印刷

ISBN 978-7-5144-4187-1　定价：165.00 元

# 序

贫困问题一直是困扰人类社会发展的重大问题。中国作为世界上最大的发展中国家，为解决贫困问题进行了长期不懈的努力。改革开放以来，特别是党的十八大以来，以习近平同志为核心的党中央把脱贫攻坚作为全面建成小康社会的底线任务和标志性指标，纳入“五位一体”总体布局和“四个全面”战略布局，以前所未有的力度推进精准扶贫、精准脱贫，扶贫开发成就举世瞩目，显著改善了贫困地区和贫困群众生产生活条件，具有重大的现实意义和深远的历史意义。身处中华民族几千年发展历史上将首次整体消除绝对贫困现象的伟大时代，如何更好地发挥地方志的存史、育人、资政的作用，是新时代全国地方志系统必须深入研究和着力解决的重大课题。

党的十八大以来，在党中央国务院的正确领导下，全国地方志系统深入学习贯彻习近平新时代中国特色社会主义思想，紧紧围绕党和国家事业发展需要，深入推进地方志改革创新发展，凝心聚力，稳扎稳打，勇于担当，主动作为，全国地方志形势和地方志工作者的精神面貌发生了深刻变化，取得了优异成绩。其中，为贯彻落实《全国地方志事业发展规划纲要（2015—2020 年）》，经中国地方志指导小组领导批准，中国地方志指导小组办公室于 2015 年、2017 年先后启动民族地区与贫困地区志书、年鉴出版资助工程（以下简称“志鉴出版资助工程”），对国家级贫困县（区、旗、县级市），中西部地区、少数民族边疆地区面临出版经费困难的志书和综合年鉴给予出版资助。实施志鉴出版资助工程是紧扣时代脉搏、坚持创新发展、传承弘扬中华优秀传统文化的一项创举，不仅有力推动了“两全目标”的实现，而且数十部资助出版的志书、年鉴及时记述了民族地区与贫困地区在全面建成小康社会伟大征程中取得的新成绩和新经验、出现的新情况和新问题、涌现的优秀人物和典型事迹，留住地方文化的“根”和“魂”，为这些地区的经济社会发展、地域文化传播、爱国主义教育、精神文明建设等提供了历史借鉴和智力支持，对全面提升民族地区与贫困地区文化建设水平、确保民族地区与贫困地区和全国其他地区同步全面建成小康社会具有重要意义。

尤为可喜的是，志鉴出版资助工程促成了一批扶贫志书的编纂出版，在文化脱贫攻坚中发挥了独特的作用。例如，《贵州省减贫志》全面系统客观记述了从 1978

年至2015年贵州省扶贫、减贫工作的历程及取得的经验，为贵州省实施大扶贫战略提供了有力的资政辅治参考，集中体现了地方志工作因时而动、顺势而为的新作为。前不久，由福建省地方志编委会和人民网共同编纂的《闽宁扶贫协作图志》，是全国首部扶贫协作图志，图文并茂、直观立体、全方位地展现闽宁扶贫协作波澜壮阔的历程，弘扬“闽宁一家亲”“携手奔小康”的深厚情谊和滴水穿石、久久为功的精神，是贯彻落实习近平总书记扶贫工作重要论述精神，服务国家精准扶贫、精准脱贫战略的有力举措。希望各地以此为鉴，编纂出版更多、更好的扶贫志书、年鉴，助力国家精准扶贫、精准脱贫战略的实施，充分展现地方志的独特价值和作用。

当前，我国脱贫攻坚已进入全面决战决胜的关键时期，尚未脱贫的贫困地区集中分布在中西部深山区、极端干旱山区、高寒阴湿地区等，文化建设还比较薄弱，文化产品还不够丰富，文化精品更是少之甚少。同时，这些地区往往是民族文化、历史文化、红色文化、生态文化富集区，具有发展文化旅游、推进文化扶贫的巨大潜在优势，也是繁荣发展地方志事业的巨大文化宝库。要发挥好文化扶贫凝聚人心的优势，善于利用方志文化优势为贫困地区“赋能”，在脱贫攻坚中做出方志人应有的贡献。要发挥好中国名镇志文化工程、中国名村志文化工程的引领作用，大力加强乡镇村志编纂，让百姓记得起乡情、记得住乡愁，凝聚贫困乡镇村庄的强大民心，补齐贫困乡镇村庄的文化短板，以“扶智”的方式“扶志”，践行习近平总书记强调的“扶贫先扶智，扶贫必扶志”的重要理念。

求木之长者，必固其根本；欲流之远者，必浚其泉源。扶贫扶起的是志气骨气，传承的是家国情怀，守护的是绿水青山。扶贫既要富口袋，也要富脑袋。必须坚持文化脱贫和物质脱贫两手抓，筑牢贫困地区文化之基，补足信仰精神之钙，引领脱贫发展之舵。全国地方志系统要围绕中心、服务大局，坚决投入脱贫攻坚这场必须打赢的硬仗，积极参与脱贫攻坚战，发挥优势和特长，深入挖掘文化资源，着力补齐文化短板，努力帮助民族地区与贫困地区的文化建设实现较大的发展提升，在全面建成小康社会、实现中华民族伟大复兴中国梦的征程中贡献方志人的力量。

是为序。

中国社会科学院院长
中国地方志指导小组组长　谢伏瞻

# 民族地区与贫困地区年鉴出版资助工程领导小组

组　　　长：高　翔

常务副组长：冀祥德

副　组　长：高京斋　邱新立

# 民族地区与贫困地区年鉴出版资助工程领导小组办公室

主　　　任：冀祥德

副　主　任：邱新立

成　　　员：于伟平　刘永强　冷晓玲　李　静

# 《城子河年鉴（2018）》编纂委员会



# 《城子河年鉴（2018）》编纂人员

# 编辑说明

一、《城子河年鉴（2018）》是由城子河区人民政府地方志办公室编纂出版的资料性文献。本年鉴坚持以马克思列宁主义、毛泽东思想、邓小平理论、“三个代表”重要思想、科学发展观、习近平新时代中国特色社会主义思想为指导，坚持辩证唯物主义和历史唯物主义的立场、观点和方法。

二、本年鉴以记述各部门、各单位2017年1—12月各类信息为主。为反映事物完整性，个别信息资料跨年度记述。

三、本年鉴以各部门、各单位提供的资料为依据。由于统计数据的来源、口径、方式、时间的不同可能有差异，请读者以统计局提供的统计资料为准。

四、《城子河年鉴（2018）》的彩图由区委宣传部提供，内文图由各承编单位提供，主要反映市领导在城子河视察工作的活动及2017年城子河重大活动事件，部分重点建设项目情况。

五、本年鉴收录的各部门、各单位负责人名录以2017年12月末单位领导班子成员为准。

六、《城子河年鉴（2018）》基本采用分类编辑法。

七、《城子河年鉴（2018）》的编辑工作，得到了区委、区政府的高度重视和各单位的大力支持，得到各单位撰稿人员的通力协作，在此深表谢意！

由于编纂者的水平有限，记述中难免出现疏漏之处，恳请广大读者多提宝贵意见。

# 城子河区行政区划图

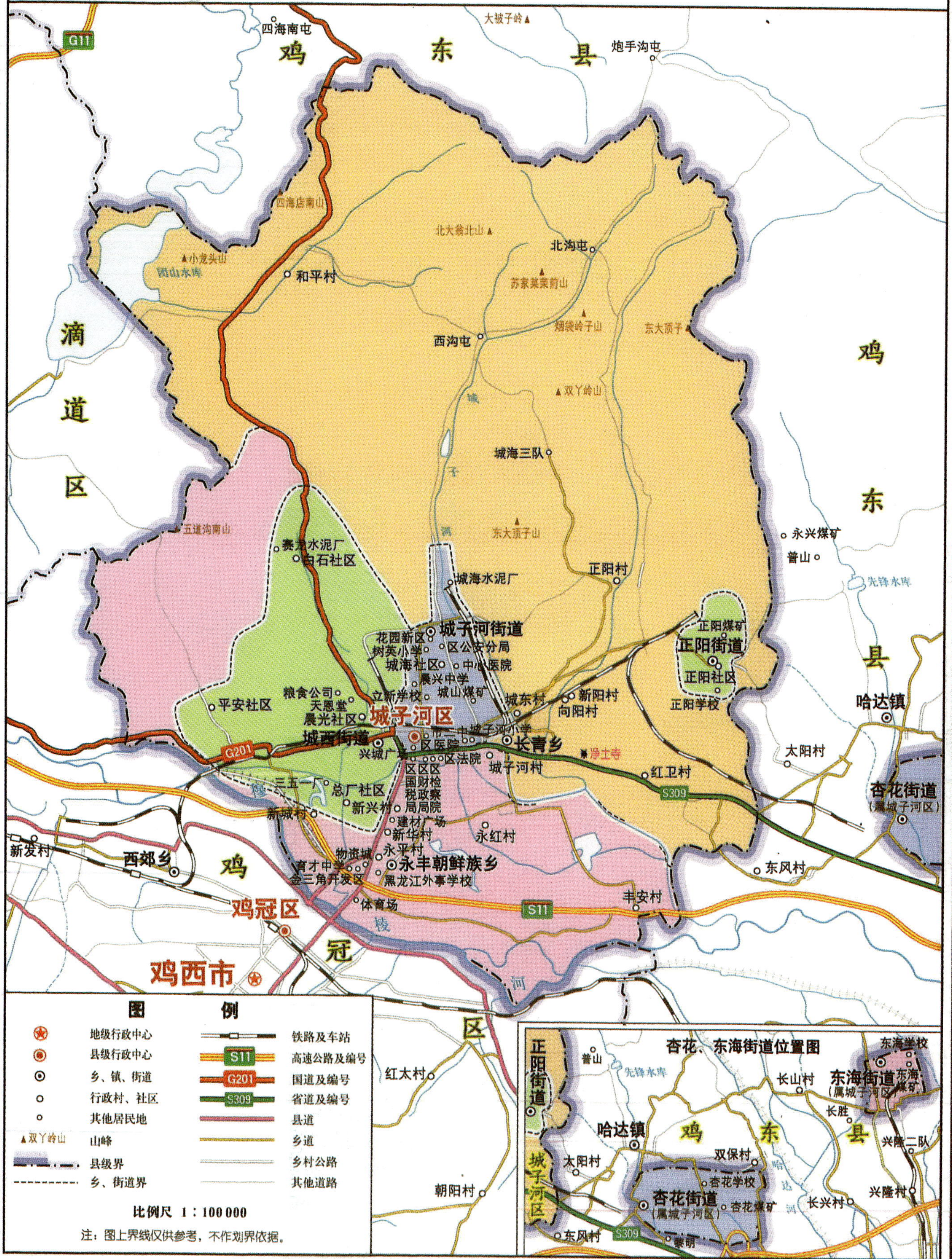


哈尔滨地图出版社编制　　审图号 黑S（2019）042号　　资料截止到2017年末

# 领导关怀

2017 年 3 月 21 日，鸡西市委书记康志文（前排右三）调研城子河区长青乡新阳村采摘生态项目

2017 年 5 月，鸡西市市长张常荣（左一）调研石墨产业

2017 年 12 月 22 日，鸡西市副市长兰知震（左二）视察城子河区河长制工作

2017 年 3 月 15 日，鸡西市市长张常荣（左二）一行人员调研城子河区信开环保纸制品

2017 年 8 月，鸡西市委组织部领导下乡调研

国务院安委会检查城子河区煤矿安全生产工作

2017 年 7 月 26 日，鸡西市人大常委会领导调研城子河区新农村建设

鸡西市文明办到城子河区推进创建全国文明城市工作

# 重大活动

2017 年 12 月，召开中共城子河区委十三届四次全体（扩大）会议

2017 年 12 月 17 日，城子河区第十二届人民代表大会第二次会议现场

2017 年 12 月 24 日，召开政协城子河区第九届委员会第二次会议

城子河区政府十二届一次全体（扩大）会议暨廉政工作会议现场

中共城子河区纪委第十三届二次全体（扩大）会议

城子河区 2017 年党员培训示范班开班仪式

2017 年 10 月 31 日，城子河区全区领导干部大会现场

2017 年 12 月，召开城子河区村“两委”换届选举工作会议

鸡西村史村志编纂工作城子河现场会

2017 年 9 月 29 日，召开城子河区行政许可法“一法一例”及行政审批制度改革专题培训工作会议

鸡西市城子河区慈善会成立大会现场

2017 年 11 月 21 日，召开城子河区政府安全工作会

2017 年 4 月，城子河区政府组织关闭非法矿井

# 领导活动

2017年11月28日，城子河区领导参加警示教育图片展

城子河区委书记张远民（右三）在“网络诚信　消费无忧”为主题的纪念“3·15国际消费者权益日”活动现场指导工作

城子河区领导调研城子河区聚鑫商贸仓储物流项目

城子河区区长任峰（右三）慰问环卫工人

城子河区区长任峰（左一）与长春亚泰集团洽谈招商项目

春节期间，城子河区委书记张远民（右三）慰问矿区工人

城子河区领导下乡推进精准扶贫工作

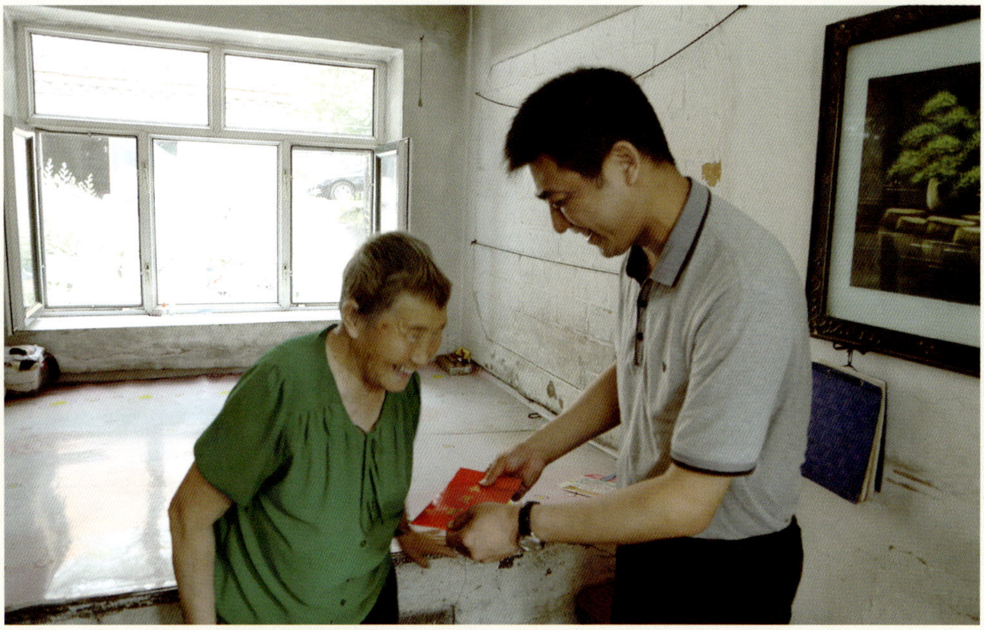

“七一”期间，城子河区委副书记、区长任峰（右一）代表区委、区政府慰问老党员

2017 年 4 月 5 日，城子河区领导与青年团员共同参加祭扫烈士陵园活动

2017 年 8 月，城子河区领导在安全月城子河区宣传活动现场指导工作

城子河区领导在志愿服务现场指导工作

省市总工会领导与省第十二届劳动模范代表合影（2017 年省劳动模范、城子河区长青乡新阳村村主任方正智，二排左三）

2017 年 2 月 17 日，城子河区盛世康成合作社北药种植研讨会现场

2017 年 5 月 19 日，鸡西市第三届小微购物节城子河分会现场及剪彩仪式

城子河区特色品牌企业“惠妈妈牛肉酱”

城子河区特色农产品——阿之麦鸭稻

城子河区对日出口服装厂制作车间

城子河区政协主要领导调研同心创业基地

金三角开发区

区委书江张远民（右三）带队参加 2017 哈洽会

2017 哈洽会展出的城子河区绿色农产品——大米和秋木耳

2017 哈洽会展出的城子河区优质产品——牛肉酱、新开流酒和黄芩茶

## 志愿资助

城子河区妇联“春蕾助学 金秋圆梦”助学金发放仪式现场

城子河区志愿服务工作会议现场

城子河区人民医院工作人员在志愿服务现场为百姓检查身体

2017 年 7 月 9 日，城子河区人大代表视察新居家园

城子河区委书记张远民（前排左一）陪同市保障办领导参加花园新区楼房验收

崭新的城子河区采煤沉陷安居工程楼房

城子河区采煤沉陷区居民庆贺喜迁新居

喜迁新居居民送锦旗（鸡西市保障办领导代领）

2017 年 12 月，打造城子河区冰雪文化鸿象乐园启动仪式现场

城子河区喜迎“七一”文艺会演

丰富多彩的群众文化生活

多姿多彩的秧歌舞蹈

雄伟壮观的众兴桥成为贯穿鸡冠区和城子河区的重要交通枢纽

龙江旅游名胜——净土寺

城子河区兴城广场的美丽夜景

小城山古城遗址

卧龙湖水库

# 目　录


## 特　载

在区委十三届一次全会上的讲话 …… 1
政府工作报告 …… 4

## 大事记

1 月 …… 12
2 月 …… 12
3 月 …… 13
4 月 …… 13
5 月 …… 14
6 月 …… 14
7 月 …… 15
8 月 …… 16
9 月 …… 17
10 月 …… 18
11 月 …… 19
12 月 …… 20

## 区情概览

**区情区划**

区情概况 …… 22
人口状况 …… 22
行政区划 …… 22

**自然资源**

矿产资源 …… 23
土地资源 …… 23
林业资源 …… 23

**地理环境**

自然地理 …… 23
气候 …… 23

**经济发展**

工业经济 …… 23
农村经济 …… 23
第三产业 …… 24

**民生环保**

城乡建设 …… 24
民生和社会事业 …… 24
生态环保 …… 25

## 中国共产党城子河区委员会

**综　述**

概况 …… 26
优化经济发展 …… 26
党建工作 …… 26
依法治区 …… 26

改革创新……27

## 重要会议

第1次常委会议……27
第2次常委会议……27
第3次常委会议……27
第4次常委会议……27
第5次常委会议……27
第6次常委会议……27
第7次常委会议……28
第8次常委会议……28
第9次常委会议……28
第10次常委会议……28
第11次常委会议……28
第12次常委会议……28
第13次常委会议……28
第14次常委会议……28
第15次常委会议……28
第16次常委会议……29
第17次常委会议……29
第18次常委会议……29
第19次常委会议……29
第20次常委会议……29
第21次常委会议……29
第22次常委会议……29
第23次常委会议……30

## 办公室

概况……30
综合调研……30
协调政务运转……30
督促检查……30
信息处理……30
机要保密……31
队伍建设……31
作风建设……31
"两学一做"学习教育常态化制度化……31

## 组织部

概况……31
党建学习……32
领导干部队伍建设……32
基层党建与党员队伍建设……32
人才发展体制机制改革创新……33
加强自身建设……33

## 宣传部

概况……33
意识形态工作……34
理论学习工作……34
中心组学习工作……34
扩大宣传……35
培育引导群众文化发展……36
规范管理志愿服务……36
引领核心价值观……36
常态化管理全国文明城市创建工作……36
开展创建全国文明城市集中整治攻坚战……37
重点整治区域交通秩序……37
规范小区管理……37

## 统战工作

概况……37
民主政治建设……38
党外干部和党外知识分子工作……38
为经济发展服务……38
侨联工作……38
民族宗教工作……39
自身建设……39

## 机关党建

概况……39
思想建设……39

组织建设……39
作风建设……39
制度建设……39
重点工作……40

## 老干部工作

概况……40
组织关怀……40
落实老干部生活待遇……40
基层党组织工作……40
增添社会正能量……40
提高服务老干部水平……40

## 关心下一代工作

概况……41
开展青少年教育活动……41
主题读书教育活动……41
“三个共建”活动……41
民营企业关工工作……41
精准扶贫工作……42
全区实现未成年人零犯罪……42
青少年关爱帮扶工作……42
宣传工作……42
队伍建设……43
“五老”志愿服务……43

# 城子河区人民代表大会

## 综 述

概况……44
提升人大工作……44

## 重要会议

区十二届人大常委会第一次会议……44
区十二届人大常委会第二次会议……44
区十二届人大常委会第三次会议……45
区十二届人大常委会第四次会议……45
区十二届人大常委会第五次会议……45
区十二届人大常委会第六次会议……45
区第十二届人民代表大会第二次会议……46

## 主要工作

代表服务工作……46
人大监督工作……46
民生服务工作……46
民主法治建设……47
人大自身建设……47
人大代表提出的建议和意见……47

# 城子河区人民政府

## 综 述

概况……49
工业发展……49
环境保护……49
脱贫攻坚……49
民生工程……50
民生实事……50
安全维稳……50
招商工作……50
特色农业……50

## 重要会议

第十二届一次常务会议……50
第十二届一次全体（扩大）会议暨廉政工作会议……50
第十二届二次常务会议……51
第十二届三次常务会议……51
第十二届四次常务会议……51
第十二届五次常务会议……51
第十二届六次常务会议……51
第十二届七次常务会议……51

第十二届八次常务会议……52
第十二届九次常务会议……52
第十二届十次常务会议……52
第十二届十一次常务会议……52
第十二届十二次常务会议……52
第十二届十三次常务会议……52
第十二届十四次常务会议……52
第十二届十五次常务会议……53
第十二届十六次常务会议……53

**办公室**

概况……53
督办检查……53
办文办会……53
政务公开工作……54
网上行政审批……54
应急管理……54
优化发展环境……54

**机构编制**

概况……54
控编减编……54
重点机构改革……54
日常管理服务……55

**信访工作**

概况……55
排查工作……55
迎检工作……55
建立健全工作机制……55
领导干部接访工作……56
联合接访工作……56
网上接访工作……56
依法治访工作……56

## 中国人民政治协商会议城子河区委员会

**综　述**

概况……57
基层组织建设……57

**重要会议**

区政协九届委员会第二次会议……57
区政协九届三次常委（扩大）会议……57
区政协九届四次常委（扩大）会议……57

**主要工作**

提案办理落实工作……57
提案管理工作……58
调研视察……58
考察指导创业……58
基层医疗卫生考察……58
民主监督工作……59
村史村志工作……59
非公经济创业活动……60
社会公益活动……60

## 纪检监察

**重要会议**

城子河区廉政工作会议……61
中共城子河区十三届纪律检查委员会第二次全体会议……61
城子河区反腐败协调工作会议……61

**主要工作**

概况……61
落实“两个责任”……62
惩治腐败……62

作风建设……62
党风廉政教育……62
惠民利民政策监督……62

## 群众团体

### 工 会

概况……64
走访慰问……64
精准扶贫工作……64
宣传典型……64
文化生活……64
职业技能大赛……64
普法宣传……65

### 共青团

概况……65
加强思想引领教育……65
深化道德实践引导……65
发挥典型带动作用……65
“创城、创优”主题活动……65
引导青年创业……66
助力脱贫……66
团干部联系青年……66
打造青少年维权品牌……66
队伍建设……66

### 妇女联合会

概况……67
妇女创业……67
“最美家庭”评选……67
家庭助廉……67
儿童早期家教骨干培训班……67
宣传活动……67
推进土地确权登记工作……68
开展法治宣传……68
举办性别教育读本进幼儿园活动……68
推荐先进……68
换届选举……68

### 残疾人联合会

概况……68
康复服务……68
就业培训……69
扶贫救助……69
组织建设……69

## 法 治

### 政法委及综治

概况……70
健全矛盾纠纷预防化解机制……70
监护精神障碍患者……70
向英雄致敬活动……70
平安城子河宣传活动……70
禁毒工作……70
建设综治视联网系统……71
维稳工作……71
防范工作……71
扫黑除恶……71
优化营商环境……71
法治建设年工作……72
法学会、国安办工作……72
公检法司工作……72
扶贫工作……72
工作规划……72

### 公 安

概况……72
区域情况……73
案件数据……73
专项行动……73

"打非治违"工作……73
返赃工作……73
治安管控……74
推进警务建设……74
基层基础建设……74
思想队伍建设……75
从优待警……75

## 检　察

概况……77
优化发展环境……77
维护社会稳定……78
刑事立案监督……78
侦查监督……78
民事行政检察……78
刑事执行检察……78
司法体制改革……78
强化党风廉政建设……79
加大素能培养……79
阳光检务……79

## 法　院

概况……79
设置派出法庭……79
行政审判……80
强化审判执行……80
深化司法改革……80
司法为民……80
党建工作……81

## 司法行政

概况……81
宣传普法工作……82
基层司法所建设工作……82
社区矫正工作……82
安置帮教工作……82
调解工作……83
法律援助工作……83
公证处工作……83

# 军　事

## 人民武装

概况……84
思想政治建设……84
战备应急训练……84
国防征兵宣传……85
安全管理……85
后勤保障……85
拥军爱民……85

## 消　防

概况……86
消防责任落实……86
火灾形势防控……86
基层消防工作……86
优化发展环境……87
消防宣传……87
实战能力提升……87
纪律作风建设……87
思想政治工作……88

# 工　业

## 工业信息与科学技术局

概况……89
工业经济……89
淘汰落后产能……89
企业裂变升级……89
科技工作……90
旅游工作……90
安全生产工作……90

信访工作……90
入规企业培育工作……91

## 安全生产监督和煤炭管理局

概况……91
安全生产……91
安全监管……91
行业监管……92
业务培训……92
党风廉政建设……92
专项整治……92
职安监管……92
依法行政……92
安全生产专项活动……92
标准化建设……92
应急管理……92

## 鸡西赛龙水泥制造有限公司

概况……93
指标完成情况……93
环保排污……93
淘汰落后产能……93
安全工作……93
矿山工作……93
熟料生产线建设……93
挖潜增效……94
外培内训……94

## 鸡西市城海水泥有限责任公司

概况……94
生产情况……94
稳定市场……94
定岗定编……94
百日竞赛获奖……94
降耗降成……94
设备改造……95
安全教育培训……95
队伍建设……95
矿山可持续生产……95
环保工作……95
行政工作……95
考察学习……96

## 国网鸡西供电公司城子河区供电所

概况……96
产值产能……96
安全生产……96
优质服务……96
电力营销……96
经营管理……96
党风廉政建设……96
构建和谐企业……97

# 农 业

## 农业管理

概况……98
调整种植业结构……98
指导农业生产……98
实施农业“三减”……98
“互联网＋农业”高标准示范基地建设……99
绿色品牌农业……99
农村分布式能源建设……99
农村改革……99
农民创业……99
脱贫攻坚……100
秸秆禁烧……100

## 林业站

概况……100
森林资源……100
造林绿化……100

灾害防控……101
林业产业……101
资源保护……101
党风廉政建设……101

## 水 利

概况……101
水利工程建设……101
防汛抗旱措施……101
农田水利基本建设……101
供水工程……102
水土流失治理……102
依法行政……102
水文水系……102

## 畜牧兽医

概况……102
规模养殖……102
畜产品监管……103
培训管理……103
畜禽粪便治理……103
动物防疫……103
动物卫生监督……103
畜禽屠宰监测……104
草原管理……104
兽医兽药管理……104
家畜繁育改良……104

# 经济管理

## 商务管理

概况……105
政策支持……105
电商培训……105
电子商务进农村……105
开拓市场……105
整顿规范市场经济秩序……105

## 经济合作

概况……106
高标准招商……106
高效率招商……106
强化领办服务……106

## 统 计

概况……106
重点工作统计……106

## 审 计

概况……107
经济审计……107
责任审计……107

## 发展和改革

概况……107
经济指标……107
经济形势分析……107
重点项目建设……107
续建新建项目……108

## 市场监督管理

概况……108
食品安全监管……108
商事制度改革……108
消费维权……108
商标认定……109
市场监督……109
质量监督与公平交易……109
社会信用体系建设……109
信用信息公开……110
信用监管推荐……110
诚信教育活动……110

诚信宣传活动……110
强化队伍建设……110
党风廉政建设……110

**动物卫生监督所**

概况……111
产地检疫……111
屠宰检疫……111
畜禽屠宰监管……111
养殖场监管……111
诊疗机构监管……111

## 城建　环保

**城乡建设局**

概况……112
党建工作……112
污水处理工程……112
园林建设工程……112
“两供一业”维修改造工程……112
城市排涝工作……113
安全生产监督工作……113

**城市执法管理**

概况……113
区容区貌治理……113
落实“门前五包”责任……113
治理占道经营和临时市场……114
规划管理……114
沉陷地征收……114
建设地征收……114
标准化执法……114
文明城市创建……114
“两学一做”学习教育活动……114
党风廉政建设……114

**房产管理**

概况……114
开展作风整顿活动……115
配合全区征收安置……115
物业管理……115
集中解决已入住未办照难题……115
老旧小区改造……115
保障性住房建设……116
房屋权属确认……116

**保障办**

概况……116
采沉棚户区建设……116
城市棚户区建设……116
煤矿棚户区建设……117
国有工矿棚户区改造……117
配套基础设施项目……117
日常管理……118

**环境保护局**

概况……118
大气污染防治……118
水污染防治……118
土壤污染防治……118
迎检工作……118
严格环境执法……119
应对重污染天气预警……119
防风抑尘网建设……119
健全重大事项决策机制……119
环境保护信息公开公示……119
网上政务服务工作……119

**环卫处**

概况……120
街路清扫保洁……120
垃圾清运……120

公厕管理……120
冬季清运雪工作……120
环卫管理工作……121
环卫“创建全国文明城市”活动……121
“两学一做”学习教育活动……121

### 采煤沉陷安置办公室

概况……121
征收安置工作……122
政策宣传广泛及时……122
抽取楼号公正有序……122
协议审核程序严格……122
财务结算严谨细致……123
综合报审规范严密……123

## 财　税

### 财　政

概况……124
增收节支成效明显……124
争取政策扶持……124
民生保障能力增强……124
深化改革添动力增活力……125

### 国家税务

概况……125
组织收入……126
税源管理……126
便民办税……126
国地税合作……126
党建工作……126
廉政建设……127
队伍建设……127

### 地方税务

概况……127
组织收入……127
依法治税……128
税费征管……128
税务稽查……128
纳税服务……128
党建工作……128
地税文化……129

## 金　融

### 中国建设银行股份有限公司鸡西城子河支行

概况……130
经济指标……130
中间业务……130
存款业务……130
信贷业务……131
电子银行业务……131
信用卡业务……131
资金结算业务……131
信息技术保障……131
案件防控与基础管理工作……131
党建队伍建设……131

### 中国工商银行鸡西城子河支行

概况……132
经营指标……132
参与赛事……132

### 黑龙江鸡西农村商业银行股份有限公司城子河支行

概况……132
经营指标……133
金融服务……133
精神文明建设……133
服务管理……133

## 中国农业银行鸡西分行城子河支行

概况……133
存贷款余额……133
中间业务……133
利润指标……133
客户建设……134
网点渠道建设……134
党建和队伍建设……134
价值创造……134
风险防控……134
“两个从严”……134

# 邮　政

## 中国邮政集团公司城子河区分公司

概况……135
党建工作……135
履责服务工作……135
经济指标……135
基础服务工作……135
安全工作……135

# 综合管理

## 民　政

概况……137
低保标准调整……137
救灾救济……137
基层政权和社区工作……137
双拥优抚……138
社会福利……138

## 人力资源和社会保障

概况……138
公务员年度考核……138
人事管理……138
就业创业服务……138
养老保险……139
医疗保险……140
人才队伍建设……140
人事制度改革……140
工资收入分配……140
劳动和社会保障监察……140
优化发展环境……140
大众创业　万众创新……141

## 国土资源

概况……141
宣传管理……141
矿产资源管理……141
执法监察……141
党风廉政建设……141
不动产登记……142

## 金三角经济开发管理委员会

概况……142
旧货市场……142
物流行业……142
矿山配件……142
汽车销售……142
电子商务……142
家具行业……142
消防工作……142
企业服务网信息化……143
基层党组织建设工作……143

# 教　育

## 教育局

概况……144
教育教学……144
艺体素养培养……144

依法治校……144
信息技术广泛应用……144
队伍建设……145
行风建设……145
安全教育……145

**城子河小学**
概况……145
队伍建设……146
教学研究工作……146
学生教育工作……146
取得成绩……146
打造优雅校园环境……146
德育培训工作……147
德育特色活动……147
安全教育工作……147
培训工作……147
党建工作……147
工作亮点……147

**晨兴中学**
概况……148
德育工作……148
优化教学模式……148
教学信息化工作……148
中考及招生……148
培训工作……149
党建工作……149
研培工作亮点……149
校园安全……149

**东海学校**
概况……149
优化教学管理制度……149
细化工作措施……150
队伍建设……150
德育工作……150
安全工作……150
幼教管理……151

**立新小学**
概况……151
贯彻落实中共十九大精神……151
党支部建设和党员建设……152
“纪实制”管理……152
培养学生行为习惯……152
校园文化建设……152
促进学生全面成长……152
教学工作……152
师德工作……153
安全工作……153

**树英小学**
概况……153
党建工作……153
养成教育活动……154
培养爱国意识……154
明确职责意识……154
常规教学管理……154
家校结合……154
教师培训……154
校本教研活动……155
课题研究……155
丰富课余活动……155
安全工作……155

**杏花学校**
概况……155
校园文化……155
教育科研……156
思想政治建设……156
注重专业发展……156

加强民主建设……156
关心教师生活……156
班主任队伍建设……156
特色班级文化建设……156
德育活动……157
开展特色教学……157
深化教学活动……157
安全工作……157

**永胜小学**
概况……157
党建工作……158
师德建设……158
德育工作……158
培训工作……158
教学工作……159
阅读朗读活动……159
校园安全、体育卫生工作……159

**正阳学校**
概况……159
党建工作……159
课堂教学改革……160
参与活动……160
师德工作……160
培训工作……160
心理健康特色工作……160

**卫生　计划生育**

**卫　生**
概况……161
监督执法工作……161
免疫规划接种……162
疫情信息报告……162
慢性病管理……162
监测排查工作……162
健康宣传活动……162

**计划生育**
概况……163
妇幼保健工作……163
计划生育服务工作……163

**文化　体育**

**文　化**
概况……164
文艺演出……164
文化馆建设……164
文化站建设……164
文化市场管理……165

**档案与地方志**
概况……165
思想政治建设……165
档案接收保管工作……165
指导规范建档加大征集工作……166
档案查阅接待工作……166
档案“一法一例”宣传活动……166
档案工作实现新创举……166
积极开展农村土地确权登记颁证档案管理相关工作……166
业务培训和政治教育学习情况……166
地方志工作……166

**体　育**
体育场地建设……167
群众基层组织……167
体育经营场所管理……167

## 区乡镇及办事处

### 长青乡
概况……168
经济工作……168
引资项目……168
农业……168
城市建设……169
民生和社会保障……169
社会各项事业……169
安全稳定……169
政府自身建设……169

### 永丰朝鲜族乡
概况……169
经济工作……169
引资项目……170
农业……170
民生和社会保障……170
社会各项事业……170
安全稳定……170
环境治理……170

### 正阳街道办事处
概况……170
党建工作……170
民政工作……171
司法和信访维稳工作……171
计划生育工作……171
武装工作……171
安全工作……171
优化发展环境整治工作……171

### 东海街道办事处
概况……172
党建工作……172
招商引资……172
采煤沉陷征收安置工作……172
民政工作……173
开展创建全国文明城市工作……173
信访工作……173
司法调解……173
征兵宣传……173
劳动保障……173
安全工作……173

### 杏花街道办事处
概况……174
扶持救助……174
整治环境卫生……174
信访工作……174
采沉治理……174
党建学习……174
招商引资……174
计划生育工作……175
武装工作……175
工会工作……175
娱乐活动……175

### 城子河街道办事处
概况……175
党建工作……175
司法工作……176
信访工作……176
民政工作……176
安监工作……176
计生工作……176
武装工作……176
工青妇工作……176
创建全国文明城市工作……177

**城西街道办事处**
概况……177
党建工作……177
民政工作……177
计划生育……177
司法、武装……177
信访工作……177
沉陷区改造……177
招商引资……178
创建全国文明城市工作……178
安全工作……178

## 附　录

**主要机构及其负责人名录**……179
**2017 年城子河区获得荣誉单位及个人**……183
**归档文件目录**……185
**关于城子河区域内街路命名、更名的通知**……196

# 特　载

## 在区委十三届一次全会上的讲话

（2016年12月21日）

城子河区委书记　张远民

**一、讲政治，守规矩，始终把党的纪律规矩挺在前面**

这里强调的讲政治、守规矩，主要包括两个方面。

一要在维护全党大局上讲政治守规矩。从全党大局来讲，讲政治、守规矩就是不断增强政治意识、大局意识、核心意识、看齐意识，始终在思想上政治上行动上，同以习近平同志为核心的党中央保持高度一致，做到政治上讲忠诚，组织上讲服从、行动上讲纪律。在任何时候都要旗帜鲜明、毫不动摇地服从这个大局，维护这个大局。

二要在维护我区大局上讲政治守规矩。从我区大局来讲，讲政治、守规矩就是要坚定不移贯彻落实区委重大决策、工作部署和各项要求。在重要工作和急难险重任务面前，敢于担当、不讲代价，全力以赴去完成。会后，我们将进一步建立健全区委常委会的各项制度和工作规范，包括思想政治建设、组织建设、作风建设、党风廉政建设等各个方面，这些是我们今后必须遵守的政治规矩。一是必须严格遵守层层负责、逐级请示汇报的工作机制。主要领导、分管领导、部门单位负责人下管一级。自上而下，一级对一级布置工作、落实工作、推进工作、督办问效；自下而上，一级对一级汇报工作、请示事项。非紧急情况和非重大事项，决不能越级请示汇报。要形成规矩、坚决杜绝好事抢着干、难事往外推的现象发生。二是坚决落实《关于新形势下党内政治生活的若干准则》要求，把党内互称同志作为党的优良传统和政治规矩，严格遵守，身体力行，强化党员意识，建设清清爽爽的同志关系，规规矩矩的上下级关系。

**二、要讲担当，有作为，始终把党代会战略部署扛在肩上**

区十三次党代会绘就了我区未来五年发展的宏伟蓝图。新一届区委领导集体要把转型发展、兴区富民的历史使命扛在肩上，把“四大工程”化作全区广大党员干部群众的坚强意志，以敢于担当、拼搏实干的精神，一件一件抓落实、抓推进、抓出成效，把发展的宏伟蓝图在我们的真抓实干中，化为经济发展、社会繁荣、群众看得见、得实惠的实际成果。要加强学习，即要学理论、学政策、学法律，增强理论功底、拓宽知识面，还要深入一线向基层学、走到地头向群众学、座住板凳向专家学，加强调查研究，掌握区情实际，抓好学用结合，用学习成果指导实践、推动工作。要在其位、谋其政，以时不我待、只争朝夕的落实力度，埋头苦干、真抓实干的拼搏精神，干好自己的分内事，守好自己的“责任田”，谁也别给别人添麻烦，工作上的支持就是对好哥们、好朋友最大的支持，用实绩、用口碑说话，让群众称赞、让各方满意。

三个主要会议结束后，党政办公室要对区委、区政府的重点工作进行逐项逐级分解落实。我这里主要讲一下总体方面的要求。

一要在实施主导产业培育工程上抓落实抓推进。党代会后，区政府在政府工作报告中还要提出具体的施政措施，提交人代会审议通过，提交政协全体会议协商讨论。政府在实施双轮驱动战略，招商引资上项目的具体举措中思路清晰、措施得力。区委要放手支持政府开展工作，做到有职有责有权。今后，除了“三重一大”事项和事关全区的重大事务，需要由区委集体研究决策之外，产业项目等其他各项工作由政府按照战线分工，各司其职，各负其责，分节点，分时段，定人员，定责任，抓落实，抓推进。区委每季度要召开分管战线领导汇报会议，总结前一阶段工作，部署本季度目标推进措施，以阶段效果保证全局工作目标的完成。全区各项工作都要按照这一原则抓好推进落实。

二要在实施宜居家园建设工程上抓落实抓推进。这一工程是全区的大事，采煤沉陷区棚户区改造及搬迁安置、城乡基础设施建设、生态环境建设，桩桩件件都是大事，都是硬骨头。需要我们全力抓好当前、精心谋划好长远，按照党代会的部署和上级的节点要求抓好推进落实。

宜居家园建设不是一句空话，要靠点点滴滴的积累和实实在在的管理。城市建设“三分建七分管”。要有一个洁净美丽的城市环境，必须在抓好硬件建设的同时，持续深入抓好软环境建设。要全力以赴开展好创城工作。这是一项党委领导、政府实施、全社会参与的系统工程，对全民创城意识、软环境和硬件建设要求很高，是全市的重点工作任务。我们一定要抓实抓好，以此为契机，推动我区环境面貌上一个新台阶。第一、要加强组织领导。按照全市要求，由区委副书记京海同志牵头，区委常委、宣传部部长刘成同志和有关分管领导配合，文明办、环卫、城管等责任部门具体实施，按照全市创城工作部署和我区各项实施方案要求，认真抓好推进落实。第二、要加强环境卫生工作。健全落实环境卫生属地化、网格化、精细化管理机制，区环卫处要承担起主城区保洁任务，研究落实日常保洁措施，发挥职能作用，协调指导各独立矿区、各乡、各责任单位环卫工作。建立垃圾转运三级联动机制，做到主要街路密闭收集、日产日清、长效保洁。强化环境卫生日常考核，为城乡居民创造整洁舒适的环境。第三、要加强城市管理。制定物业准入及管理办法，改善居民小区环境。加强建筑垃圾、沙石、煤炭密闭运输管理，逐步解决大车进城扬灰问题。城管部门要抓好主要街路两侧“门前五包”和牌匾规范，开展私搭乱建、大车占道等专项整治行动。

三要在实施全面小康决胜工程上抓落实抓推进。全面建成小康社会是新一届区委班子一项主要民生任务，涵盖群众衣食住行各个方面。各战线、各部门要按照各自职责抓好推进落实。当前的主要任务，就是在明年年底实现现行贫困线以下农村贫困人口全部脱贫。要进一步强化脱贫攻坚责任，健全精准扶贫机制，一对一结对子，确保按照节点全部脱贫。

四要在夯实党建基层基础工程上抓落实抓推进。基础不牢，地动山摇。区委组织部要深入细致研究基层党建工作新形势、新任务，搞好调查研究，细分类别，突出重点，有的放矢，落实措施，树立先进，鞭策中游，转化后进，切实发挥好基层党组织领导发展、服务群众、促进和谐的坚强堡垒作用。要强化各级党组织、党组织书记抓党建工作职责，层层传导压力，逐级压实责任。要加强农村、社区、“两新”组织等党组织建设，实现党组织和党的工作“有效覆盖”。加强服务型基层党组织建设，进一步提升为民服务平台的服务水平。要持续整顿软弱涣散基层党组织，确保转化升级目标如期实现。加强基层党组织书记教育培训和监督管理，选好配强村党支部书记，切实提高“双带能力”。纪检部门要运用好监督执纪“四种形态”充分发挥谈话、函询警示教育作用，让咬耳扯袖、红脸出汗成为常态，重点加强对乡村、社区、科所队长等直面群众的基层一线干部的监察监督。坚持正面引导和反面教育“双管齐下”，按照习总书记“三个区分开来”要求，落实省、市容错免责相关规定，为敢于担当的干部担当，为敢于负责的干部负责，保护好、调动好广大干部干事创业的积极性，建设一支想干事、能干事、能干成事的干部队伍。

**三、讲民生，促和谐，始终将群众切身利益牢记在心**

人民群众对幸福美好生活的新期待，是我们努力的方向。办好民生实事大事，是全区人民同步进入全面小康社会、共享改革成果的重要保障。我们要坚持民生优先导向，主动回应群众关切，从最迫切的事办起、从最困难的人帮起，把群众的“小事”当作“大事”“要事”来办。要不折不扣地办好民生实事，推动财力向民生集中、政策向民生倾斜、服务向民生覆盖，把教育、文化、卫生、社会保障等民生事业办实办好，确保群众学有所教、劳有所得、病有所医、老有所养、住有所居。

**四、讲团结，重协作，始终靠凝心聚力去成就事业**

团结出合力、团结出实绩，团结是干事创业的基础。我们能够一起共事，是事业所需，也是难得的缘分。我们要始终以党的事业为重、以人民的利益为重、以城子河的大局为重，共同维护安定团结的政治局面。要认真执行党的民主集中制，凡是事关发展全局的重大事项、涉及群众利益的重大问题，都要按照“集体领导、民主集中、个别酝酿、会议决定”的原则，经过充分协商和酝酿后集体讨论决定。要积极开展批评和自我批评，同志之间坦诚相待，遇到问题开诚布公，发现问题及时提醒，见到不足相互补台，做到在政治上志同道合、思想上肝胆相照、工作上密切配合、生活上互相关心。区委要发挥总揽全局、协调各方的作用，贯彻落实好市委康志文书记提出的“人旺事业旺，事业旺人更旺”的要求，加强各大班子、各级班子、党内党外、党群干群的团结，充分调动各方面的积极因素，凝聚转型发展、兴区富民的强大力量。

**五、讲廉洁，明底线，始终以清正廉洁来立身为政**

我们要时刻警醒，始终保持对事业的敬仰之心、对人民的敬重之心、对权力的敬畏之心，牢牢坚守做人为官的底线。要强化红线意识。把党规党纪刻在心上，以永远在路上的思想自觉，认真落实中央八项规定和省市委九项规定精神，严格遵守“一准则两条例”，切实为自己系上“安全带”、涂上“防腐剂”、筑牢“防火墙”，真正做到立身不忘做人之本、为政不移公仆之心、用权不谋一己之私。大家要自觉提高道德修养，摒弃私心杂念，心态上要平衡。要认清自己手中的权力，各项惠民政策、富民措施、救助补助等等，都是党给的，企业经营者依法获得的收入是党的政策和个人努力的结果，都不是你给的。作为一名领导干部，党给了我们足够好的待遇，不用再为养家糊口而奔波，要懂得感恩，不要去羡慕大款的奢华生活，广厦万间，夜眠仅需六尺；家财万贯，日食不过三餐。算一算人生几笔账，想一想家人、家族以你为荣，嘴别馋、手别伸、心别贪，珍惜事业、珍惜家庭、珍惜声誉，守好党纪党规底线、红线、高压线，做两袖清风、勤政廉政的人民公仆。要自觉接受党内监督、法律监督、民主监督，以廉政建设的实际成效，保障城子河转型发展。

当前，重大节日即将来临，全区人民辞旧迎新，期盼着过上安定祥和的节日。在这个承前启后的关键节点，各项工作千头万绪。我们一定要在做好全年收尾、新年开局各项工作的基础上，牢牢抓住安全生产、信访稳定、扶贫济困、走访慰问等重点工作，努力维护全区和谐安定社会局面。

把美好的蓝图变成现实，是全区人民的殷切希望，也是新一届区委班子的庄严承诺。让我们更加紧密地团结在以习近平同志为核心的党中央周围，团结带领全区广大党员和干部群众，不忘初心，不辱使命，砥砺奋进，努力实现党代会确定的战略任务，向党和人民交上一份满意答卷！

## 政府工作报告

——在城子河区第十二届人民代表大会第二次会议上的讲话

（2017 年 12 月 25 日）

城子河区区长　任　峰

### 一、2017 年工作回顾

2017 年，经济综合实力稳步提升。区直地区生产总值预计（下同）实现 10.1 亿元，同比增长 7%；规模以上工业增加值实现 2.02 亿元，同比增长 10%；固定资产投资实现 15.8 亿元，同比增长 15%；一般公共预算收入实现 1.06 亿元，同比增长 6%；社会消费品零售总额实现 13.96 亿元，同比增长 8%；城镇居民人均可支配收入实现 20600 元，同比增长 8%；农村居民人均可支配收入实现 17190 元，同比增长 8%；外贸进出口总额实现 112 万美元，降幅同比收窄 5.6 个百分点。

项目建设取得突破进展。紧紧围绕“一黑一绿一药”和现代服务业的产业发展方向，开展全民招商、精准招商、以商招商，全年引进和生成项目 56 个，其中，开工项目 25 个，洽谈项目 16 个，达成意向项目 15 个，到位资金 5.85 亿元，同比增长 7.4%，项目开工数量和投资额创历史新高。编制了《城子河区采煤沉陷区综合治理规划》，出台了《关于扶持重点产业和重点项目发展的意见》《城子河区促进电子商务发展若干规定》，全力以赴为 12 个重点产业项目做好开工建设前期准备工作。投资 3 亿元聚鑫商贸仓储物流、投资 8000 万元信开环保纸浆模塑制品、投资 5000 万元悍诺达石墨合成鳞片加工等 5 个市级重点产业项目，投资 1300 万元和谦杂粮加工及进出口贸易、投资 1000 万元元亨创业产业园、投资 500 万元千寻孵化器等 7 个区级重点项目全部开复工。与常州天合光能签署了总投资 3 亿元 40 兆瓦光伏发电项目框架性协议。完成了正阳煤矿总体规划编制。对上争取再创新高，全年到位资金 1.6 亿元，同比增长 30%。区政府被中国国际石墨烯资源产业联盟吸收为“中烯盟协同共建石墨烯产业创新中心核心单位”。

近郊特色农业扎实推进。深入推进农业供给侧结构性改革，围绕近郊农业调结构、调品质，全年调减玉米面积 1000 亩，增加经济作物 650 亩，旱改水种植“鸭稻”“鱼稻”600 亩。落实农业“三减”面积 2200 亩，申报绿色食品种植面积 2000 亩。龙玺丰安家庭农场被评为全省“互联网＋农业”高标准示范样板基地。推进畜牧业标准化、规模化养殖，创建省级标准化养猪场2个、市级标准化养殖场1个，畜牧业产值预计实现7528万元，同比增长9.5%。投入57万元，完成了农村土地承包经营权确权登记工作，全面进入颁证阶段。村集体加大招商力度，各村引进项目16个，总投资8800万元，开工10个。大力推动农民创业，创业农民1500余人，带动就业3000余人，实现收入5000多万元。精准识别贫困户30户56人，落实包保责任，补齐“三保障”短板，一户一策，精准施策。全面推行河长制，设立区、乡、村三级河长，设置公示牌32块，编制试点河流“一河一策”，实现巡河常态化。投入420万元，完成了河渠清淤、白石河抢险治理等农田水利基础建设工程。加快美丽乡村建设，投资680万元，完成了鸡虎高速沿线723户房屋改造任务，新建农村太阳能卫浴一体化70户。新阳湖被评为省级乡村旅游示范点。

工业经济运行平稳向好。强化工业经济运行，38户工业企业开工生产率达90%。申报新增规上企业4户，全区规上企业达到6户。大力推进企业裂变升级，德立重工、润成新型建材、捷利源选煤、日信食品等企业生成1000万元以上新项目4个。全区纳税百万元以上企业达到24户，同比增加8户，其中，纳税500万元以上企业达到3户。昌隆石墨实现了石墨烯量化生产，是我市石墨烯研发、生产、销售唯一一家石墨企业，今年生产多层石墨烯400公斤，实现销售收入200余万元。全区工业总产值预计实现11.8亿元，同比增长40.5%，实现税金4870万元，同比增长71.5%，占工商税收的41%。

商流物流和现代服务业多元发展。发挥金三角开发区壮大商流物流、孵化创业、聚集新业态的作用，商流物流企业达到590家，电子商务企业达到12家。预计全年实现营销额4.2亿元，同比增长10.5%，实现税金850万元，同比增长8.9%。昌隆石墨、龙玺丰安家庭农场在黑龙江绿地股权金融资产交易中心成功挂牌。龙玺丰安家庭农场入驻黑龙江大米网，是哈尔滨以外首家入网的地市级子公司。引进了千寻孵化器项目，入孵企业37户。成功举办了第二届全民冰雪旅游系列活动。

城乡建设统筹推进。全力做好保障安居工程。采沉区棚户区改造、城子河工矿棚户区改造全面完成，城花二期基本建成，近3万户居民出棚进楼。晨兴小区实现当年立项、当年设计、当年开工。全力完善城区功能。投资2600余万元，完成了民爱街、正阳矿正阳大街和东海矿向阳大街改造工程。投资160万元，完善道路交通基础设施，方便群众出行。推进“三供一业”改造。投资2.1亿元，实施了大供热管网铺设，正阳、东海、杏花矿区热源建设和城山煤矿48栋住宅楼改造，改善了矿区居民居住条件。投资454万元，完成了中心大街北段、政祥路和兴城广场绿化美化亮化，提升了城市品位。全力提升城市管理水平。集中整治中心大街北段两侧、金三角开发区环境秩序，清理占道经营154户。投资1120万元，新购置44台（套）环卫设备设施，提高了机械化作业水平。创新垃圾收集方式，实现了主城区垃圾无害化处理。淘汰10蒸吨及以下燃煤小锅炉18台。

民生事业持续改善。全年民生投入2.6亿元，占财政支出68.4%。开展“双创”活动，全年城镇新就业3898人，接收安置龙煤鸡矿集团转岗人员627人，新增创业主体317个，带动就业926人，城镇登记失业率控制在4.09%以内。发展社会事业。投资1800万元的杏花学校教学楼和综合楼投入使用。投资160余万元，完成了正阳、晨兴等学校基础设施改造。实施城市公立医院综合改革，取消公立医院药品加成，让利百姓18.3万元。投资60余万元，为区医院增设了医疗设施设备，改善了就医条件。我区晋入省级慢性病综合防控示范区。推进商事登记制度改革，实行“多证合一、一照一码”制度，新增市场主体635户。投资667万元，实施了新区精品社区和正阳、东海标准化社区建设，完成23条街路命名、路牌安装。集中解决了575户居民产权证不能办理问题。加大城乡救助力度，发放城乡低保、优抚等救助和保障资金5000万元，发放廉租房补贴400万元。城乡居民养老保险基础养老金提高到80元。调整提高了机关事业单位离退休人员基本养老金，兑现了机关事业单位职工供热费补贴，兑现了公安干警执勤岗位津贴和加班补贴，住房公积金扣缴比例上调至7%。制定了区离任村委会干部待遇保障政策，解决了其后顾之忧。

社会治理不断加强。持续开展安全生产大检查、煤矿专项整治行动，不断强化煤矿行业管理和安全监管，安全形势持续稳定。进一步落实煤矿企业主体责任，地方煤矿兼并重组工作扎实推进，煤矿本质安全水平大幅提升。加大“打非治违”力度，填平非法井52处，拘留50余人。积极化解信访矛盾纠纷，加大依法治访力度，信访形势明显好转。圆满完成了中共十九大、全国“两会”、省党代会等重要时期信访维稳安保工作任务。社会治安综合治理明显加强，投资120万元，进一步加强了公安基础设施建设。始终保持打击违法犯罪高压态势，社会治安持续向好，群众安全感不断提升。

依法行政进一步加强。加强法治政府建设，自觉接受区人大法律监督和区政协民主监督，办理人大代表建议33件、政协委员提案44件，办复率、见面率和满意率达100%。深入开展“两学一做”学习教育、机关作风专项整顿工作，机关效能明显提高。进一步深化政务公开，公开各类信息2200多条，接受群众和社会监督，诚信体系建设得到提升。深化“放管服”改革，保留行政审批85项，取消行政权力6项。发展环境不断优化，为企业领办代办各类审批事项28件，解决影响企业建设、发展的问题46件；从严查处行政违纪案件12件，行政处分12人。认真贯彻落实中央八项规定，厉行勤俭节约，一般性支出压缩5%，“三公”经费同比下降10%。

成绩来之不易，这是市委、市政府和区委正确领导的结果，是全区各大班子、各级班子精诚团结的结果，是区矿厂联合协作的结果，是全区人民拼搏奉献的结果。

在肯定成绩的同时，我们也清醒地看到发展中还存在许多困难和问题，主要是：产业结构单一，立区型产业项目偏少，工业经济基础依然薄弱；发展动能不足，土地、资金等要素制约亟待破解；财政收支矛盾更加突出，保重点、保民生的压力更大；社会事业发展水平与群众期盼还有较大差距；部分政府部门工作人员思想还不够解放，责任担当意识不强。对于这些前进中的矛盾和问题，我们将采取有力措施，认真加以解决。

## 二、2018年主要工作任务

2018年，是深入学习贯彻落实中共十九大战略部署的开局之年，是推进转型发展、兴区富民、决胜全面建成小康社会的深化之年。中国特色社会主义进入了新时代，要求我们必须始终贯彻新理念，在转型发展实践中有新作为，在兴区富民新征程上有新突破。

2018年政府工作的总体要求是：全面贯彻落实中共十九大精神，以习近平新时代中国特色社会主义思想为指导，按照省、市、区委全会的战略部署，以实施“四大工程”为主线，坚持稳中求进工作总基调，坚持新发展理念，紧扣社会主要矛盾变化，深化供给侧结构性改革，注重质量、效率和动力变革，着力发展实体经济，促改革、调结构、惠民生，加快转型发展兴区富民步伐，努力创造城子河人民更加幸福美好生活。

2018年全区经济社会发展的主要预期目标是：区直地区生产总值增长4%，规模以上工业增加值增长5%，一般公共预算收入增长6%（按同口径），固定资产投资增长6%，社会消费品零售总额增长5%，外贸进出口总额增长3%，城乡居民人均可支配收入分别增长6.5%。节能减排指标达到市核定标准。

为实现上述目标，重点抓好六个方面工作。

**（一）发展壮大实体经济，着力培育特色优势产业**

深入实施“双轮驱动”战略，以招商引资上项目为引擎，优化存量，拓展增量，提升质量，做实做好“三篇大文章”。加快产业结构调整，大力培育主导产业，转型升级传统产业，发展壮大新兴产业，振兴实体经济。

全力抓招商上项目。围绕“一黑一绿一药”和现代服务业发展定位，持续开展全员招商、精准招商、以商招商，着力引进与城子河产业契合度高、发展前景好、税收贡献大的产业项目，储备完善招商项目库。2017年全年引进项目达到58个，其中，定制家居、巨科新型环保燃料加工、煜鼎汽贸城等市级重点产业项目9个，总投资6.8亿元，当年计划投资1.568亿元。以昌隆石墨烯、悍诺达石墨合成鳞片加工为依托，加快发展石墨合成鳞片、高纯石墨、石墨烯等精深加工产业，推动石墨产业向中高端迈进。以和谦杂粮加工和果然有机食品加工项目为抓手，大力发展绿色食品产业，构建质量安全、绿色生态、供给充足的现代绿色食品产业体系。以盛世康成北药联盟和中药材饮片加工项目为引领，推动北药产业集约化、规模化发展。以金三角开发区物流和聚鑫商贸仓储物流为支撑，引进现代物流企业，带动全区物流业发展壮大。落实《关于扶持重点产业和重点项目发展的意见》，加大扶持力度，始终如一为项目企业提供“管家式”“保姆式”服务，加快项目落地开工、达产达效。做好采煤沉陷腾空土地综合利用规划，继续加大对上争取政策资金力度，实现新突破。

全力抓工业促转型。坚持补短板、提质量、强弱项，发挥市场主导、企业主体、政府引导的作用，推动传统工业转向转型、提质增效、优化升级。建立以企业为主体、市场为导向、产学研深度融合的技术创新体系，促进科技成果转化。积极为企业争取科技创新项目，稳步推进大企业裂变、小企业巨变。继续抓好德立重工、润成新型建材裂变项目建设，力争2018年底投产达效。积极支持落后产能企业开拓新产品，开发新项目，实现产业新生。积极扶持惠妈妈辣酱、阿里郎泡菜、圣火锅炉等一批中小企业发展壮大。加强银企对接，拓宽融资渠道，为企业转型升级提供资金支持。加强对临规企业综合服务，培育壮大规上企业，申报新入规上企业2户。

全力抓商贸促繁荣。做活传统商贸。坚持“诚信立‘市’、品牌强‘市’”，引导和推动家居、建材、汽贸、矿山配件等专业市场和商贸企业诚信经营，提升经营服务水平，集聚商流物流客流，打造知名品牌。大力引进域外企业入驻，盘活闲置资产。做大电子商务。落实《城子河区促进电子商务发展若干规定》，支持龙玺丰安家庭农场等电子商务企业加快发展，增强辐射带动能力。发展现代物流业，重点推进聚鑫商贸仓储物流等现代商贸物流产业快速健康发展，推进一二三产业融合。做优经济新业态。积极推动互联网、大数据与实体经济深度融合，在中高端消费、创新引领、绿色低碳、共享经济、现代供应链、人力资本服务等领域培育增长新动能。做实孵化基地。围绕现代服务业，加强创业孵化基地建设，引进电商公共服务中心和创业者入孵千寻孵化器，增强金三角省级创业孵化基地基础功能，促进大众创业、万众创新，全年新入孵企业要达到20家，创业主体同比增长30%。

**（二）实施“两个转变”战略，着力发展近郊现代农业**

贯彻落实乡村振兴战略，推进农业“两个转

变”，大力发展近郊现代绿色特色农业，实施品质提升、畜牧强农、品牌营销、“两增一净”四大工程，让城子河农业更优、农民更富、农村更美。

实施品质提升工程。立足近郊农业调结构。突出发展绿色、有机高效作物，落实“三减”面积3300亩，种植有机水稻1900亩、绿色水稻2000亩，发展鲜食玉米200亩、优质北药700亩、食用菌100万袋、蔬菜种植面积2100亩。建设长青乡富硒农产品试验基地1处，有机认证种植面积达到200亩。发展壮大“互联网＋农业”高标准示范基地、食用菌种植基地、北药种植基地、蔬菜种植基地、畜牧养殖基地，提升农产品质量。

实施畜牧强农工程。大力发展畜禽养殖标准化、规模化、品牌化、产业化、生态化，推广废弃物资源化、无害化综合利用新技术，加快发展畜牧业，为群众提供优质安全的畜产品。大力发展以鸿涛、日华等大型规模养殖场为依托的规模养殖，着力发展芦花鸡、藏香猪、巴马香猪、名优特犬等特色养殖，力争创建市级示范场1个。围绕“农头工尾”，发挥域内畜牧业联盟作用，谋划引进畜产品深加工龙头企业，延长畜牧业产业链，力争把畜牧业打造成农业经济的“半壁江山”。

实施品牌营销工程。集中做强“东北道”“雪舞稻花”“郎仕稻香”等特色大米品牌，实现“种得好”向“卖得好”转变，以“卖得好”带动倒逼“种得更好”。依托黑龙江大米网、兴凯湖垂直采购平台，拓展“互联网＋农业”营销渠道。规范扶持发展农业专业合作社、家庭农场等农村新型经营主体，鼓励支持线上销售林产品、有机稻米、食用菌、特色畜牧产品等地方品牌农产品。围绕“粮头食尾”，发展绿色有机食品加工产业。引进、挂靠大型企业和农业经销实体，发展订单农业，形成以销定产、以质增效运行机制。

实施“两增一净”工程。发挥村两委班子的领头雁作用，带头开展招商引资、创办村实体经济，增加村集体收入；带领农民创业、开展劳务输出、发展致富项目，增加农民收入；带头改善农村环境，达到干净整洁。一是发展农村产业，增加村集体收入。加大政策、资金扶持力度，支持村集体经济发展壮大，拓展致富项目，促进增收。全年各村至少引进500万元以上项目1个。因地制宜，采取合作、入股等方式，盘活农村闲置资产，拓宽村集体经济增收渠道，增强村级造血能力，着力打造经济强村。二是发展特色产业，增加农民收入。紧紧围绕村域优势，打造五大村域特色产业。以龙玺丰安、阿里郎家庭农场为依托，发展永丰乡绿色有机水稻产业。以丰安村润土果蔬专业合作社为依托，发展新城村、新兴村棚室绿色有机果蔬产业。以长青乡向阳村食用菌合作社和永丰乡羽明食用菌种植基地为依托，发展和平村、新城村食用菌种植产业。以长青乡长红白鲜皮种植合作社和盛世康成合作社为依托，发展北药种植产业。以新阳湖生态游和丰安特色民俗村寨为依托，发展农业旅游观光产业。落实创业政策，支持和鼓励农民创业，加强农民创业技能培训，培育和发挥创业典型引领带动作用，引领农民致富。三是加快美丽乡村建设，实现农村环境整洁干净。深化乡风文明建设，坚持城乡一体、因地制宜，开展农村人居环境整治三年行动。按照“村收集、乡集中”原则，合理布局农村垃圾收集点，及时清运农村垃圾。抓好村屯绿化美化净化，进一步改善农村生产生活环境，让农村美起来。

### （三）坚持建设管理并重，着力打造宜居宜业城区

贯彻落实“一河居中、两岸同兴”一体化发展战略，以满足“住有所居”为目标，开展“城市建设攻坚年”行动，全力改善人居条件，完善

城市功能，提升城市品位，提高管理水平，建设生态宜居家园。

开展保障安居工程攻坚行动。全面完成采煤沉陷区治理改造和城花二期收尾工程，实施城市棚户区改造工程，全力推进城花三期、晨兴小区建设，完成35栋住宅楼主体工程，确保2894户居民出棚进楼。

开展城市功能提升攻坚行动。扎实推进安居工程配套基础设施建设，完成2016年、2017年配套基础设施改造项目，积极对上争取2018年基础设施配套资金，力争年内开工建设。完成东海、正阳、杏花独立矿区旧楼改造以及供水、供热管网改造工程。完成主要街路道路交通基础设施建设和绿化亮化美化。严格执行《鸡西物业管理条例》，加大对物业企业监管力度，扩大业主委员会覆盖面，规范物业管理行为，提高居民满意度。

开展城市综合治理攻坚行动。全面推进城市综合执法体制改革，逐步改进城市管理工作。开展城市环境综合整治行动，以“两街三路”综合整治为切入点，重点推进中心大街北段和政通路两侧占道经营、乱堆乱放专项清理整顿，严肃查处各类交通违法行为，打造“城市管理示范街路”。进一步加强城区环境卫生“四管”，实现主街路、居住区、建筑工地出口、公厕“四净”，彻底为城区“洗脸”“除旧”“布新”。

**（四）加强生态环境保护，着力建设绿色生态家园**

坚持绿色发展、人与自然和谐共生的理念，坚决落实中央、省环保督察组整改反馈意见，坚决执行最严格的环境保护制度，加大环境治理和生态保护力度，打好“三大战役”。推进生态文明建设，保卫蓝天白云、绿水青山，共同建设绿色生态美丽家园。

打好“治霾卫蓝”战役。重点整治大气污染，强化对主城区供热锅炉错峰起炉、企业防风抑尘、低空污染等防范和监管工作。抓好秸秆禁烧限烧工作，加强宣传教育，健全完善机制，实行网格化管理，拓宽综合利用渠道。

打好“治污净水”战役。全面抓实河长制，落实属地责任，完成一河一策编制工作，强化河湖（水库）监管，综合治理河湖环境，健全长效机制。全面控制污染物排放，完成加油站双层油罐改造，建设东海、正阳小型污水处理厂。加强社会监督，拓展公众参与渠道，共同推进域内河湖（水库）管理保护工作，努力实现“水清、河畅、岸绿、景美”。

打好“保土护田”战役。强化对产生危废单位监管，落实“土壤污染防治行动计划”，推行环境网格化管理，依法打击环境违法行为。推进采煤沉陷区生态恢复治理，适时争取政策治理资金，宜水则水，宜绿则绿，增强区域生态功能。

**（五）统筹发展民生社会事业，着力满足人民美好生活需要**

始终把为人民群众谋幸福作为崇高使命，抓住人民群众最关心最直接最现实的利益问题，既尽力而为，又量力而行，一件事情接着一件事情办，一年接着一年干，不断提升人民群众获得感、幸福感、安全感。

全力办好民生实事。（1）全面打赢脱贫攻坚战，全区30户56人全部精准脱贫。（2）投资1800万元，完成树英小学建设。（3）投资230万元，完成实验幼儿园阳光大厅建设。（4）投资3000万元，完成东海、正阳、杏花独立工矿区大供水管网改造工程，保证矿区居民吃上放心水。（5）着力破解居民办证难题，集中解决3000户居民不动产权证办理问题。（6）投资200万元，建设政府政务服务中心，实现“一站式”审批、“一条龙”服务。（7）投资254万元，完成丰安特色民俗村寨一期项目建设。（8）投资352万元，开工建设鸡长路拓宽改造项目。（9）新增农村太阳能卫浴一体化用户 100 户。

提升社会保障服务水平。以“老有所养、弱有所扶”为目标，健全完善以城乡低保为基础，以医疗救助为配套，以临时救助为补充的城乡一体化社会救助体系。开展养老院服务质量建设专项行动，促进养老服务社会化、规范化、标准化发展。构建和谐稳定的劳动关系，严厉打击恶意拖欠农民工工资行为。落实创业促进就业各项政策，拓宽就业渠道，创造就业岗位，城镇新增就业 3500 人，城镇登记失业率控制在 4.5% 以内。

促进社会事业和谐发展。以“幼有所育、学有所教”为目标，优先发展教育事业，坚持立德树人，发展素质教育，推进教育公平。完成杏花幼儿园建设。资助贫困学生和幼儿 200 名。开展群众性文体活动，有效整治净化文化市场。以“病有所医”为目标，深化医药卫生体制改革，加强基本公共卫生服务，建立公立医院目标责任考核，提升区医院整体服务功能，探索区医院改扩建项目。抓好计划生育和卫生服务管理，提高疾病综合防治能力。加强市场监督管理。开展食品安全监管，落实“四有两责”，推进商事登记制度改革，加强社会信用体系建设，规范企业经营秩序。

加强和创新社会治理。加强安全生产。完成煤矿兼并重组工作，落实政府监管责任、企业主体责任和“五人联保”制度，推进煤矿安全生产专项整治，提高煤矿安全生产水平。同时抓好非煤矿山、消防森防、道路交通、危险化学品与烟花爆竹、建筑施工、公共场所等重点行业、重点领域的安全监管。做好信访积案和矛盾化解工作。按照“三到位一处理”要求，压实属地主体和部门主管责任，全力化解各类信访问题。加强社会治安综合治理。完善立体化、信息化城乡防控体系，依法严厉打击防范各种犯罪行为，增强群众安全感，打造“平安城子河”。

## （六）加强政府自身建设，着力打造人民满意政府

面对新形势、新任务、新要求，我们要不忘初心、牢记使命，不断增强学习实践、改革创新、科学发展、依法行政、群众工作、狠抓落实和驾驭风险能力，更好地服务于城子河人民。

以更高站位坚定政治自觉。增强政治意识、大局意识、核心意识、看齐意识，进一步提高政治站位，在思想上政治上行动上始终与党中央、上级党委和区委保持高度一致，坚决服从区委领导，自觉维护区委权威，坚决执行区委决定，全力维护班子团结，确保区委政令畅通，各项决策部署在政府工作中全面贯彻落实。

以更高水平推进依法行政。加强法治政府建设，深入开展“七五”普法，坚持把依法行政贯穿于政府行为的全过程，做到“法定职责必须为，法无授权不可为”。依法接受区人大法律监督，自觉接受区政协民主监督，认真办好区人大代表建议和政协委员提案。加强诚信政府建设，加大政务公开力度，加强网上政务服务，提高政府公信力和透明度，让权力在阳光下运行。

以更大责任推进担当作为。加强业务学习，提升干部专业素质，争做敢于担当、勇于尽责的表率，切实把该担的责担起来，把该做的事做到位。勇于攻坚克难，不推脱责任，不上交矛盾，带头解决制约改革发展、项目建设、维护稳定、脱贫攻坚的瓶颈和难题。

以更实作风推进务实重干。加快推进“放管服”改革，转变工作作风，提高政府行政服务效率。坚持“实”字当头、“干”字为先，对上级部署、区委决策特别是政府分内职责，以“钉钉子”的精神，一以贯之、一抓到底，干就干成、干就干好。从政府班子做起，全面推行一线工作法、现场办公制，高效率、快节奏抓落实。

以更严要求推进廉洁从政。严格落实“一岗双责”，始终把纪律和规矩挺在前面。完善政

府采购和招投标工作，规范政府投资项目建设管理，加强财政专项资金监管和绩效评估。加强审计监督，严格控制“三公经费”支出，切实把有限资金用在刀刃上。

使命呼唤担当，实干成就梦想。让我们在市委、市政府和区委的坚强领导下，在区人大、区政协和社会各界的监督支持下，团结和依靠全区人民，谋发展之举、兴实干之风、守为民之责，凝心聚力、开拓进取，为开创全区“转型发展、兴区富民”新局面而努力奋斗！

# 大事记

## 1月

**1日** 城子河区公安分局按照全市公安机关视频会议部署要求，推进军警民大巡逻与打击“盗抢骗”专项行动，元旦开始开展为期两昼夜的“收官跨年保平安”集中统一行动。

**12日** 城子河区委副书记张京海、宣传部部长刘成带领消防、安监局、执法大队部门组成检查组，对区域内金三角家具城、桥北加油站、福顺财多大酒店、汽配城配货站等人员密集场所进行联合检查。

**13日** 城子河区政府召开办公会议，传达全国安全生产工作电视电话会议精神，听取有关部门安全生产工作情况汇报。

**16日** 城子河区人民政府研究制定《城子河区全民健身实施计划（2016—2020）》。

**20日** 城子河区领导走访慰问困难职工、优抚对象代表与环卫工人及离退休老干部。

**23日** 城子河区人民法院开展“为保民生打击拒不履行，全市执行会战”。

**24日** 城子河区委副书记、政府区长任峰，区委常委、副区长靳春海带领区建设局、环保局、棚改办、街道办事处等相关部门工作人员深入东海矿、杏花矿、正阳矿，对矿区“两供一业”生产运行情况进行专项检查。

**是日** 城子河区人民法院召开关于做好春节放假期间机关安全保卫工作会议。

**25日** 区委副书记、政府区长任峰，副区长艾安富率领消防、安监等部门工作人员深入全区各重点企事业单位，进行安全生产大检查。

## 2月

**4日** 城子河区委、区政府召开工作会议，传达市委常委（扩大）会议精神，要求各部门、各单位要尽快从节日的喜庆气氛中走出来，进入工作状态，开启工作模式。

**8日** 鸡西市中级人民法院行政庭庭长王成涛到城子河区人民法院检查指导行政审判工作。

**9日** 城子河区聘请市委党校教授杜成立作“着力加强供给侧结构性改革、推动经济持续健康发展”为主题的专题辅导。

**16日** 城子河区人民政府建立困难群众基本生活保障工作联席会议制度。

**17日** 城子河区委统战部邀请鸡西市种植专家顾问，以城子河区盛世康城合作社为主，召集30余户域内外种植合作社召开北药种植研讨会。

**24日** 城子河区召开2017年信访工作会议。

**是日** 城子河区召开2017年采煤沉陷区棚户区征收安置启动培训班。采取政府主导、居民自愿，分步实施、救急救险，方便群众、公开透明的原则开展沉陷区改造（沉陷治理）项目。

28日　城子河区召开农村工作暨脱贫攻坚工作会议。

## 3月

1日　城子河区举办“固定课堂”，区乡两级理论中心组报告会。聘请市委宣讲团成员、市委副秘书长、市委政研室主任马广明讲解辅导市第十三次党代会精神。

2日　城子河区团委联合市邮政公司举办青年电子商务培训班，帮助青年了解“互联网+”的新思维。

6日　鸡西市政协主席于金才深入城子河区就村史村志编撰工作进行调研，在城子河区长青乡新阳村召开村史村志编撰工作城子河区座谈会。

7日　鸡西市副市长周春雁带领市直农各部门主要负责人深入城子河区调研农业农村工作。

9日　鸡西市中级人民法院执行指挥中心主任刘成林到城子河区人民法院检查执行指挥中心及执行信息化建设工作。

13日　城子河区纪检委、妇联联合举办“传承优良家风　争做最美家庭”暨廉政文化进家庭主题讲座。

15日　城子河区举办以“网络诚信　消费无忧”为主题的纪念“3·15国际消费者权益日”大型宣传咨询活动。

是日　鸡西市人大常委会副主任朱成富到城子河区，就产业项目开复工情况进行调研。

是日　黑龙江省高级人民法院法警总队副总队长王英秋、警务科主任高贵志在鸡西市中级人民法院法警支队支队长闫旭、法警支队政委穆巍的陪同下，到城子河区人民法院对法警大队“四星级警队”晋升“五星级警队”进行考核验收。

16日　长青乡组织种植业结构调整宣讲团专家为域内40余名种植大户进行北药、黑木耳种植、市场分析、风险防范等相关知识培训。

21日　鸡西市委书记康志文到城子河区长青乡新阳村调研采摘生态项目。

22日　城子河区农林水牧局举办“农民创业典型事迹”主题宣讲报告会。

## 4月

4日　鸡西市委常委、副市长李洪祥带领市财政局、市规划局、市房产局等单位领导深入城子河区，针对该区“两供一业”工作进行实地考察。

7日　中共城子河区委组织部组织13个村党支部书记赴东宁市考察学习，考察组由区委组织部副部长李强带队。

是日　城子河区地税局在第26个税收宣传月来临之际，开展以“深化税收改革、助力企业发展”的主题的“民营企业共话税收”的税收宣传活动。

13日　鸡西市村史村志编纂工作现场会在城子河区召开。

15日　城子河区召开森林防火紧急工作会议，贯彻落实省委、市委森防工作会议精神，安排部署下一步工作。区委副书记、政府区长任峰作重要讲话。

17日　区委组织部组织全区党员使用建行手机银行缴纳党费操作培训。

18日　鸡西市委党校副教授王岩为城子河区150余名公务员进行“提高四个意识，坚决维护中央权威”公务员培训讲座。

是日　城子河区关工委在区国税局会议室举办慰问“五老”文艺演唱会。

21日　城子河区开展环境卫生整治日活动，打响城乡环境综合整治攻坚战。区副处级以上领导干部，各乡、各办事处、区直各单位机关干部，区内有关单位干部职工，党员义工，共青团、妇联、教育卫生等志愿者服务队共计1500余人参加活动。

**24日** 城子河区召开城市基层党建调研座谈会。区组织部部长蔡兴元对城子河区城市基层党建工作提出指导性建议。

**25日** 城子河区农林水牧局邀请市畜牧兽医局专家王守军和李美娥讲解动物防疫监督有关知识。

**28日** 城子河区纪委、共青团城子河区委联合举办“喜迎省党代会学党内法规、扬清风正气”党风廉政建设知识竞赛。

## 5月

**3日** 区政协召开村史村志编纂工作第二阶段总结推进会议。会议要求各村以鸡西市地方志办公室提供的村志编纂提纲作为体例，编纂出具有各村特色的村史村志。

**4日** 城子河区人民法院开展传承弘扬“五四精神”普法宣传教育活动。

**是日** 城子河区妇联与司法局共同举办“蒲公英”法律知识宣讲暨社区妇联主席上讲台进行法律宣讲活动。

**5日** 城子河区纪委和共青团城子河区委联合举办“喜迎省党代会学党内法规、扬清风正气”党风廉政建设知识竞赛。区人民法院选派的于洁、杨宇丹、管洪丽组成的代表队获一等奖。

**是日** 城子河区委召开第九次常委（扩大）会议，专题听取城子河区人民法院党组成员、行政庭庭长李敏关于行政机关出庭应诉问题讲座。

**9日** 城子河区召开创建全国文明城市重点工作任务推进会，会议听取12个创建全国文明城市牵头部门工作推进情况，研究部署2017年重点工作任务，扎实落实责任，如期顺利通过迎检验收。

**10日** 城子河区卫生计生局以省第十二次党代会开展“健康龙江行”活动为契机，组织全区卫生系统同时邀请区妇联、区残联共同开展“健康鸡西”大型义诊咨询活动。

**16日** 城子河区第八届妇女代表大会召开。市妇联副主席王永清代表市妇联对城子河区妇女工作提出要求，区妇联主席胡伟代表第七届妇联执行委员会做工作报告。

**18日** 城子河区民政局、区残联在兴城广场举办“学习贯彻省第十二次党代会精神暨第二十七个全国助残日”活动。

**19日** 市委“省第十二次党代会精神宣讲报告团”走进城子河区，为城子河区两级中心组成员、党政机关科级干部、村“两委”班子成员作专题辅导。

**是日** 鸡西市小微企业商会在鸡西小微企业购物狂欢节第一分会场金三角经济区揭牌成立。

**21日** 城子河区纪委组织召开区委反腐败工作协调小组调整后第一次联席会议，会议传达区委对反腐败工作协调小组进行调整的通知精神，对全区查办案件加强协作配合工作进行部署，通报2015年以来各成员单位向区纪检监察机关移交问题线索和协作配合情况。

**23日** 区政协举办政协委员培训班。增强广大政协委员对人民政协性质、地位、特点、作用的认识，明确做什么、怎么做，全面提高政协委员政治素质和履职能力。

## 6月

**5日** 城子河区委宣传部与胜利艺术团联合举办庆祝鸡西建市60周年暨共创文明城庆“七一”文艺演出。

**是日** 城子河区环保局、教育局联合在城子河兴城广场举办以“绿水青山就是金山银山”为主题的“6·5”世界环境日宣传活动。

**9日** 省第十二次党代会代表、中共城子河区委书记张远民深入永丰朝鲜族乡永红村远程教育终端站点讲党课。

**10日** 城子河区区长任峰深入长青乡和永丰朝鲜族乡的9个村，针对农村贫困家庭开展全面细致的扶贫工作调研。

**12日** 城子河区召开机关作风整顿工作会议，落实省第十二次党代会关于“坚持把改进干部作风作为振兴发展的重要保证”的要求，着力打造一支素质过硬、作风优良、敢于担当的干部队伍。

**14日** 市政协副主席王应带领调研组到城子河区对“两供一业”工作开展情况进行调研。

**15日** 城子河区政府召开全区防汛工作会。会议传达全省防汛工作紧急视频调度会议精神和全市防汛紧急会议精神，安排部署城子河区防汛工作。

**是日** 城子河区人民法院召开“基本解决执行难工作”新闻发布会，向社会通报区人民法院2016年基本解决执行难工作的推进情况。

**16日** 城子河区工业信息与科学技术局在兴城广场开展安全生产宣传日活动。

**26日** 城子河区妇联参加全区国际禁毒日活动，开展以“不让毒品进我家·平安家庭创建宣讲”为主题的禁毒知识宣讲活动。

**28日** 由城子河区委、区政府主办的贯彻落实省党代会精神，“欢庆七一、喜迎十九大”区矿厂携手共创文明城文艺演出在城子河区兴城广场举行。

**29日** 城子河旗袍队成立仪式及文艺演出在兴城广场举行。

**30日** 城子河区纪委组织开展“全面从严治党从我做起”主题演讲比赛，参加比赛的7名选手分别来自区教育局、区公安分局、区长青乡等所属单位。

**是日** 城子河区举办卫生应急技能竞赛活动，聘请5家医疗机构院长担任该次活动的评委。

**是日** 鸡西市中级人民法院党组成员、副院长王昭权带领调研指导组到城子河区人民法院调研指导执行工作，并检查2017年上半年执行工作情况。

**是日** 城子河区人民政府印发《加快推进“互联网+政务服务”工作实施方案》。

## 7月

**4日** 城子河区委常委、副区长李巍在区市场监督管理局局长王德全陪同下带领食品安全监管相关人员对鸡西市永红朝鲜族食品加工有限公司、城子河区好运来酒店、城子河区喜盈门美食等多家城子河区大型餐饮及加工企业进行食品安全专项检查。

**是日** 城子河区人民法院党组书记、院长刘文辉主持召开城子河区人民法院解决“执行难”工作推进落实会。

**10日** 区委书记张远民在区委副书记张京海，区委常委、组织部部长蔡兴元及相关部门人员陪同下，深入长青乡的和平村、城东村、向阳村和永丰朝鲜族乡的新城村，就发展壮大村集体经济进行调研。

**14日** 城子河区委副书记、政府区长任峰到永丰朝鲜族乡的丰安村实地调研风情园区一、二、三产业融合田园综合体项目规划建设情况，查看项目规划组成项目、“美丽乡村穿衣戴帽”工程和特色村寨改造项目。

**是日** 永红朝鲜族食品加工有限公司与城子河区长青乡城东村项目合作签约仪式在永红村村委会举行。

**是日** 鸡西市中级人民法院党组副书记、常务副院长李锋到城子河区人民法院听取上半年工作情况汇报。

**17日** 鸡西市副市长周春雁带领市防汛指挥部成员单位对城子河区防汛工作进行检查，区委书记张远民，区委副书记、政府区长任峰，区委副书记张京海，副区长张丽娟及农林水牧局等相关单位负责人员参加。

**20日** 城子河区委召开脱贫攻坚推进会议，会议听取各职能部门和各包保部门精准扶贫情况汇报，传达省市有关会议精神。区委副书记、区长任峰安排部署下一步工作，区委书记张远民讲话。

**23日** 城子河区召开安全生产工作会议，传达7月20日全国安全生产电视电话会议及国务院副总理马凯讲话精神和鸡西市市长张常荣在全市安全生产工作会议上的讲话精神，听取安监、交警、城建、农林水牧、国土、消防及各乡的安全生产情况汇报，安排部署安全生产工作。

**25日** 城子河区人大召开代表团长工作会暨人大代表主题活动动员会。

**26日** 市人大常委会领导到城子河调研新农村建设情况。

**是日** 鸡西市委常委、组织部部长张成林在区委副书记、政府区长任峰，区委常委、副区长靳春海，区委常委、组织部部长蔡兴元陪同下，走访慰问复员军人，为他们送去慰问金和慰问品。

**31日** 区委书记张远民率队到市军分区、区消防大队和区人民武装部走访慰问，别怀龙、任峰、尚浪英、张京海、靳春海、倪长启、侯彦民陪同。

## 8月

**2日** 城子河区召开全区紧急防汛工作会议，传达贯彻全市紧急防汛工作会议市长张常荣讲话精神、副市长周春雁关于做好当前防汛工作部署要求和《黑龙江省人民政府办公厅关于主汛期严格控制外出活动的通知》要求，通报全市前期气候背景及近期降水预测情况，安排部署全区防汛工作，区长任峰作重要讲话。

**3日** 城子河区妇联召开区域化改革暨村（社区）“会改联”工作推进座谈会，会议传达省市妇联关于推进全省行政村妇代会改建村妇联的通知精神，安排部署城子河区区域化改革的方案。

**4日** 城子河区“流动课堂”宣讲团成员深入社区，开展社会主义核心价值观“六进六讲”进社区宣讲活动。

**8日** 城子河区“流动课堂”宣讲团成员在区委宣传部部长刘成带领下，深入东海街道办事处，就做好理论宣传思想政治工作进行专题辅导。

**是日** 城子河区委副书记、政府区长任峰主持召开全区农业农村“两增一净”和招商引资工作会议。会议就全区农业农村发展思路进行深入交流，对如何壮大村集体经济、增加农民收入、改善农村环境、完成区里下达的招商引资任务、做好2018年的工作谋划等五个方面逐项研究梳理。

**11日** 城子河区农林水牧局举办村级防疫员培训会。聘请市畜牧兽医局动物疫病预防与控制中心主任、高级研究员王守君和疾病防控科科长李美娥讲课。

**17日** 城子河区举行2017城海水泥双阳矿山坍塌事故政企联动应急演练，活动由城子河区安全生产监督和煤炭管理局主办，城子河区城海水泥双阳矿山承办。

**23日** 城子河区委政法委召开以审判为中心刑事诉讼制度改革观摩会。区委常委、政法委书记孙洪英要求全区政法系统以该次观摩会为契机，推进落实以审判为中心的刑事诉讼制度改革。

**24日** 城子河区人民法院执行局召开“百日攻坚”专项执行活动。

**26日** 城子河区政府召开专题会议，听取商务局关于《扶持重点产业和重点项目发展的意见》和《城子河区促进电子商务发展若干规定》的汇报。

28日　城子河区妇联举行“春蕾助学金秋圆梦”助学金发放仪式。

30日　区委常委、政府副区长李巍在区市场监督管理局局长王德全陪同下带领市场监督管理局办公室相关人员为鸡西市圣火锅炉制造有限公司、鸡西市华宇汽车销售有限公司、鸡西市创新锅炉制造有限公司等荣获全市2015—2016年度市级“守合同、重信用”的企业颁发荣誉证书，并与企业进行交流。

31日　全市发展村集体经济现场观摩拉练会议召开，与会人员70余人深入城子河区长青乡新阳村多功能生态湖旅游项目现场观摩。现场听取新阳村党支部书记、村委会主任方正智关于新阳村发展村集体经济和新阳村多功能生态湖项目建设有关情况介绍。

## 9月

4—8日　城子河区组织开展创建文明城环境卫生秩序集中整治活动周行动，重点对街区巷道、城区出入口、城乡接合部环境卫生，住宅小区乱贴乱画、乱搭乱建、乱设广告牌进行集中整治，规范集贸市场、早晚市场、露天烧烤、“两街三路”占道经营、物品摆放、车辆停放等。

5日　城子河区纪委、区教育局联合召开专项整治中小学教师违规办班补课和收受学生家长礼品、礼金工作会议。

7日　城子河区卫生计生局邀请市疾控中心专家李众进行慢性病防控知识讲座。

**是日**　省煤管局副局长赵冬柏带领督察组，对城子河区地方煤矿进行安全大检查。督察组按照“双随机”的原则，重点检查富阳煤矿矿井上下的安全生产情况，巡查关闭矿井、停产矿井、整改矿井。

10日　城子河区政府对安全生产委员会进行调整，区长任峰担任主任，副区长靳春海、李巍、艾安富、郭志鹏担任副主任。

13日　城子河区信访联席会议总召集人区委书记张远民、区长任峰组织召开化解信访积案联席会议。

14日　城子河区政府召开专题会议，传达省长陆昊及副省长李海涛、胡亚枫重要批示精神，安排部署城子河区煤矿安全监管和检查工作任务。

16日　城子河区长青乡新阳村多功能生态湖举行新阳老年活动中心暨新阳湖首届葡萄采摘节启动仪式，新阳村村民和受邀嘉宾在现场观看村民的歌舞表演，参观老年活动中心配套设备设施和葡萄长廊。

18日　城子河区人大人事代表、科教文卫工作委员会及部分市、区人大代表组成视察组，在区人大常委会副主任周玉芹的带领下，对城子河区教育工作情况进行视察。

**是日**　城子河区召开脱贫攻坚工作推进汇报会。31个帮扶包保单位负责人从贫困户基本情况（含收入、支出），致贫原因，与村、户、行业部门对接情况，具体帮扶措施，是否能解决，取得成效，存在什么困难等方面作详细汇报。

19日　城子河区人大城建环保农林工作委员会和部分区级人大代表组成视察组，在区人大常委会副主任周玉芹带领下，对城子河区城建工作进行视察。

20日　城子河区召开深刻吸取事故教训全面开展煤矿安全大整治会议。会议传达全省煤矿安全生产警示教育现场会议精神和全市深刻吸取事故教训全面开展煤矿安全大整治会议精神，安排部署全区煤矿大整治工作。

21日　鸡西市转型发展巾帼创业就业技能培训启动仪式，在长青乡新阳老年活动中心举行。市妇联主席王素，市妇联副主席王永清，城子河区委书记张远民，区委副书记、统战部部长张京海，市向阳职业技术学校校长田荣平出席启动仪式。

**是日** 市人大常委会副主任、市总工会主席张雪竹到城子河区调研指导工会工作，听取区总工会主席邹本强的工作汇报，区委书记张远民，区人大常委会主任别怀龙，区委副书记张京海陪同调研。

**23日** 城子河区公安分局召开决战决胜十九大安保动员会，传达贯彻习近平总书记在会见全国社会治安综合治理表彰大会与会代表并发表重要讲话、9月22日市局电视电话会议精神。分局局长部建军作动员讲话，副局长陈晓光主持会议，分局副科级以上干部和机关全体民警参加会议。

**26日** 鸡西市创建全国文明城办督查组第二组，在组长成照强的带领下，在区委副书记、区创城常务总指挥张京海，区委常委、创城副总指挥、宣传部部长刘成陪同下，对城子河区创建全国文明城市、中共十九大宣传和志愿者服务等项工作进行督导检查。

**是日** 城子河区委书记张远民深入城子河区重点产业项目建设现场，就产业项目建设情况开展调研。政府副区长郭志鹏，区委办、区发改局相关负责人员陪同调研。

**27日** 城子河区在兴城广场设立10块反邪教知识宣传图版，“反邪教知识图版”将反邪教知识、反邪教法治宣传和反邪教故事融为一体，增强群众的反邪教意识。发放印有反邪教知识的帽子100余顶，围裙50余条，宣传册、宣传单发放共计200余份，接收群众咨询20余次。

**28日** 城子河区人社局局长张建坤组织人社系统领导班子成员及区医保相关工作人员在兴城广场组织开展“全区城乡居民基本医疗保险征缴宣传活动”。

**是日** 城子河区文明委召开受到省、市级表彰的精神文明建设先进集体（个人）座谈会。区委书记、区文明委主任张远民，区委副书记、区文明委常务副主任张京海出席会议，会议由区委常委、区文明委副主任刘成主持。

**是日** 城子河区妇联举办两场家庭教育报告会，正阳学校党支部书记李朝霞讲解“树立良好家风，陪伴孩子健康成长”。正阳学校办公室主任、国家二级心理咨询师顾艳华讲解“如何应对孩子的逆反心理”。

**29日** 城子河区人民政府举办全区行政许可法“一法一例”、行政执法及行政审批制度改革专题培训。会议邀请多年从事政府法制工作的市法制办副调研员王金建作讲座。

**是日** 区教育局在晨兴中学开展“做传递正能量的教师”论坛活动，区教育局领导、中小学校领导及部分骨干教师150人参加活动。

**是日** 城子河区妇联组织鸡冠花巾帼志愿者看望城子河区的25户孤寡老人困难家庭和精准扶贫户。

**30日** 长青乡组织农户在千寻孵化器党支部会场进行农业知识培训，邀请江氏和谦（香港）股份有限公司鸡西分公司总经理江晓辉讲解现代农业知识。

## 10月

**1日** 城子河区委副书记、政府区长任峰深入到全区8处煤矿检查处级领导和部门负责人包保煤矿以及“五人联保”制度执行情况和煤矿安全。

**是日** 区政府常务副区长靳春海带领区建设局、安监局、消防大队等单位负责人及相关人员对“两节”期间的城子河区燃气、供热企业生产及安全工作进行全面检查。

**2日** 城子河区委副书记、政府区长任峰，副区长张丽娟带领政府办、农委、林业站等相关部门工作人员到城子河矿林场、新城村、向阳村、新阳村等地深入开展调研及安全生产检查。

**3日** 城子河区委副书记、政府区长任峰检查煤矿安全产量监控中心、桥北加油站、城子河建材广场、福顺财多大酒店等节日安全工作。

**是日** 城子河区政府召开采煤沉陷区安置座谈会，确保人员配置。会议要求抽调年轻、对当地居民熟悉的社区干部补充到安置工作中，解决疑难问题。对行动不便、条件困难、年龄较大等弱势群体加强关注，入住手续简单化、集中化、流程化。

**7日** 区委书记张远民深入东海、杏花、正阳三个独立矿区检查供热、供水运行情况。区委办主任周泉、城建局局长郭立新等相关负责人陪同检查。

**8日** 城子河区委副书记、政府区长任峰检查城花二期、城花三期、国有工矿棚户区、晨兴小区、花园新区等棚户区建设，"两供一业"一、二标段改造，新区供热站运行等方面工作。区委常委、政府常务副区长靳春海，政府办、安煤局、棚改办、房产局、征收办等部门相关负责人陪同检查。

**13日** 城子河区委宣传部举办全区宣传思想政治工作业务培训班，培训采用专题讲座、视频收看、经验交流等形式展开。

**18日** 城子河区党员干部按照区委统一要求收看中共十九大开幕式，全区1100多名党员干部同步收听收看。

**19日** 城子河区公安分局召开"喜迎十九大暨三打击一整治"专项行动返赃大会。

**20日** "建设美丽乡村、共创文明城市"暨"庆祝十九大记者走基层连真情"慰问演出在城子河区永丰朝鲜族乡举行。鸡西人民广播电台的节目主持人与永丰朝鲜族乡的群众以及朝鲜族艺术馆的演员一同表演精彩的文艺节目。

**21日** 鸡西市委常委、副市长刘文带领相关人员对城子河区进行安全生产专项检查。

**23日** 鸡西市中级人民法院行政审判庭庭长王成涛、法官刘思凯到城子河区人民法院督导调研。

**24日** 城子河区人民政府印发《"地沟油"治理工作实施方案的通知》。

**27日** 城子河区委书记张远民在区委办主任周泉、区安煤局副局长刘维富陪同下，深入城子河区生产矿井和整改矿井检查安全生产工作。

**是日** 城子河区召开第二次大气污染防治工作会议。副区长靳春海和张丽娟就大气污染防治和秸秆禁煤工作作重要部署。

## 11月

**2日** 城子河区委宣传部召开全区宣传思想干部暨"五个课堂"讲师团学习宣传贯彻中共十九大精神座谈研讨会。

**是日** 城子河区委书记张远民在政府副区长艾安富陪同下，深入城子河区8处矿井检查安全生产工作。

**3日** 城子河区委副书记、政府区长任峰主持召开区政府党组（扩大）会议，传达贯彻中共十九大精神，以及省、市、区领导干部大会和市委常委会议精神，对全区第四季度工作和2018年工作谋划做出安排部署。

**4日** 为学习宣传贯彻中共十九大精神，按照城子河区委的安排部署，区委组织部、区委宣传部在晨兴中学举办全区党员培训示范班，对区直机关党组书记、预备党员和复联党员代表共115人，进行为期一天的培训。

**8日** 省食品药品监督管理局餐饮处处长苑国成带领"双随机"和餐饮监管工作检查组在市食品药品监督管理局副局长王生有，城子河区委常委、区政府副区长李巍，区市场监督管理局局长王德全及其他市、区领导的陪同下对城子河区好运来酒店、城子河区喜家德水饺配料厨房等食品企业进行“双随机”检查和餐饮监管督导工作。

**16日** 城子河区委书记张远民组织全区科级以上干部学习《中央关于认真学习宣传贯彻中共十九大精神的决定》，传达中央及省、市学习宣传贯彻中共十九大精神相关会议精神，研究部署城子河区贯彻落实意见，制定印发《城子河区十九大精神学习宣传方案》。

**22日** 城子河区教育局和城子河区市场监督管理局组成联合检查组，对城子河区8所学校食堂进行专项检查，涉及就餐学生3000余人。城子河区政府副区长张丽娟、区市场监督管理局局长王德全、区教育局局长王英春全程指导检查工作。

**23日** 城子河区委副书记、政府区长任峰，区委常委、政府副区长靳春海到城子河区8处煤矿，检查煤矿停产整顿情况，政府办主任李长波陪同检查。

**28日** 城子河区四大班子领导，直属单位党政负责人60余人到市体育会展中心，参加职务犯罪警示教育图片观展活动。

**30日** 区委书记张远民深入河道一线，开展河长制巡河活动。政府副区长张丽娟，区农林水牧局、区环保局、长青乡、永丰朝鲜族乡等单位相关负责人陪同巡查。

**是日** 区人大常委会副主任周玉芹带领人事代表和科教文卫委员会工作人员及部分市、区两级人大代表对城子河区卫生计生服务行业管理工作进行视察。区政府副区长李巍、区卫生局局长姜虹波陪同视察。

## 12月

**1日** 城子河区委副书记、政府区长任峰对城子河区二太河、穆棱河城子河段、白石河、二中坡水、城子河等河流开展“河长”巡查。区农林水牧局、环保局、长青乡、永丰朝鲜族乡、政府办等部门负责人陪同巡查。

**2日** 在第26个“国际残疾人日”来临之际，城子河区残联副理事长王颖带领工作人员看望慰问残疾人贫困户，送去豆油、水果等生活必需品。

**5日** 城子河区政府召开全区经济运行分析会议。会议传达全市经济运行分析会议精神，听取全区经济指标完成情况的汇报，安排部署下一步工作。

**7日** 城子河区政府召开煤矿兼并重组专题会议。会议由区委副书记、区长任峰主持。副区长艾安富以及区政府办、安煤、国土、市场监督、旭升公司等负责人参加会议。

**8日** 城子河区召开慈善会成立大会。市慈善总会秘书长张国先，区委常委、政府副区长靳春海，民政局局长冯立平等人出席会议。

**10日** 城子河区两支小学合唱队参加在万达广场举办的“红歌嘹亮、童心飞扬”全省青少年合唱大赛（鸡西赛区）比赛，取得优异成绩。

**是日** 城子河区召开村“两委”换届选举工作会议，区委常委、组织部部长蔡兴元从提高认识增强抓好村“两委”换届工作的责任感使命感、聚焦任务牢牢把握村“两委”换届选举工作的总体要求、聚焦环节确保高质量完成村“两委”换届选举工作、压实责任全力加强对村“两委”换届选举工作的组织领导四个方面对城子河区村“两委”换届选举工作进行部署。

**13日** 区妇联举行以“树巾帼典范 建温暖之家”为主题的“妇女之家”启动仪式。

**16日** 区妇联在城子河区长青乡新阳村举办“爱心书屋”亲子阅读活动。市妇联主席王素、区委书记张远民、区委副书记张京海参加活动。

**19日** 鸡西市创建文明城市指挥部办公室第三考评组在组长周金龙带领下到城子河区检查创建全国文明城市工作。

**20日** 城子河区全民冰雪活动日暨第二届全民冰雪活动在穆棱河水上公园“鸿象戏雪乐园”启动，区党政机关事业单位人员和群众1000余人参加启动仪式。

**21日** 城子河区落实省委巡视组反馈意见整改工作专项会议召开。会议传达全市落实省委巡视督察地方煤矿工作反馈意见整改动员会议精神。根据省委巡视组反馈意见和市委要求，城子河区整改分工方案初步确定四个方面整改任务，共13个大项，50个问题。

**22日** 鸡西市副市长兰知震视察城子河区河长制工作。

**27日** 按照深化国家监察体制改革工作要求，在市纪委、区委的统一部署下，城子河区监察委员会组建并挂牌，同区纪委合署办公，对城子河区行使公权力的公职人员实行监察全覆盖。

**28日** 城子河区委书记张远民深入向阳煤矿、铁城煤矿实地检查煤矿安全生产工作。政府副区长艾安富、区公安分局局长部建军、区委办主任周泉、区公安分局副局长陈晓光、区公安分局治安科科长李林波等陪同检查工作。

**是日** 城子河区残疾人联合会第五次代表大会召开。区委常委、政府副区长靳春海致开幕词，区残联副理事长王颖代表第四届执行理事会向大会作工作报告。

**29日** 城子河区召开全区安全稳定工作会议。区委副书记、区长任峰主持会议并作重要讲话。会议传达市安委办《关于切实做好2018年元旦春节期间安全生产工作的通知》和全市安全稳定工作会议精神。

**30日** 城子河区委副书记、政府区长任峰深入企源煤矿、富阳煤矿、向阳煤矿实地检查煤矿安全生产工作，对煤矿兼并重组工作进行推进。政府副区长靳春海、区政府办主任李长波、区安煤局局长丁林、区安煤局副局长辛亚涛等陪同检查工作。

# 区情概览

## 区情区划

**【区情概况】** 城子河区始建于1970年10月，位于鸡西市北部，与市中心区鸡冠区跨河比邻，依据金代古城遗址小城山下的城子河而得名，总面积320平方公里。区内有龙煤集团城山矿（原城子河矿）、正阳矿、杏花矿、东海矿等4个国有煤矿和赛龙水泥、城海水泥、盛安民爆等3个省市直企业。主要特点是依矿设区，城矿混居。城山煤矿最早在1938年建矿，中华人民共和国成立后陆续建成正阳、东海、杏花三个矿。先有矿后有区，居民住宅和基础设施依矿而建，大部分建在采矿区范围内，历史形成了“建成区即压煤区、生产区即生活区”的特点。5个街道办事处管理的居民90%以上是煤矿职工和家属。北山南水，物产丰饶。有耕地4万亩，建设了万亩灌区绿色稻米基地、千亩绿色蔬菜棚室生产基地、千亩淡水鱼养殖基地。森林面积14289公顷，盛产山野菜、黑木耳、中草药等林副产品。储藏着10多种矿产资源，其中，煤炭储量15亿吨、铁矿石146万吨。产业多元，协同发展。经过多年来的产业结构调整，形成了以绿色特色种植养殖为主的近郊农业，以“一黑一绿一药”（黑：石墨产业；绿：绿色产品加工产业；药：北方药材加工产业）为支撑的新型工业，以电子商务、商贸仓储物流为主的现代服务业，初步形成了三次产业协同发展格局。

2017年，区直地区生产总值实现10.1亿元，同比增长7%；规模以上工业增加值实现2.02亿元，同比增长10%；固定资产投资实现15.8亿元，同比增长15%；一般公共预算收入实现1.06亿元，同比增长6%；社会消费品零售总额实现13.96亿元，同比增长8%；城镇居民人均可支配收入实现20600元，同比增长8%；农村居民人均可支配收入实现17190元，同比增长8%；外贸进出口总额实现112万美元，降幅同比收窄5.6个百分点。

**【人口状况】** 2017年末，户籍人口12.2万人，其中城镇人口10.8万人，农村人口1.4万人。2017年度出生476人，死亡2139人。

**【行政区划】** 城子河区辖2个乡和5个办事处。2个乡，即长青乡和永丰朝鲜族乡。由原来的18个村调整为13个村，长青乡管辖6个村：城东村、红卫村、向阳村、正阳村、新阳村、城海村。永丰乡管辖7个村：永红村、永平村、丰安村、城西村、城子河村、新华村、新兴村。5个街道办事处，即城子河街道办事处、城西街道办事处、正阳街道办事处、杏花街道办事处、东海街道办事处。

## 自然资源

**【矿产资源】** 矿产资源有煤炭、石灰石、石萤石、铁矿石、煤矸石、云母、石墨等。主要有煤炭、大理岩、铁矿三种。其中煤炭资源最为丰富。全区煤田总储量为15亿吨，其中，可供工业开采的有10亿吨。除四大煤矿开采外、供地方中小型煤矿开采的煤矿资源有1800万吨。国有煤炭资源主要分布在城子河矿、正阳矿，杏花矿和东海矿在行政区划上归城子河区管辖，土地在鸡东县境内，区属煤矿储量310万吨。

大理岩储量为5000万吨，大型矿山有3座，主要分布在赛龙水泥有限公司（原市水泥厂）矿山集团水泥厂和北钢公司（原市钢铁公司）大理岩矿。铁矿石储量为40万吨，主要为北钢公司铁矿，品位为42%—65%。石墨储量为700万吨，为小鳞片状，品位在10%—15%，未作详细勘探，无详细资料。硅石储量为100万吨，品位含二氧化硅92%，主要用于水泥配料。

**【土地资源】** 城子河区土地面积为267430.4亩。其中，耕地面积64749.9亩（农村耕地面积3.68万亩，其中水田1.3万亩，菜田4800亩，大田1.9万亩）。集体土地77485.2亩，国有土地189945.2亩。

**【林业资源】** 全区森林面积8654公顷，其中城子河林场2852公顷，正阳林场1200公顷，和平林场3264公顷，区属1338公顷。森林以人工林为主，有少数的乔灌林、次生林、经济林。树种为落叶松、黄花落叶松、油松、柞树、杨树、柳树、椴树等。

## 地理环境

**【自然地理】** 该区三面环山，一面临水、地势南低北高。北部山丘漫岗连绵，南部穆棱河平原平坦开阔、土质肥沃、水源充足、物产丰富。全区公路四通八达。厂矿企业、村屯星罗棋布。夏季遍山绿树苍翠、平原稻谷碧波无垠；冬季漫天雪花飞舞如絮、冰凌倒挂、银装素裹。

**【气　候】** 城子河区所属鸡西市，地处中纬度亚洲大陆东岸，黑龙江省东南部，属于中温带大陆性季风气候。四季气候变化明显，春季易干旱多大风，夏热短促雨水集中，秋季寒潮降温，常有冻害发生，冬季寒冷漫长且干燥。城子河区2017年年平均气温在3.5℃—4.2℃之间，由南向北递减。全区≥10℃的积温在2450℃—2720℃，多年平均均值2543.4℃。全区无霜期在140天左右，大部分地区初霜冻在9月下旬出现，终霜冻在5月上旬结束。全区年平均降水量多介于520—550毫米，多年平均降水量533.3毫米。多年风向为西风，占全年的风频率为21%，平均风速在2.5—3.8米/秒，历年平均风速3.8米/秒。全年日照总数2300—2900小时，总辐射量120千卡/平方厘米左右，日照资源丰富，为发展农业生产提供优越条件。

## 经济发展

**【工业经济】** 强化工业经济运行，38户工业企业开工生产率达90%。申报新增规上企业4户，全区规上企业达到6户。大力推进企业裂变升级，德立重工、润成新型建材、捷利源选煤、日信食品等企业生成1000万元以上新项目4个。全区纳税百万元以上企业达到24户，同比增加8户，其中，纳税500万元以上企业达到3户。昌隆石墨实现了石墨烯量化生产，是鸡西市唯一一家集石墨烯研发、生产、销售一体的石墨企业，2017年生产多层石墨烯400公斤，实现销售收入200余万元。全区工业总产值实现11.8亿元，同比增长40.5%，实现税金4870万元，同比增长71.5%，占工商税收的41%。

**【农村经济】** 深入推进农业供给侧结构性改革，

围绕近郊农业调结构、调品质，全年调减玉米面积1000亩，增加经济作物650亩，旱改水种植“鸭稻”“鱼稻”600亩。落实农业“三减”面积2200亩，申报绿色食品种植面积2000亩。龙玺丰安家庭农场被评为全省“互联网+农业”高标准示范样板基地。推进畜牧业标准化、规模化养殖，创建省级标准化养猪场2个、市级标准化养殖场1个，畜牧业产值预计实现7528万元，同比增长9.5%。投入57万元，完成农村土地承包经营权确权登记工作，全面进入颁证阶段。村集体加大招商力度，各村引进项目16个，总投资8800万元，开工10个。大力推动农民创业，创业农民1500余人，带动就业3000余人，实现收入5000多万元。精准识别贫困户30户56人，落实包保责任，补齐“三保障”短板，一户一策，精准施策。推行河长制，设立区、乡、村三级河长，设置公示牌32块，编制试点河流“一河一策”，实现巡河常态化。投入420万元，完成河渠清淤、白石河抢险治理等农田水利基础建设工程。加快美丽乡村建设，投资680万元，完成鸡虎高速沿线723户房屋改造任务，新建农村太阳能卫浴一体化70户。新阳湖被评为省级乡村旅游示范点。

**【第三产业】** 发挥金三角开发区壮大商流物流、孵化创业、聚集新业态的作用，商流物流企业达到590家，电子商务企业达到12家。全年实现营销额4.2亿元，同比增长10.5%，实现税金850万元，同比增长8.9%。昌隆石墨、龙玺丰安家庭农场在黑龙江绿地股权金融资产交易中心成功挂牌。龙玺丰安家庭农场入驻黑龙江大米网，引进千寻孵化器项目，入孵企业37户。成功举办第二届全民冰雪旅游系列活动。

## 民生环保

**【城乡建设】** 全力做好保障安居工程。采沉区棚户区改造、城子河工矿棚户区改造全面完成，城花二期基本建成，近3万户居民出棚进楼。晨兴小区实现当年立项、当年设计、当年开工。全力完善城区功能。投资2600余万元，完成民爱街、正阳矿正阳大街和东海矿向阳大街改造工程。投资160万元，完善道路交通基础设施，方便群众出行。推进“三供一业”改造。投资2.1亿元，实施大供热管网铺设，正阳、东海、杏花矿区热源建设和城山煤矿48栋住宅楼改造，改善矿区居民居住条件。投资454万元，完成中心大街北段、政祥路和兴城广场绿化美化亮化，提升城市品位。提升城市管理水平。集中整治中心大街北段两侧、金三角开发区环境秩序，清理占道经营154户。投资1120万元，新购置44台（套）环卫设备设施，提高机械化作业水平。创新垃圾收集方式，实现主城区垃圾无害化处理。淘汰10蒸吨及以下燃煤小锅炉18台。

**【民生和社会事业】** 2017年民生投入2.6亿元，占财政支出68.4%。开展“双创”活动，2017年城镇新就业3898人，接收安置龙煤鸡矿集团转岗人员627人，新增创业主体317个，带动就业926人，城镇登记失业率控制在4.09%以内。发展社会事业。投资1800万元的杏花学校教学楼和综合楼投入使用。投资160余万元，完成正阳、晨兴等学校基础设施改造。实施城市公立医院综合改革，取消公立医院药品加成，让利百姓18.3万元。投资60余万元，为区医院增设了医疗设施设备，改善了就医条件。该区晋入省级慢性病综合防控示范区。推进商事登记制度改革，实行“多证合一、一照一码”制度，新增市场主体635户。投资667万元，实施了新区精品社区和正阳、东海标准化社区建设，完成23条街路命名、路牌安装。集中解决575户居民产权证不能办理问题。加大城乡救助力度，发放城乡低保、优抚等救助和保障资金5000万元，发放廉租房补贴400万元。城乡居民养老保险基础养老金提高到80元。调整提高机关事业单位离退休人员基本养老金，兑现机关事业单位职工供热费补贴，兑现公安干警执勤岗位津贴和加班补贴，住房公积金扣缴比例上调至7%。制定区离任村委会干部待遇保障政策，解决其后顾之忧。

**【生态环保】** 污染源监测。城子河区环保科成立后，协助市环境保护局监督管理辖区内环境保护工作。同时，监督管理市水泥厂及矿务局系统各多种经营公司等污染源大户，区内各企业事业多为乡镇企事业单位。根据市环境保护局的要求，每年对辖区内的污染源进行细致调查，根据调查结果进行排污申报登记、排污收费核定，建立污染源档案。

水监测。每年市环保局均对城子河区的重点水污染进行到行监测。市环境监测站对城子河煤矿洗煤厂、盛安民爆公司、城子河区造纸厂进行监测，悬浮物、化学需氧量、油累、三硝基甲苯、生物需氧量均超标，经过治理改造，城子河矿洗煤厂、盛安民爆公司的废水排放都有很大改善，城子河区造纸厂因多种原因破产，城子河区的水环境质量有所改善。

# 中国共产党城子河区委员会

## 综　述

**【概　况】** 2017年，城子河区委贯彻落实中共十九大精神和中央及省、市各项决策部署，以供给侧结构性改革为主线，实施“四大工程”（主导产业培育、宜居家园建设、全面小康决胜、党建基层基础）。大力实施宜居家园建设工程，采煤沉陷区棚户区改造工程完成，近3万户居民陆续实现“安居梦”。落实生态保护责任，推进河长制，在全市水体治理考核中排名第二。推进创建全国文明城市工作。围绕学习领会习近平新时代中国特色社会主义思想，持续深化理论武装。

**【优化经济发展】** 2017年，城子河区委向经济建设聚焦发力，区直地区生产总值同比增长7%，规模以上工业增加值同比增长10%，固定资产投资同比增长15%，一般公共预算收入同比增长6%，社会消费品零售总额同比增长8%，外贸进出口总额实现112万美元。引进生成项目56个，到位资金5.85亿元。谋划实施投资5000万元以上的市级重点产业项目5个，完成投资3.33亿元。投资3亿元的聚鑫商贸仓储物流等5个市级重点产业项目全部开复工。民生支出达2.6亿元，改革发展成果更多更公平惠及城子河区人民。城乡居民人均可支配收入分别实现20600元和17190元，实现8%的增幅。

**【党建工作】** 2017年，城子河区委坚持党要管党、从严治党，推进党建基层基础工程。召开区委常委会议及专题会议，传达学习中共十九大精神。组织区委宣讲团到基层集中宣讲20余场，带动基层开展宣讲120余场。推行基层党建工作“纪实制”管理办法，制定《离任村委会干部待遇保障暂行规定》，解决离任村干部生活保障问题。坚持重基层重实绩用人导向，制定《城子河区区管干部选拔任用工作流程》，调整干部3批次42人，提拔11人、交流22人、调入2人、调出3人、免职1人、退休3人。落实党风廉政建设责任，搜集问题线索85件，立案查处各类违纪违规案件23件，给予党政纪处分25人，涉及科级干部6人。开展监察体制改革工作，成立区委巡察工作领导小组和巡察办、巡察组，发现问题11个，提出整改建议4条。

**【依法治区】** 2017年，城子河区委推进执法权限、程序、责任法定化。制定健全党务、政务公开制度，推进严格执法、公正司法、全民守法。落实行政执法责任制，加强制度建设和业务培训，对行政执法部门执法情况进行专题督查。开展规范性文件清理工作，确保依法行政。建立区委常委会会前学法制度，做到学法在前、议事在后。建立区委、区政府法律制度，涉及群众切身利益的重大事项实行事前召开专题座谈会和听证会，听取各方面意见。支持区人大、政协依法依章履行职能，发挥区人大法律监督和工作监督职能作用，推进社会主义协商民主多层制度化发展。推行行政复议规范化建设，开展执法综合改革。以打造最优发展环境为目标，强化优化发展环境人人有责的意识，查处破坏发展环境案件，立案12件，给予党政纪处分12人。

**【改革创新】** 2017年，城子河区委成立区委深化改革工作领导小组，召开深改组、区委常委会议，落实改革任务。完成区委深改办设立工作，增加领导职数和机构编制。推进“放管服”改革，明确31项工作任务，精减行政权力6项，规范行政权力1485项，责任事项1472条。梳理出公共服务事项123项，规范政务服务事项326项，规范中介服务清单25项。推进商事制度改革，落实“五证合一”“一证一码”登记制度，审批办证时间缩短10天以上，新增市场主体635户。公开公示各类信息5300余条，执结失信206起。顺利完成13个行政村的5.56万亩农村土地承包权经营权确权登记工作，颁证工作正在推进。在长青乡的城东村和永丰朝鲜族乡的城子河村开展农村集体产权制度改革试点，完成清产核资、成员身份确认和劳龄认定工作。加快司法体制改革步伐，区人民法院和区人民检察院员额制改革完成。推进刑事诉讼制度改革，落实司法责任制配套制度，推进案件繁简分流改革。深化财税制度改革，在全市率先完成区乡国库集中支付改革。推行城市公立医院综合改革，城市公立医院全部实行药品零差率销售。

## 重要会议

**【第1次常委会议】** 2016年12月25日由张远民主持召开。会议传达市维稳办在市委常委会上关于全市维稳工作情况的汇报，听取区维稳办和区信访局工作情况汇报；调整区委维稳工作领导小组成员，下发区委维稳工作联席会议制度，讨论并原则通过城子河区维稳工作贯彻落实意见。

**【第2次常委会议】** 2017年1月7日由张远民主持召开。会议传达市委廉洁过好春节专题会议精神。传达市第十三次党代会精神，讨论并原则通过城子河区贯彻落实意见；听取采煤沉陷区棚户区治理改造工作情况汇报，调整采煤沉陷区棚户区改造工作领导小组成员。

**【第3次常委会议】** 1月25日由张远民主持召开。会议传达省人大十二届六次会议精神、省政协十一届五次会议精神、市纪委十三届二次全会精神、省安全生产工作电视电话会议及省政府第五次全体电视电话会议精神，听取各战线2017年工作思路和一季度工作安排汇报。

**【第4次常委会议】** 2月13日由张远民主持召开。会议听取区纪检书记佟成柱的《在区纪委十三届二次全会上的工作报告》，审议并原则通过。

**【第5次常委会议】** 2月21日由张远民主持召开。会议传达全市宣传部长会议精神，讨论并原则通过城子河区贯彻落实意见，要求加强意识形态建设，作为党和政权建设的重要内容，与经济社会各项工作相结合。传达市委农村工作暨脱贫攻坚工作会议、市政府农业战线工作会议精神，讨论并原则通过城子河区贯彻落实意见。要求加快种植业结构调整，打造绿色工农业品牌，助力脱贫攻坚。传达全市信访工作会议精神，讨论并原则同意城子河区贯彻落实意见，要求各单位开展矛盾纠纷排查化解工作，落实处级领导坐班，启动责任追究机制。

**【第6次常委会议】** 3月3日由张远民主持召开。会议传达全省“两会”信访维稳工作会议精神和全市信访维稳工作会议精神，讨论并原则同意城子河区贯彻意见。要求各部门各单位要做好重点人员稳控，加大矛盾纠纷排查力度，落实领导包保责任和稳控措施。会议传达省市关于煤矿安全生产要求，讨论并原则同意城子河区贯彻落实措施。要求安监部门组织开展以落实煤矿企业主体责任、一通三防、雨季三防、六大系统和机电运输等为重点的安全专项检查，加强隐患的排查和整改。

**【第7次常委会议】** 3月23日由张远民主持召开。会议传达市委书记康志文到城子河区调研时的讲话精神；会议传达中纪委《关于六起落实全面从严治党主体责任和监督责任不力被问责典型案例的通报》；听取大连信开集团项目选址的情况汇报，讨论并原则通过；听取城子河区中心街路命名更名方案的情况汇报，讨论并原则通过；听取关于制定安委会成员单位安全生产工作职责的情况汇报，讨论并原则通过。

**【第8次常委会议】** 4月16日由张远民主持召开。会议传达全市安全稳定工作会议精神，讨论并原则同意城子河区贯彻意见；传达全市统战部长会议精神，讨论并原则同意城子河区贯彻落实意见；听取城子河区人才工作情况汇报，要求区委组织部牵头，区人社局配合，各部门各单位积极参与，加大对各类人才信息采集力度；听取各战线一季度工作总结及二季度工作打算情况汇报，要求各部门各单位要全力抓好招商引资项目建设工作。

**【第9次常委会议】** 5月5日由张远民主持召开。会议传达省十二次党代会精神；传达全市政法工作会议精神，讨论并原则同意城子河区贯彻落实意见；传达全市创建全国文明城市推进会议精神，讨论并原则同意城子河区贯彻落实意见；听取城子河污水处理厂（深度处理）职能移交情况汇报，审议并原则通过；讨论并通过《城子河区城市基层党建试点方案（讨论稿）》；区人民法院党组成员、行政庭庭长李敏作行政应诉方面的专题辅导。

**【第10次常委会议】** 5月31日由张远民主持召开。会议传达全省县（市、区）委书记学习贯彻中共十八届六中全会精神专题研讨班精神。要求各部门各单位理清思路、明确目标、细化任务，实施“四大工程”，开创城子河转型发展兴区富民新局面。传达全省脱贫攻坚“回头看”工作动员会议精神，讨论并原则同意城子河区贯彻落实意见。听取庆“七一”区矿携手共创文明城文艺演出活动情况汇报，讨论并原则通过活动方案。

**【第11次常委会议】** 7月7日由张远民主持召开。会议听取关于评选推荐第十一届“十佳公仆”候选人情况汇报，讨论并原则同意。

**【第12次常委会议】** 7月14日由张远民主持召开。会议贯彻落实省、市、区党代会精神和市委书记康志文到城子河区调研讲话精神。要求各部门各单位贯彻落实省、市、区党代会精神和市委书记康志文到城子河区调研讲话精神，围绕年初区委工作会议部署要求，完成三季度各项目标任务。抓好重点项目建设，围绕“一黑一绿一药”主导产业抓招商、抓建设、促转型。抓好当前农业生产，推进创建全国文明城市工作和采煤沉陷治理建设征收安置工作。

**【第13次常委会议】** 7月21日由张远民主持召开。会议听取关于防范和处理邪教工作情况汇报，讨论并原则通过；听取关于组建区、乡（街道）、村（社区）综治中心工作情况汇报，讨论并原则通过；听取关于设立中共城子河区委离退休干部工作委员会情况汇报，讨论并原则通过；听取关于棚户区改造项目房源及安置情况汇报，讨论并原则通过。

**【第14次常委会议】** 8月15日由张远民主持召开。会议传达学习习近平总书记在省部级主要领导干部专题研讨班开班式上的重要讲话精神及市委书记康志文讲话精神；传达全市宣传部长专题工作会议精神，讨论并原则同意城子河区贯彻落实意见；传达国家及省、市安全生产电视电话会议精神，讨论并原则同意城子河区贯彻落实意见；传达学习中央及省、市信访工作会议精神和市信访联席会议《关于依法处理信访活动中违法犯罪问题的意见》文件精神。

**【第15次常委会议】** 8月30日由张远民主持召

开。会议传达全省脱贫攻坚会议精神和市委书记康志文讲话精神，讨论并原则同意城子河区贯彻落实意见；听取关于全区意识形态工作情况汇报，讨论并原则同意城子河区贯彻落实意见；听取关于组织开展环境卫生秩序集中整治活动周情况汇报，讨论并原则通过城子河区贯彻落实意见；讨论并原则通过《区管干部选拔任用工作流程》；讨论并原则通过《区委常委会议事决策规则》；决定部分干部的职务任免。

**【第16次常委会议】** 9月25日由张远民主持召开。会议传达省委书记张庆伟在鸡西调研座谈重要讲话精神；传达市委书记康志文在市委常委会议上的讲话精神，讨论并原则同意城子河区贯彻落实意见；审议并原则通过《城子河区促进电子商务发展若干规定》和《关于扶持重点产业和重点项目发展的意见》。

**【第17次常委会议】** 10月10日由张远民主持召开。会议传达中共十九大前信访维稳工作动员会议精神，讨论并原则同意城子河区贯彻落实意见，要求各部门各单位认真贯彻落实，开展信访问题排查，做好中共十九大前信访稳定工作；听取各战线三季度工作情况和四季度工作安排，要求各级主要领导、主管领导靠前指挥、落实责任、挖掘潜力、全面对标，采取有效措施完成全年各项工作目标和任务。

**【第18次常委会议】** 11月16日由张远民主持召开。会议学习中共十九大精神，传达学习《中共中央关于认真学习宣传贯彻党的十九大精神的决定》；传达中央及省、市宣传贯彻中共十九大精神相关会议精神，讨论并原则同意城子河区贯彻落实意见；听取煤矿安全生产工作情况汇报；传达《全省推进县乡人大工作和建设经验交流会》精神，讨论并原则同意城子河区贯彻落实意见。

**【第19次常委会议】** 11月22日由张远民主持召开。会议听取省十三届人大代表初步候选人推荐提名情况汇报；动员部署城子河区深化监察体制改革工作；讨论并原则同意上报区监察委建议人选名单；听取区人民法院执行难问题情况汇报。

**【第20次常委会议】** 11月29日由张远民主持召开。会议传达省委十二届二次全会和市委常委会议精神；听取各部门脱贫攻坚推进情况汇报；听取城子河区河长制工作情况汇报；听取城子河区贯彻落实全市“粮头食尾”“农头工尾”工作推进会情况汇报；审议并原则通过《城子河区行政村综合考核办法》，会议要求区委组织部牵头，各相关部门配合，细化和量化标准；传达全省村“两委”换届工作会议精神，讨论并原则同意城子河区贯彻落实意见；审议并原则通过《城子河区离任村委会干部待遇保障暂行规定》。

**【第21次常委会议】** 12月13日受张远民委托，由任峰主持召开。会议传达学习《中共鸡西市委办公室关于迅速传达学习贯彻落实习近平总书记重要批示精神的通知》。要求全区各级党组织在全体党员、广大干部中传达学习贯彻落实习近平总书记重要批示、省委书记张庆伟重要批示和市委书记康志文重要批示精神。

**【第22次常委会议】** 12月18日由张远民主持召开。会议讨论并原则通过《区委十三届四次全会报告》；听取区委十三届四次全会筹备情况报告；讨论并原则通过《区人大十二届二次会议报告》，听取人代会筹备情况报告；讨论并原则通过《政府工作报告》；讨论并原则通过《区政协九届二次会议报告》；听取区政协九届二次会议筹备情况报告；讨论并原则通过《区人大十二届一次会议以来代表建议办理情况》和《政协九届一次会议提案办理情况》；讨论并原则通过《城子河区2017年国民经济和社会发展执行情况及2018年国民经济和社会发展计划的报告》；讨论并原则通过《城子河区2017年预算执行情况和2018年预算草案报告》；讨论并原则通过《城子河区2017年村党组织换届选举工作实施方案》；

讨论并原则通过《城子河区妇联改革方案》；听取城子河区禁毒工作情况汇报和区公安分局“六大工程”建设情况汇报。

**【第23次常委会议】** 12月27日由张远民主持召开。会议审议《城子河区省委第二巡视组反馈意见整改工作责任分工方案》，讨论并原则通过整改责任分工方案；听取煤矿兼并重组进展情况汇报；审议《城子河区级领导包扶重点产业项目制度》，讨论并原则通过该项制度；传达学习市委组织部转发省委组织部《关于认真贯彻落实张庆伟同志重要批示进一步做好领导干部个人有关事项报告工作的通知》精神。

## 办公室

**【概　况】** 区委办公室承担着对全区重要情况进行调查研究和综合分析，向区委和市委办公室提供有参考价值的情况和建议，收集、整理并提供信息服务；代区委对全区上报的文件或请求的问题及时给予答复或提出处理意见，为区委指导工作服务；起草区委有关文件、工作计划、总结和区委领导有关重要讲话、工作报告；督促、检查、催办、落实区委决议事项及领导批示；审核、制发区委日常文件、文稿等项职责。区委办公室下设机关党委、秘书室、督查室、文书室、区委保密办。区委办公室机关编制6名，全部为行政编制。2017年，区委办公室在区委的正确领导和各部门的大力支持配合下，围绕中心，服务大局，以务实、创新、高效的团队精神，主动作为、迎难而上，充分发挥综合协调、参谋辅政、督促检查、服务保障等职能作用，不断提高“三服务”（服务领导，服务基层，服务群众）水平，各项工作取得较好成效。

**【综合调研】** 在全面贯彻落实中央及省委、市委精神，准确把握区情实际，认真领会区委意图的基础上，努力挖掘深层次、高质量、有创新、接地气的精品佳作，使起草的文稿与区委中心工作跟拍、与领导思路跟拍、与发展实践跟拍；通过调研、整理、收集，起草了大量有价值的文稿，为区委提供了准确翔实的决策依据，得到了区委领导的肯定。2017年修订把关文稿30余件，文字量达10万字；起草文稿90余件，文字量达31万字；编发《情况通报》2期。

**【协调政务运转】** 充分发挥办公室承上启下、联系左右、协调各方的作用，认真执行中央和省市区委有关精简会议文件要求，以任务分解落实到岗到人、现场督办等方式落实会议文件精神，在严、精、细、实上下功夫，努力做到周密、细致、高效。2017年，核发区委、区委办文件96件，同比下降8%，收发中央和省委文件286件1342份、电报15件，收发市委督办件7件，处理领导办件159件、阅件227件。参与承办区党代会，区委十三届一次、二次、三次全体（扩大）会议，区委工作会议，全区政治工作会议，区委农业农村工作会议等11个会议。坚持从简节约原则，圆满完成市委书记康志文调研、庆祝建市六十周年喜迎中共十九大文艺会演等公务接待任务，合理安排协调区委主要领导赴长青乡、永丰朝鲜族乡和5个办事处调研农业产业结构调整和脱贫工作、项目建设、民生工作等调研活动35次。

**【督促检查】** 充分发挥党委办公部门“抓落实”基本职能，紧紧围绕区委“大力实施主导产业培育、宜居家园建设、全面小康决胜和党建基层基础四大工程，加快转型发展兴区富民步伐”总体思路，着力在项目建设、深化改革、城乡环境卫生综合整治、城乡和农村建设以及党的建设等重点工作上，采用电话督查、现场督查、专项督查、明察暗访等方式，有效促进区委决策落地生根。2017年，共开展各类督查11次。下发“督办通知单”21件次。

**【信息处理】** 积极主动与市委办信息科沟通，加强对基层信息报送单位业务指导，开展好信息反馈、信息综合、信息调研等工作，有效提升了信息的深度、质量和针对性、实效性。2017年，向市委报送城子河区各类信息172条，被市委采用33条。加强政务值班工作，坚持全天候值守，区委班子成员手机24小时待机，有效处理了富阳煤矿“11·18”运输事故等紧急突发信息上报工作。

**【机要保密】** 大力推进机要密码规范化建设，完善一系列规章制度，提高机要密码工作科学化、制度化、规范化水平。进一步加快全区电子政务内网建设，完成全省政务内网测试10余次。认真履行保密管理职责，组织开展全区保密培训班1期，培训人员30余人次。开展了2017年度安全保密专项检查工作2次，对7个涉密单位进行现场检查指导，全年无泄密事件发生。

**【队伍建设】** 每月定期组织支部全体党员，认真学习习近平总书记系列重要讲话、市委区委领导同志讲话、区委全会会议精神等内容，进一步把全办干部职工的思想和行动统一到中央和省市区委安排部署上来。坚持执行班子成员定期谈心交心、特殊情况及时沟通等机制，在工作中相互补台、相互协作，努力打造团结统一、干事创业的领导集体。2017年，先后有3名干部得到提拔重用。

**【作风建设】** 认真落实好党风廉政建设主体责任和“一岗双责”责任，坚持党性原则，严格遵守党的政治纪律、政治规矩和中央八项规定精神及省市九项规定要求，坚决不踏“红线”，不越“底线”。加强风纪建设，及时对干部出勤、纪律、风貌等情况进行随机检查，发现问题及时纠正，努力形成积极向上、严谨细致、干事创业的工作氛围。

**【“两学一做”学习教育常态化制度化】** 严格按照区委《“两学一做”常态化制度化教育实施方案》要求，坚持一个程序不漏、一个步骤不丢、一个环节不少，组织支部全体党员深入学习中共十九大精神、党章党规和习总书记系列重要讲话精神，不断夯实理论基础，开展理论研讨和讲党课9次，撰写学习心得12篇；通过发放征求意见函、广泛谈心交心、召开民主生活会等形式，查找班子成员在理想信念、政治纪律规矩、作风等方面存在的突出问题。班子成员共查找出个性问题21项，解决措施14项。

## 组织部

**【概　况】** 中共城子河区委组织部是区委主管组织工作和干部工作的职能部门，负责的主要工作有研究和指导基层党组织党的建设工作，探索新形势下党组织的设置和活动方式，协调、规划和指导党员教育工作，主管党员的管理和发展工作，组织新时代党的建设理论研究；提出区委管理的领导班子调整、配备意见和建议，负责区委管理干部的考察和办理任免手续，指导基层领导班子思想作风建设，承办全区干部统计汇总，干部档案管理事宜；贯彻省、市委关于干部队伍建设的方针、政策，制定有关规定，组织落实培养选拔中青年干部工作；从宏观上研究和指导全区党的组织制度和干部人事制度改革，制定或参与制定组织、干部人事工作的重要政策和制度；负责组织工作和干部工作检查督促，及时向区委反映重要情况，提出建议；主管干部教育工作，认真贯彻执行中央和省、市关于干部教育方针、政策、规划，负责全区科级干部和区科级后备干部的培训工作，兼办村级后备干部的培训工作；调整了解全区知识分子工作情况，检查贯彻执行知识分子政策的情况；认真抓好老干部局管理工作，负责离退休干部的宏观管理、微观指导，做好离退休干部的全面工作；完成市委组织部和区委交办的其他工作任务。实配部长1人、副部长2人、区委“两新”工委专职副书记（兼部务委员）1人。

**【党建学习】** 实施区直党组织指导纪实管理，推进党支部录制“微视频”、建立微信交流群等方式，实行书面和影像“同步纪实”。落实落靠党组织和党员“承诺写实”考评措施，强化“三会一课”等制度考核，推动领导干部学习、讨论、党课、组织生活、工作检查指导“五个”到支部。结合各层面、各领域特点，开展“四员四先锋”活动，即自觉做惠民政策宣讲员、民意诉求收集员、矛盾纠纷调解员、便民服务领办员；自觉做为民服务的先锋、依法拆迁的先锋、创业创新的先锋、心系城区的先锋。以永丰朝鲜族乡为试点，推行党员“先锋”指数考评。采取清单管理推进、工作简报交流、情况通报反馈、整改通知督促等多种形式，确保真做真改真干。

**【领导干部队伍建设】** 组织部领导高度重视并会议通过成立工作推进领导小组，为落实好《中国共产党地方党委工作条例》和《中国共产党党组工作条例》及《中国共产党工作机关条例》，健全完善党委（党组）议事规则和决策程序，形成以民主集中制为核心的科学有效运行机制。深入贯彻学习中央新修订的《县以上党和国家机关党员领导干部民主生活会若干规定》，采取有效措施推动民主生活会经常化，让咬耳扯袖、红脸出汗成为常态。增强谈话函询等制度执行的刚性，贯彻落实好新出台的《干部提醒、函询和诫勉工作操作规程》。认真学习贯彻中央新修订的《领导干部报告个人有关事项规定》和新出台的《领导干部个人有关事项报告查核结果处理办法》。探索建立干部监督信息库，认真执行干部监督联席会议制度。开展干部选拔任用工作自查，做好市委组织部对城子河区开展干部选拔任用工作专项检查的迎检工作。充分发挥“12380”举报平台的作用，畅通反映问题渠道，建立快速查核机制。

**【基层党建与党员队伍建设】** 研究制定《城子河区行政村综合考核办法（试行）》，坚持把发展壮大农村集体经济摆在农村党建工作的突出位置，抓紧解决当前农村基层组织没钱办事，缺乏凝聚力、号召力等突出问题。整合财政、民政、农业、经管、林业、水务、国土、政法、金融等部门工作力量，形成密切配合、齐抓共管的工作格局。加强村级班子建设，采取实地观摩、域内外结合的办法对长青乡和永丰朝鲜族乡及农村党组织书记整体轮训一遍，适时开展观摩拉练活动。搞好村“两委”换届，选好基层组织带头人，特别是选好村党支部书记和村委会主任。将发展壮大集体经济作为乡党委书记抓基层党建述职评议、乡村级班子年度绩效考评的重要内容。成立专题调研指导组，争取市委组织部和驻地单位党组织重视支持，依托城子河、城西办事处，筹建区域性党群共建共享理事会，探索议事制度、合作共建、资源共享有效途径。充实和加强街道党工委工作力量，组织开展外埠学习考察，超前高质量打造新区社区党群活动中心。认真落实“机关党的建设要走在党的基层组织建设前头”的要求，重点抓好严格组织生活和服务基层、服务群众、服务发展工作，着力破解机关党组织生活随意化、平淡化、娱乐化、庸俗化的突出问题，努力解决机关党建与中心工作“两层皮”的问题。开展“两个覆盖”（组织覆盖、工作覆盖）工作，进一步查找“隐形党员”“口袋党员”。做好典型宣传培养和示范引领，打造一个“两新”组织集聚区域党建工作示范点。对抓基层党建不重视、工作进展不力的，直接约谈第一责任人和直接责任人。失职失责、问题突出的要严格问责，并将考评结果作为干部选拔任用的重要参考，进一步压实党建工作责任。抓督办检查，2017年内全区开展4次以上专项巡察督导。抓好软弱涣散基层党组织整顿工作，确保年内全部转化升级。

2017 年 2 月，组织部组织“两乡”抓基层党建工作述职评议

区委组织部　提供

**【人才发展体制机制改革创新】** 从抓政策落实入手，完善党管人才工作格局，细化分解改革任务，明确责任部门、责任人和完成时限，建立督查和反馈制度，确保省市区委各项人才政策落地见效。制定《人才工作考核方案》，将人才工作纳入乡、街道党（工）委书记抓基层党建工作述职评议内容，推动“一把手”抓“第一资源”。加强人才政策和先进典型的宣传，努力营造识才、爱才、敬才、用才的浓厚氛围。认真贯彻落实中央和省市委关于人才发展体制机制改革的《关于深化人才发展体制机制改革的意见》《关于深化人才发展体制机制改革的实施意见》等政策精神，做好省 79 项改革中需区配合的 46 项改革任务承接落实。结合城子河区实际，深入贯彻市委出台的《关于深化改革创新打造具有地方特色的人才发展体制机制的意见》，建立人才发展资金纳入区财政预算长效机制，加强人才培养、引进、使用、激励体制机制创新，激发人才创新创造创业活力。分类建立人才信息库，全面掌握全区各类人才信息，为转型发展提供智力支持。持续推进区人才工作品牌创建活动，为全区发展集聚人才。

组织部成员参加党员学习　　区委组织部　提供

**【加强自身建设】** 做政治上坚定的组工干部。开展“学党史、学先优、强党性”主题教育活动，牢固树立“四个意识”。适时开展组工干部“红色教育”，筑牢组工干部对党忠诚的思想根基。做作风上过硬的组工干部。细化岗位职责，完善重点业务工作流程，使组工干部更好地知责、守责、尽责，自觉抵制歪风，大力弘扬正气。优化服务措施，常下基层，多到一线，广泛联系基层组织及党员、干部，加强现场面对面指导推进。做业务上精通的组工干部。实施能力提升计划，通过“周五讲堂”“看齐地带”等形式，强化业务学习，提高干部综合素质。推进干部轮岗交流，拓宽视野，增长才干。做纪律上严明的组工干部。带头遵守党章党规，带头贯彻《中国共产党廉洁自律准则》和《中国共产党纪律处分条例》，严格落实中央八项规定精神。明确规矩底线，强化纪律教育，严格问责追责，督促组工干部严守政治纪律、组织纪律、廉洁纪律、群众纪律、工作纪律、生活纪律。

## 宣传部

**【概　况】** 城子河区委宣传部是城子河区委主管宣传思想政治工作的综合职能部门，规格为正科级。主要职能是负责指导全区政治理论学习宣传工作；负责指导、协调全区对内外宣传工作；负责指导全区精神文明建设工作；负责管理、规范全区志愿者工作任务；负责培育、践行社会主义核心价值观工作；负责创建协调推动文明城市工作等。单位公务员编制 4 个，事业编制 2 个，党员5名。

**【意识形态工作】** 从严构建起区、乡（街道）、基层党支部为支撑的党管宣传思想、党管意识形态工作格局。7月中旬，区委宣传部就意识形态责任制落实情况进行专题督查，重点深入长青乡和永丰朝鲜族乡、五个办事处及教育、文体、政法战线和群团部门，推动党管思想、党管意识形态责任的落实。8月中旬，通过分析研判，辨别主流支流，把握社情民意动向，取缔一处以宣传传统文化为铺垫，掺杂封建旧道德思想的宣传图板。6月、8月对域内网站和媒体终端进行全面检查登记，进一步明确部门"一把手"对网络意识形态安全负总责的工作体制。10月中旬，对全区微信平台、微信群、微博、网站及客户端存在情况进行全面普查，为7个网站及客户端，5个微信平台，党员领导干部组建的45个面向社会公众的微信群、2个微博，建立管理台账。积极介入参与社会动态引导。通过关注群众贴吧的议论，及时掌握群众对采煤沉陷区拆迁政策的解读动向，安排专业干部上门解答，研究解决意识形态中存在的问题，举办了由100多名征收人员参加的动迁业务廉政培训班。贯彻执行意识形态双向报告制度。8月30日，区委常委会专门听取全区意识形态工作汇报，分析研究全区意识形态工作存在的问题及推动意识形态工作深入开展的相关措施，及时向上级主管部门做书面报告。

中共十九大精神宣讲　　区委宣传部　提供

**【理论学习工作】** 制发方案、完善制度、组建队伍、开展培训。制发《城子河区2017年"真学、真信、真用"理论学习活动实施方案》，以办好理论学习"五个课堂"为载体，推进全区党员干部理论学习活动深入开展。完善区乡两级理论学习中心组固定课堂学习制度。组建区级"流动课堂""农家讲堂""市民课堂"讲师队伍共计73人。建立网络学习平台6个及区级宣讲团，开展"点单式"宣讲。3月初，深入基层举办"五个课堂"学习培训班，全区30多名基层宣传干部接受专题培训。10月13日，中共十九大召开前夕，举办全区宣传思想政治工作业务培训班，长青乡和永丰朝鲜族乡、五个办事处及区直各部门单位主抓思想政治工作和意识形态建设的负责人，以及城子河、城西等街道办事处社区党工委书记、主任100多人参加学习培训。培训包括《坚持以人为本，探索社区思想政治工作新途径》《如何正确理解与处置信访活动中的违法行为》《如何预防电信诈骗》等内容，明确做好新时期群众思想政治工作的重点和方向，提高做好社区思想政治工作能力和水平。为学习贯彻中共十九大精神学习奠定思想政治基础。

**【中心组学习工作】** 区委理论学习中心组执行"双月一辅导""每月一讲"制度，专题学习辅导重点放在习近平总书记系列重要讲话、中共十八届六中全会，省、市、区党代会精神，习总书记"7·26"重要讲话精神和学习领会中共十九大精神上。区委书记张远民先后3次为区委中心组做专题辅导，聘请市委政研室主任马广明、市委讲师团成员、国安局局长等做专题学习辅导，2017年全年集中学习12次以上；中心组成员坚持"每周一学""每日一读"制度并参加所在党支部集体学习。区"流动课堂"涉及的20个专题"点单式"学习受到基础党员干部欢迎。"市民课堂"宣讲形式灵活多样、宣讲内容贴近市民生活。“农家讲堂”因时因地，把党的惠民政策、实用技术送到农家小院、田间地头。宣传主渠道力量的不断壮大，把党的思想理论精髓和政策解读，用百姓的语言，群众喜闻乐见、易于接受的方式传播出去。2017年全年“流动课堂”专题宣讲69次，“农家讲堂”宣讲268次，“市民课堂”宣讲128次。互联网+学习的“网络课堂”学习模式，突破传统的学习方式，实现理论传播不断线，利用政府网站学习园地及“真学、真信、真用”微信学习群，坚持发布精选理论文章和理论学习精品课。组织全区政治理论推手，转发各网上、平台发布的政治理论信息。2017年全年网上推荐阅读文章达到1000多篇。参与平台学习的干部达1113人。公众号“城子河区微生活”关注人数近5000人，单条信息点击阅读量达到3000多人。同时鼓励和倡导基层部门和单位政治理论骨干主办本部门本单位工作群，积极推送理论网、《半月谈》、人民网、《学习时报》等多个理论学习微信公众号，组织干部群众观看《将改革进行到底》《还看今朝——黑龙江篇》《党的十九大开幕式实况直播》等电视专题节目，拓宽党员干部学习视野。

2017年11月，区委宣传部召开中共十九大精神座谈研讨会

区委宣传部　提供

**【扩大宣传】** 加大域内外新闻宣传报道力度，扩大宣传舆论覆盖面，在城子河中心区的政清路、政通路、中心大街和金三角开发区沿路、农贸市场和城市中心区，组织商户自觉承担社会义务，利用电子显示屏、悬挂横幅标语加强社会宣传。区创建全国文明城市指挥部加强与上级职能部门和区域相关部门协调沟通，在高速路口、公路桥头、建筑工地栅栏围挡、单位外墙等显要位置设立图文并茂的公益宣传图板。利用乡村公示公告栏、街道社区宣传栏、学校黑板报、厂矿企事业单位楼廊文化墙开辟宣传专栏。2017年全年设立公益宣传板110块，悬挂宣传条幅300多幅，利用工程围挡制作固定宣传标语400多条，车体车内广告覆盖120多辆，悬挂迎庆中共十九大成就展宣传图片1400多张。组织一批央视、省台和鸡西广播电视等主流媒体主题宣传采录一批反映城子河区改革发展成就、城区建设发展变化的有分量有影响力的稿件在市级以上媒体播发。《城子河采煤沉陷治理改造纪实》《城子河项目建设如火如荼》《城子河区志愿活动花开遍地》《城子河区群众文化生活异彩纷呈》《城子河区集中整治环境卫生，干干净净喜迎党的十九大》等充分展示城子河近年来巨大变化。2017年全年市级以上媒体发稿220多篇。围绕诚信建设、创新创业、“百行百业树家风”等活动选树典型，加大宣传力度，先后涌现出无私奉献的社区干部张德成，创业典型王学志、岑明惠，“鸡西好人”罗世敏，收孤助残典型马桂芝等典型人物，通过讲述他们的故事，传播正能量，弘扬新风正气，全年利用微生活推送宣传稿件760多篇。

2017年11月，宣传部组织宣讲中共十九大精神

区委宣传部　提供

**【培育引导群众文化发展】** 积极培育和发展群众文化事业，全区五个办事处均组建文化体育团体，以君友艺术团、胜利艺术团、同乐艺术文艺团、夕阳红艺术团为代表的民间艺术团体，每月深入厂矿、社区、乡村、养老机构演出100多场，推动文化进社区活动。乡级文化建设扎实推进。以乡村文化站、文化大院及农家书屋为文化活动基地，积极开展群众文化活动，促进农村文体事业向纵深和更高层次发展。9月，长青乡新阳村老年活动中心正式剪彩，永丰朝鲜族乡朝鲜族民族风情园吸引着八方来客。长青乡和永丰朝鲜族乡还组织开展送书、送戏、送电影送到村组活动。6月21日，区委、区政府牵头组织的“欢庆七一，喜迎十九大”区矿厂携手共创文明城文艺演出，吸引万人观看。区文体局组织的旗袍文化进社区惠民行动暨旗袍走秀展演等全民大型活动受到群众的喜爱。《鸡西日报》编发反映城子河文化发展的《城乡无处不欢歌》被多家媒体转载。

**【规范管理志愿服务】** 通过开展网上注册、网下培训、活动安排、服务管理，壮大志愿者服务队伍，完善志愿服务体系。形成网上实名注册、网上报备活动时间、网上自动评分升级的信息化管理体系。2017年，全区网上注册的志愿者达到10720人，志愿者队伍发展到68支，开展志愿者服务活动154次，星级志愿者人数1272人。7月初，区文明办制定下发《城子河区“喜迎十九大、助创文明城、爱心满城区”志愿服务集中活动季实施方案》，召开城子河区志愿服务工作会议，对活动出色的红十字、巾帼等15支志愿者服务队和12名优秀志愿者进行表彰。以敬老、助残、帮困、社区服务为主要内容，常年活跃在基层，为弱势群众捐款捐物送温暖献爱心。在春节、清明节、中元节等重要时间节点前，组织志愿者开展文明祭扫宣传，开展了“网上祭英烈”和用鲜花换烧纸行动，发放宣传单1500余份，收到良好的社会效果，推动移风易俗。在春秋两次区乡环境整治行动中，130多支志愿者服务队走进社区参加城乡环境卫生清扫整治行动，参加义务植树等。

**【引领核心价值观】** 深入开展道德实践活动。继续推进“百行百业树家风”三年行动，积极培养和选树各行各业先进典型群体和个人，实现价值引领。大力开展社会公德、职业道德、家庭美德、个人品德教育，推动文明行业、文明社区、文明单位创建活动深入开展。9月28日，区文明委组织召开城子河地区受省、市级授牌命名的先进集体（家庭、个人）通报座谈会，7家先进集体代表在会上做经验发言，区委书记、区文明委主任张远民就党政机关要争取文明建设的排头兵，职能部门要发挥好指导推动作用，乡村街道要积极推进文明创建提出意见。把核心价值观融入社会规范治理中。长青乡和永丰朝鲜族乡13个行政村重新修订和完善村规民约、五个办事处制定融入核心价值观的市民公约、域内各学校修订学生守则、各级各类单位完善行业规范。把核心价值观融入未成年人教育中。域内学校将明德守礼“六个一”活动贯穿全年，重点开展“争做美德少年”读书演讲比赛等活动。筹措建成校外辅导站，推动学校教育、社会教育、家庭教育的有机结合。区关工委多方面动员全社会力量关心孩子、爱护孩子，为青少年健康成长营造良好成长环境。发挥党员干部示范引领作用。积极组织开展鸡西市“十佳公仆”推荐工作。挖掘选树群众身边的先进典型，把长青乡新阳村村主任方正智事迹搬上舞台，围绕爱岗敬业、创业、廉洁奉献主题，开展勤政演讲活动，用群众身边故事，教育影响群众，引领社会新风。

**【常态化管理全国文明城市创建工作】** 结合城子河区采煤沉陷区治理政策的“大动迁、大拆迁”现状，从细处着眼，明确工作重点，重点攻坚推进，文明城市创建取得明显效果，实现常态化管理。加强创建全国文明城市工作领导督检。区委、区政府高度重视创建全国文明城市工作，先后8次在区委常委会、政府常委工作会议上安排部署。及时调整创建全国文明城市指挥部领导机构，特别是在乡科级单位，也相应建立健全创建工作领导小组，实行“一把手”负责制，把创建全国文明城市纳入年度考评，与部门实绩评价、干部使用结合起来。确保创建全国文明城市工作在全区各层面，任务有人领、工作有人抓。按照“有部署、有督查、有通报、有考核”的工作思路，建立区、部门两级督查制度，与驻区“五矿三厂”等单位建立协调通报制度。启动创建全国文明城市工作社会监督机制，形成全区联动抓创建全国文明城市工作格局。

**【开展创建全国文明城市集中整治攻坚战】** 把群众反响强烈的环境卫生差、交通秩序混乱、商户占道经营等问题作为创建全国文明城市攻坚的重点内容，加大对“两街三路”、兴城小区、金三角物资城等重点区域环境卫生秩序整治，组织开展了机关干部参与、牵头单位为重点落实任务的春季环境卫生整治日、秋季环境卫生整治行动周活动，区政府主要领导多次带队清理整治物资城占道经营专项行为，区委书记带头深入一线督导排查创建全国文明城市工作。通过责任区集中整治、检查推进、加强巡查、督查评定以及通报督办、整治反馈等一系列推进措施，区容区貌得到较大改观。市场监督、城市执法等部门协同动作，推动“门前五包”管理责任制落实，环境秩序管理向常态化迈进。

**【重点整治区域交通秩序】** 对过境重型车辆多、车速快、漏撒扬尘、超载超限现象，召集域内大车集中的建筑施工单位、煤矿企业主参加座谈会，研究明确大车通行要求，发放宣传材料170余份，从严纠正“三超”和漏撒扬尘现象和敞篷运输的问题。区交警部门在重点路段设立限速标牌，对中心大街、政通路、政祥路部分路段限速30公里/小时。协调相关部门在金三角路段统一划定停车位，解决车辆无序停放阻塞交通问题。在三线终点站和加油站两个路口设立信号灯，解决车辆无序行驶问题，舒缓交通压力。

**【规范小区管理】** 加强对上协调，谋划城子河区外环路建设，推动项目列入市委督办重点项目，积极推进小区规范管理。区委督查室、区创建全国文明城市指挥部办公室先后7次深入到小区物业管理问题最多、难度最大的开放式兴城小区调研督查，针对兴城小区私搭乱建、乱推杂物、垃圾箱破损、下水井盖缺失、小区花园圈地种菜等问题下发督办单5份，提出限期整改意见20余条。协助城建、棚改、房产等部门，加强基础设施建设，努力补齐城市建设短板，全区环境卫生秩序明显好转。

2017年12月，区委宣传部向市领导汇报创建全国文明城市工作　　区委宣传部　提供

## 统战工作

**【概　况】** 城子河区委统战部2017年有编制4个，设有办公室，与工商联、侨联、民宗局合署办公。2017年以邓小平理论和“三个代表”重要思想，科学发展观为指导，深入贯彻落实习近平总书记系列重要讲话精神和党中央关于统一战线工作的重大部署，紧紧围绕区委、区政府的中心工作，充分发挥统一战线的优势和作用，协调推进各领域统战工作，创新实干，确保统战工作科

学发展、和谐发展。

**【民主政治建设】** 向省工商联推荐执委3名，向市人大推荐7名非公企业人士，向市政协推荐3名非公企业人士，向市工商联推荐执委21名，向区人大推荐26名非公企业人士，向区政协推荐39名非公企业人士。发挥优势，主动作为，为城子河区发展凝心聚智、贡献力量。组织参加区政协举办的政协委员“调查研究和如何撰写提案”培训班，不断提高统一战线成员参政议政能力，积极引导统战成员围绕全区发展大局建言献策。开展走企业调研活动，着重了解企业生产经营情况及困难，增强企业发展的信心。推进工商联自身建设。2017年工商联圆满完成换届工作，不断建立健全执委会、常委会和主席会议制度，完善议事规则，注重发挥领导班子中非公有制经济人士的作用，切实提高政治把握能力，参政议政能力，求真务实、深入调研能力，合作共事能力，解决自身问题能力。组织知名非公企业人士代表参加全省工商联代表大会，开阔眼界，提出了绿色龙江发展建议。建立统战部微信群，及时向统战成员宣传国家大政方针。

**【党外干部和党外知识分子工作】** 加强管理，及时更新党外干部信息档案，调整充实党外干部数据库。与组织部门配合安排市派至城子河区挂职锻炼的2名党外代表人士，并选派全区优秀党外代表人士参加上级统战部门组织的实践锻炼和教育培训。对全区党政群机关、事业单位在编非中共党员干部进行调查统计，基本掌握全区科级以下党外干部情况。与组织部门配合成立千寻孵化器党支部。

**【为经济发展服务】** 深入开展“同心协力活动”，将“同心协力活动”与“凝心聚力‘十三五’行动”有机融合起来，并在全市统战部长工作会议上作题为《发挥统一战线引领作用，打造新型农业经营主体》的经验发言。召开统战部部长、工商联主席、会长工作推进会，会上下发《城子河区〈开展“三同心”主题教育实践活动实施方案〉的通知》，会后形成《三同心促进小微企业蓬勃发展》调研论文。逐步完善城子河区同心创业指导中心工作机制，积极推进城子河区以同心创业指导中心为主的12名省、市创业典型的保护与发展工作，参加全市创业成果展，扩大创业知名度，增强创业者信心，带动更多的创业者致富。

城子河区统战部部长、工商联主席、会长工作推进会现场

区统战部　提供

**【侨联工作】** 扎实做好海外统战工作，延续“情系侨胞”为侨服务。结合城子河区实际，在充分调研的基础上，提出三个“树立”思想，即树立以人为本的理念，提高服务意识，深入了解归侨、侨眷和海外侨胞所需，努力为他们办实事、办好事；树立科学发展观的思路，把发展放在第一位，发挥侨界优势，为该区各项事业做出新贡献；树立求真务实精神，用中共十九大的要求来审视侨联的职责与任务，找出有待完善的地方，提出解决问题的方式、方法，促进侨联工作的新发展。心系群众，关注民生，积极关爱侨界人士。加强与广大归侨侨眷和海外华人华侨的联系，在元旦、春节期间，向他们宣传家乡的发展变化，增进其对祖国和家乡的了解。积极开展走访慰问活动，慰问侨界代表人士和困难归侨侨眷20余人次，了解他们的生产、生活情况，听取他们的意见和建议，积极构建和谐侨界关系。献爱

心暖侨心，做好为侨服务工作。春节前夕，区侨联参与市侨联慰问团，分别走访慰问了城子河区贫困归侨、侨眷4户，为他们发放慰问金共计2000元。

【民族宗教工作】 贯彻党的民族宗教政策，促进民族团结进步，维护宗教稳定。完善民宗机构自身建设，完成民宗局统一与党委统战部门整合工作，配备专职副局长一名。一是民族工作。区民宗局向上争取国家资金2批共389万元，为永丰朝鲜族乡丰安村打造特色村寨，已结束一期工程的招投标工作，进入施工期，工程有序推进中。对穆斯林牛羊肉补贴户进行摸底，帮助解决少数民族群众的合理诉求。二是宗教事务工作。协调有关部门加强对宗教活动场所的依法管理，深化“安全年”各项防范措施，加强安全培训，落实安全责任，强化安全检查。召开座谈会、走访宗教场所，及时掌握宗教场所人员变动情况及听取和发现各宗教场所的困难及存在的问题，努力发挥宗教人士在社会公益事业等方面的积极作用，促进社会和谐稳定。

【自身建设】 深入开展转变作风活动，提高统战干部政治引导能力、团结凝聚能力、协调关系能力和政策把握能力；认真做好统战宣传工作，树立统一战线服务中心大局的社会形象。制定统战工作目标责任制及考核细则，切实增强统战部门的服务意识。以统战部微信群、工商联微信群为阵地，开展政策理论法制宣传。撰写市级论文1篇，上报各级信息20余篇。

## 机关党建

【概　况】 中共城子河区机关委员会是城子河区委的基层党组织，领导指导所属机关党组织的党建工作。2017年，区机关党委认真贯彻落实中共十九大精神，深入学习贯彻习近平总书记系列重要讲话精神，特别是习近平总书记对黑龙江的两次讲话精神，贯彻落实中央及省、市、区委关于党建工作的部署，紧紧围绕区委中心工作，不断加强机关党的建设。

【思想建设】 深化理论武装，组织各支部党员干部充分利用“三会一课”、听取专家专题辅导、每周理论集中学习日等方式，深入学习贯彻中共十九大精神，开展处级党员领导干部深入支部宣讲中共十九大精神活动，共有10余名处级领导干部深入所在党支部进行宣讲。组织各支部及时收听收看中共十九大开幕盛况、聆听学习习近平总书记所作的报告。开展中共十九大精神学习研讨，集中学习30余次，集中研讨20余次。组织科级以上党员干部撰写心得体会30余篇。组织支部党员300余人次开展网上答题。深入开展学习习近平新时代中国特色社会主义思想以及省市党代会、全会精神。认真贯彻落实中央及省、市、区委党风廉政建设有关规定，切实履行党风廉政建设主体责任，加强班子成员作风建设。

【组织建设】 强化党组织班子建设。针对一些支部班子成员借调采煤沉陷治理工作的实际，为确保机关党建工作持续开展，组织有关支部对支部班子成员进行调整，健全组织机构，配齐配强工作力量。组织各党组织立足本部门的职能和特点，围绕服务基层、服务群众、服务发展，搭建服务平台，着力优化发展环境、提高工作效率和服务质量。

【作风建设】 深入开展作风整顿工作，认真做好思想发动工作，组织开展学习教育，组织各党支部开展专题学习教育30余次。围绕形成“五个好作风”（勤于学习、严谨细致、勤勉高效、务实担当、严格自律），通过自己查、组织点、群众提、互相帮，认真查摆思想观念、精神状态、干事标准、工作效能和规矩意识等方面问题，共查摆问题70余个，并列出清单，建立台账。组织各支部召开专题组织生活会，开展批评和自我批评；针对作风方面存在的突出问题，健全完善制度，边查边改、立行立改，并实行销号管理。

【制度建设】 注重发挥领导干部表率作用，制定区机关党委《党员领导干部双重组织生活制度》，规范党员领导干部既参加领导班子民主生活会，又以普通党员身份带头参加所在党支部的组织生活制度。各支部的区级领导干部共参加支部学习和讨论70余人次。严格按照《关于印发“三会一课”、组织生活会、民主评议党员、主题党日活动等四个运行规范的通知》要求，各支部共召开党员大会71次、支委会192次，讲党课72人次。结合工作实际和特点，利用每月5日的“统一主题党日”，落实《全面推行基层党建工作“纪实制”管理办法》规定要求，通过书面纪实和影像纪实相结合的方式，记录党组织活动开展情况45次。

**【重点工作】** 实施基层党建工作清单管理，及时下发全年基层党建工作任务和“两学一做”学习教育常态化制度化等重点工作清单，做到工作目标、推进措施和完成时限“三落实”。落实定期研究党建工作制度，召开4次机关党委班子会议，研究党建工作思路和任务，解决存在的问题。制定《民主评议党员制度》《党组织与党员谈心谈话制度》等7项制度，提高党建工作规范化水平。强化检查督导，对各支部基层党建工作情况进行4次全面检查和2次随机抽查，针对记录不够规范、归档材料分类不合理等5个方面的问题，共提出整改意见22项。坚持逢查必考，对党员干部作风整顿知晓情况、党建基础知识等进行测试。

## 老干部工作

**【概　况】** 区老干部局主要职责是贯彻执行党和国家离退休干部方针、政策，结合实际开展调查研究，制定具体的离退休干部工作制度和方案，向区委、区政府汇报工作情况并提出建议等。2017年有编制3人，实有在编人员2人。局机关内设办公室。

**【组织关怀】** 城子河区领导重视、关心老干部工作。区委、区人大、区政府、区政协四大班子领导春节期间带队走访慰问离退休老干部，发放慰问金近2万元。区级重要会议邀请老干部参加，听取老干部的意见和建议。区委领导帮助老干部解决实际困难、化解矛盾。区委组织部部长蔡兴元重视老干部工作，深入离退休老干部家中走访，了解老干部生活情况。为老干部艺术团协调新场地。

**【落实老干部生活待遇】** 2017年，区老干部局按照区委的要求，对老干部关心的热点问题进行排查，对上访老干部所提问题及时解决。按时为离休老干部报销药费。根据老干部反映的活动室、卫生间、门球场地年久失修、影响活动的问题，区政府责成区政府办、城建局维修，改善老干部活动环境。

**【基层党组织工作】** 区老干部局加强基层党组织建设，开展“两学一做”学习教育活动。区老干部局党政配合，对调整后的5个支部班子成员培训2次，增强各支部抓好党建工作的工作能力和业务水平。各支部按照局党委的要求，明确各支部的职责和分工，组织“两学一做”学习教育常态化制度化专题会议，传达市委、区委会议精神和要求，结合老干部局实际工作，制定《“两学一做”学习教育常态化制度化工作方案》，采取自学和集中学习相结合的办法，保证学习时间和学习效果。

**【增添社会正能量】** 区老干部局加强正面社会引导，开展为党的事业增添正能量活动。在全区老干部当中开展以“展示阳光心态，体验美好生活，畅谈发展变化”为主题的“我为党的事业增添正能量”活动。以支部为单位召开动员会议，区老干部局局长殷喜财作动员讲话，号召党员老干部切实增强“四个意识”，带头为城子河区经济社会转型发展和稳定大局献计出力。老干部门球协会、乒乓球协会、摄影协会、艺术团开展丰富多彩的活动，为老干部展示正能量、健身强体、展示风采提供活动平台。在微信建立“老少同乐群”，为加强老干部同青少年沟通，传播革命精神发挥作用。

**【提高服务老干部水平】** 区老干部局关爱离退休

老干部群体，坚持和完善《离休老干部有病住院探视慰问制度》和《离退休老干部去世悼念慰问制度》。2017年，看望因病住院老干部36人次，参加老干部告别仪式6次。对长期有病的退休干部走访26人次，了解他们生活上的难题，解决他们生活中遇到的实际困难，对个别家庭子女对父母关心不够进行说服教育，化解各种家庭矛盾。

## 关心下一代工作

**【概　况】** 2017年，区关心下一代工作在区委的正确领导下，在市关工委的精心指导下，在全区各级关工组织和广大“五老”（老党员、老专家、老教师、老战士、老模范）的共同努力下，以学习贯彻中共十九大精神为主线，开展具有城子河区特色的关心下一代活动，取得显著的成效，使全区关心下一代工作亮点频频、硕果累累。

**【开展青少年教育活动】** 区教育局关工委在8所中小学校组织开展以“缅怀革命先烈、弘扬革命精神”为主题的清明节纪念活动及“学雷锋、心向党、讲品德、见行动”、“我为实现中国梦做贡献”等项活动。东海学校关工小组组织学生到烈士陵园祭扫烈士墓，缅怀先烈的丰功伟绩。城子河小学关工小组还结合升国旗仪式和重大节日对学生进行爱国主义教育。邀请“五老”到学校作革命传统教育报告、党史、国史报告、讲家乡的变化等，激发学生爱党爱国的热情。通过开展丰富多彩的“两史”教育活动，使广大青少年更加热爱伟大的党、伟大的祖国和可爱的家乡，增强青少年为祖国发愤图强而刻苦学习，将来成为国家有用人才的自信心。弘扬主旋律，传递正能量。

**【主题读书教育活动】** 按照市关工委部署的“中华魂”《辉煌与梦想》主题读书教育活动，区关工委制定《主题读书活动实施方案》。区教育局抓好读本征订工作，2017年共订阅读本772册。组织开展阅读、辅导、征文、书法、绘画和演讲比赛活动。9月20日，区关工委和教育局在区青少年活动中心举行《辉煌与梦想》主题读书演讲比赛。来自全区的20名选手纷纷登台进行演讲。学生于鹤然获得了小学组第一名，周庆来获得中学组第一名，教师原春玲获得教师组第一名。区关工委主任侯庆梅等与会领导分别为获奖选手颁发荣誉证书。《鸡西日报》、“文学百花”、区微生活等新闻媒体对该演讲比赛作宣传报道。同时选出6名选手参加全市演讲比赛，获得好成绩。区教育局关工委还组织学生参加了第六届全国少儿素质教育手抄报活动，有10名学生荣获国家级奖励。区关工委获国家级优秀组织奖。

**【“三个共建”活动】** 2017年，四大煤矿关工委和五家民营企业关工小组，按照市关工委《关于深入开展“三个共建”关心下一代工作》的总体要求，继续深化关心下一代活动，进一步拓宽活动领域，创新活动载体，完善活动制度，丰富活动内容，取得较好地成效。区关工委始终坚持“资源共享、优势互补、互惠互利、注重实效”的原则，体现工作一体化。区矿关工委坚持“规划一起定、会议一起开、活动一起搞、人才一起用”。做到“四个围绕”，即围绕青少年健康成长做到区矿机构同体；围绕青少年健康成长做到区矿活动同搞；围绕青少年健康成长做到区矿同步；围绕青少年健康成长做到区矿成果共享。

**【民营企业关工工作】** 2017年，区关工委加大对民营企业的工作力度。自2016年下半年民营企业组建关工组织以来，2017年又调整城子河区民营企业关心下一代工作委员会成员。经请示区委批准，调整孙天成任区民企关工工作常务副主任。为了强力推进全区民企关工工作，7月份，区关工委全体成员利用半个月的时间，深入到五家民营企业进行走访调研，听取关工小组工作开展情况汇报，肯定成绩，指出问题，进一步推动区民企关工工作深入开展。9月29日，区关工委召开区矿联建、民企共建共育关心下一代工作座谈会。四大矿关工委领导和五家民营企业关工小组组长参加座谈会，围绕企业发展，结合关工工作展开座谈讨论。各自总结本单位的关心下一代工作、“五老”作用发挥、青工特点以及存在的问题和关工工作开展的难度等。区关工委主任侯庆梅在会上作了总结讲话。

**【精准扶贫工作】** 全市关心下一代精准扶贫工作密山现场会结束后，区关工委立即组织召开基层常务副主任会议进行传达贯彻。重点学习市关工委主任刘殿武的工作报告，认真学习密山市关工委的典型经验，强调当前精准扶贫工作的重大意义，讲清关工组织在扶贫工作中的重要性和如何找准关工组织参与扶贫工作的落脚点。同时，要求基层关工组织要把扶贫工作当作一项政治任务来完成。要发扬钉钉子的精神，做好精准扶贫工作，坚决打好扶贫攻坚战。会后，各基层关工组织迅速行动，准确调查、摸清底数、找准致困原因，做到一个不落、一个不丢，数字准确，实实在在。

根据基层上报的统计报表，了解贫困青年致困的原因，通过调查摸底，掌握全区2017年有贫困户31户，其中贫困青年24人，贫困学生22人。针对贫困青年的现状，因地制宜，因人而异地采取帮扶措施：一是精准结成帮扶对子。全区“五老”与贫困青年共结帮扶对子24对。“五老”参与帮扶的贫困青年共32人。二是充分发挥“五老”作用。通过家访、谈心等方式，教育不自信的贫困青年树立正确的人生观、世界观、价值观。让其树立起自强自立的信心。主动与社会有关部门联系，帮助残疾贫困青年，根据国家政策为其申请办理低保，最大限度地解决其日常生活问题。三是鼓励脱贫致富带头人带动脱贫。大力支持脱贫致富带头人不忘初心、回报社会，帮助青年脱贫解困。

区关工委召开精准扶贫会议　　区关工委　提供

**【全区实现未成年人零犯罪】** 2017年，区关工委抓好青少年社会主义核心价值观教育，扎实推进青少年思想道德建设。各学校关工小组充分利用广播、板报、宣传栏等形式，广泛宣传《中华人民共和国预防未成年人犯罪法》等法律法规教育，邀请“五老”和公安干警到学校进行遵纪守法教育。同时，还组织学生观看法制宣传教育片，提高学生的法律意识。各街道办事处关工委注重加强对“两劳”两放人员的管理和继续教育工作。如城西办事处平安社区关工小组针对辖区内有3名“两劳”释放人员就业难的实际情况，积极与有关部门联系，帮助他们解决就业问题。还坚持经常与他们沟通，定期家访，做思想教育工作，使他们不再犯错误。通过开展关爱帮扶活动，充分发挥“三位一体”教育格局作用。2017年，全区青少年实现零犯罪目标，营造青少年健康成长的良好环境。

**【青少年关爱帮扶工作】** 2017年，全区各级关工组织积极开展对弱势群体青少年的关爱帮扶工作。民营企业表现尤为突出。区盛安民爆关工小组在2017年金秋助学中做到精准到位，详细调查摸底，并通过多方筹措资金17600元，分别对33名各年龄段的贫困学生进行救助，保证公司员工子女没有一人因贫困而辍学。城子河小学发挥“五老”关爱贫困学生的作用，2017年6月，在“五老”的倡议下，学校向全体教师发出爱心捐款活动，全校教师为贫困学生捐款990元，购买衣物和学习用品。

**【宣传工作】** 2017年，区关工委围绕关心下一代工作坚持以正面宣传为主，充分发挥舆论导向作用。全区各级关工组织加大对上信息报送量，全年共上报信息75条，有61篇稿件被《鸡西日报》、《鸡西矿工报》、《黑龙江经济报》、《市关工委简报》、“城子河微生活”、“城子河政府网站”、“文学百花平台”、“穆棱河作家在线”、“兴凯湖文化在线”、《双阳红》杂志、省市关工委官方网站等新闻媒体和报刊刊登。王夫在省关工委开展的主题文章网上展播大赛评选中获优秀奖。突出宣传“五老”典型事迹。正阳煤矿退休干部李福德的模范事迹在《鸡西日报》、《黑龙江经济报》、“文学百花平台”和省《双阳红》杂志上发表。李福德并被区关工委推荐为省级关爱标兵。为适应新时代的发展，区关工委在全市关工系统中率先推行“互联网＋关工”和申请开办关工工作网页，2017年共在区政府网页上发布关工工作信息12条，收到了显著的效果。

区关工委慰问“五老”文艺演唱会现场　　区关工委　提供

**【队伍建设】** 面对新时代，展现新作为。2017年，区关工委进一步抓好基层关工委领导班子建设，在配齐配强关工委常务副主任及基层关工小组常务副组长的基础上，调整7个基层关工组织。对新调整的人员，进行专题业务培训，使其尽快地进入角色，胜任本职工作。同时，坚持“配齐配强、务实创新”的标准要求，加强关工组织和“五老”队伍建设，充实“五老”人员32名。针对五个办事处居民大面积动迁，“五老”流失严重实际，在全区范围内开展整顿充实“五老”队伍工作。积极动员将具有科技、政法、文体以及网络专长的老干部吸纳到“五老”队伍中，优化“五老”队伍，壮大“五老”力量，使区关心下一代工作更加充满生机与活力。区关工委继续实施百分考核制度，增强工作活力。结合全区实际制定的《百分考核评分标准》实施4年来，年年都有新进展，年年都有新举措，推动全区“五好”关工组织创建工作深入发展。每年用打分形式对基层关工组织进行严格考核。2017年11月下旬，区关工委利用一周的时间对基层8个关工委进行全面考核。考核结果分为两类：一类为90分以上的关工委有5个，占62.5%；二类为80分以上的关工委有3个，占37.5%。

**【“五老”志愿服务】** 区关工委为了创新活动载体，丰富活动内容，深化家风家教工作。开展具有特色的“五老”志愿者服务活动，得到全区各级关工组织的积极响应，60余名“五老”组成志愿者服务小分队，志愿活动在全区的各个场所。组织“五老”志愿者服务小分队到中心社区和向阳社区房屋拆迁较多的地方进行治安巡逻，对盗窃分子起到震慑作用。城子河办事处、正阳办事处关工委组织“五老”志愿者到城子河加油站和百货大楼十字路口的交通要道维护交通秩序，保证交通安全。城西办事处关工委在兴城广场举行“五老”为家庭教育做榜样，为社会做贡献宣传活动，共发放宣传单80余份。长青乡关工委组织“五老”到居民区垃圾点监督生活垃圾清理情况。杏花办事处关工委组织“五老”志愿者小分队对社区网吧进行监督，杜绝未成年人进网吧现象。全区共组织“五老”志愿者服务小分队活动23次，有65名“五老”参加，收到较好的社会效果。《鸡西日报》、《鸡西矿工报》、“文学百花平台”、“城子河微生活”和“兴凯湖微生活”多次进行报道。

# 城子河区人民代表大会

## 综　述

**【概　况】** 2017年，城子河区人大常委会召开常委会议6次，主任会议10次，代表团长会议2次，依法做出决议、决定12项，任命“一府两院”干部21人，免职9人，决定代理职务1人。提出各项工作审议意见、建议71条。加大代表议案和建议督办工作力度，共收到代表建议、批评、意见34件。城子河区人民代表大会下设4个专门委员会：法制委员会、财政经济委员会、人事代表和科教文卫工作委员会、城建环保农林委员会。区人民代表大会常务委员会机关设1个办事工作机构：办公室（内设信访办公室，副科级）。2017年有行政编制10个。常委会委员人数29名。

**【提升人大工作】** 2017年，区人大坚持主动学习、依法履职、从严律己，改进作风，提升人大工作效率。以开展“两学一做”学习教育为重点，组织学习教育活动。中共十九大召开后，按照区委的统一部署，区人大常委会和人大机关组织学习领会习近平新时代中国特色社会主义思想。按程序和要求，完成人大支部班子改选。围绕区委中心工作和全区发展大局，科学选题，依法审议，履职尽责，推动区委决策部署贯彻落实。2017年，组织参加市、区、乡三级人大代表视频履职培训及党代会报告专题辅导、中共十九大精神学习班等活动9次，累计培训人大代表200人次，发送人大业务报纸杂志、学习资料150余份。各代表团组织“三察（查）”（对“一府两院”工作开展情况进行视察、调查研究和执法检查）活动16次，为群众办好事办实事50多件。

## 重要会议

**【区十二届人大常委会第一次会议】** 3月29日召开。区人大常委会主任别怀龙，区人大常委会副主任周玉芹、柴寿山、尹淑静、高庆嵩和22位委员出席会议。会议由别怀龙主持。区政府副区长靳春海，区人民法院院长刘文辉，区人民检察院检察长王长林列席会议。会议审议通过《区人大2017年度工作计划》；审议通过《区第十二届人大常委会代表资格审查委员会名单》；学习《全国人大常委会工作报告》；进行人事任免。别怀龙为新任职人员颁发任命证书，新任职人员向宪法宣誓。

**【区十二届人大常委会第二次会议】** 5月11日召开。区人大常委会主任别怀龙主持会议，区人大常委会副主任周玉芹、柴寿山、尹淑静、高庆嵩和21位委员出席会议。区政府副区长郭志鹏、张丽娟，区人民法院院长刘文辉，区人民检察院副检察长李淑芳和相关委办局负责人列席会议。会上学习关于《完善人大代表联系人民群众制度的实施意见》；审议通过《关于在全区开展“树立引领三大理念，积极为转型发展兴区富民做贡献”人大代表主题活动的实施方案》；听取和审议《区政府关于全区产业项目进展情况的报告》；听取和审议《区人大财政经济委员会关于全区产业项目进展情况的视察报告》；听取和审议《区政府关于城子河区围绕农业结构调整推进“两个转变”春耕生产和美丽乡村建设工作情况的报告》；听取和审议《区人大城建环保农林委员会关于全区围绕农业结构调整推进“两个转变”春耕生产和美丽乡村建设工作情况的视察报告》。

**【区十二届人大常委会第三次会议】** 7月28日召开。区人大常委会主任别怀龙，区人大常委会副主任周玉芹、柴寿山、尹淑静、高庆嵩和21位委员出席会议。会议由别怀龙主持。区人民法院院长刘文辉、区人民检察院检察长王长林列席会议。会议听取和审议《城子河2016年决算草案及2017年上半年预算执行情况的报告》；听取和审议《区政府关于十二届人大一次会议以来代表建议、批评和意见办理情况的报告》；审议通过《关于接受董玉明、庞博辞去城子河区第十二届人民代表大会常务委员会委员职务的决定》；会议进行人事任免。别怀龙为新任职人员颁发任命证书，新任职人员向宪法宣誓。

**【区十二届人大常委会第四次会议】** 8月17日召开。区人大常委会主任别怀龙，区人大常委会副主任周玉芹、柴寿山、尹淑静、高庆嵩和23位委员出席会议。会议由别怀龙主持。区政府副区长张丽娟、区人民法院院长刘文辉、区人民检察院代检察长田奎明列席会议。会议通过《关于接受丁立君辞去城子河区第十二届人民代表大会常务委员会委员职务的决定》；通过《关于接受王长林请求辞去城子河区人民检察院检察长、检察委员会委员、检察员职务的决定》；通过《城子河区人大常委会关于田奎明为城子河区人民检察院代理检察长的决定》；会议进行人事任免。别怀龙为新任职人员颁发任命证书，新任职人员向宪法宣誓。

**【区十二届人大常委会第五次会议】** 11月28日召开。区人大常委会主任别怀龙，区人大常委会副主任周玉芹、尹淑静、高庆嵩和17位委员出席会议。会议由别怀龙主持。区人民法院院长刘文辉、区人民检察院代理检察长田奎明列席会议。会议学习中共十九大会议精神；传达贯彻黑龙江省推进县乡人大工作和建设经验交流会议精神；听取和审议《区政府关于城子河区教育工作情况的汇报》；听取和审议《区人大人事代表和科教文卫委员会关于全区教育工作情况的视察报告》；听取和审议《区政府关于全区城建工作情况的汇报》；听取和审议《区人大城建环保农林委员会关于全区城建工作情况的视察报告》；审议通过《区人大常委会关于加强人民法院执行工作的决定》；听取和审议《区政府关于“七五”普法工作情况的汇报》；听取和审议《区人大法制委员会关于“七五”普法工作情况的检查报告》。

**【区十二届人大常委会第六次会议】** 12月18日召开。区人大常委会主任别怀龙，区人大常委会副主任周玉芹、柴寿山、尹淑静、高庆嵩和21位委员出席会议。会议由主任别怀龙主持。区委常委、区政府区长任峰，区委副书记张京海，区人民法院院长刘文辉，区人民检察院代检察长田奎明和相关委办局长列席会议。会议听取和审议《区政府关于城子河区卫生服务行业管理情况的汇报》；听取和审议《区人大人事代表和科教文卫委员会关于城子河区卫生服务行业管理情况的视察报告》；听取和审议《区十二届人大二次会议筹备工作报告》；讨论和修改《区政府工作报告》；讨论和修改《城子河区2017年国民经济和社会发展计划执行情况》和《2018年国民经济和社会发展计划的报告》，并作出相应的决议；听取和审议《区政府关于十二届人大一次会议以来代表建议、批评和意见办理情况报告》；讨论和修改《城子河区政府2017年财政预算执行情况》

和《2018年财政预算草案的报告》；讨论和修改《区人大常委会工作报告》；讨论和修改《区人民法院工作报告》；讨论和修改《区人民检察院工作报告》；听取和审议《区十二届人大二次会议有关事宜》；审议通过《关于接受石坚请求辞去区十二届人大常委会委员职务的决定》；听取和审议《代表资格审查委员会关于补选代表的代表资格审查报告》。

**【区第十二届人民代表大会第二次会议】** 12月25—26日召开。会议听取和审议《政府工作报告》，审查和批准《市人民政府2017年国民经济和社会发展计划执行情况》和《2018年国民经济和社会发展计划草案的报告》；审查和批准《区人民政府2017年预算执行情况和2018年预算草案的报告》，听取和审议《区人大常委会工作报告》，听取和审议《区人民法院工作报告》，听取和审议《区人民检察院工作报告》，并作相应的决议。审议《区人民政府关于市十二届人大一次会议以来代表提出的议案及建议、批评和意见办理情况的报告》。会议采取无记名投票方式选举佟成柱为城子河区监察委员会主任，选举田奎明为城子河区人民检察院检察长，同时报经鸡西市人民检察院检察长提请鸡西市人民代表大会常务委员会批准。选举张强、周泉、徐松鹤、蔡春江为城子河区第十二届人民代表大会常务委员会委员。区人大常委会主任别怀龙为新当选人员颁发当选证书，新当选委员向宪法宣誓。

## 主要工作

**【代表服务工作】** 城子河区人大常委会邀请代表参与“三查（察）”活动，引导代表参与人大工作。将代表议案、建议办理情况向区委、区政府和群众通报，实行交办内容、办理部门、办理结果“三公开”。组织开展“诚实、守信、敬业、爱国”主题活动，为代表履职提供舞台，让代表在闭会期间“动起来”“活起来”，发出声音，发挥人大代表作用。开展人大代表向选民述职活动，让人大代表与选民见面，向选民述职，对选民负责。组织代表培训工作，促使代表开阔眼界、拓宽思路、提高能力。规范代表管理，提高履职效能。

**【人大监督工作】** 城子河区人大常委会审议批准《2016年财政决算报告》和《2017年财政预算执行情况报告》，听取审议《2017年上半年财政预算情况报告》并做出批复。推行预算联网系统监督，参加省、市人大组织的预算联网监督培训班3次，预算联网监督2018年正式运行。区人大常委会从产业结构调整、工业经济运行、财源税源培植、惠民政策落实及招商引资等方面提出建设性意见，推动现代农业转型升级。对城子河区农村工作进行视察，审议《城子河区农业结构调整工作情况报告》，向区政府提出加快现代农业转型升级、延伸产业链、推进农业供给侧结构性改革等涉农方面的建设性意见和建议。按照区委统一安排，抽调人大机关干部到采煤沉陷区负责房屋拆迁测量工作，共测量房屋490余户。区人大常委会参与起草《工作目标考核方案》。参与全区理论学习和中共十九大精神宣讲活动，到长青乡、永丰朝鲜族乡以及13个行政村开展理论宣讲8次。区人大常委会组织人大代表参加部分单位的述职评议会、区政府街路命名方案征求意见会、城子河区慈善基金成立现场会等社会活动。

**【民生服务工作】** 城子河区人大常委会向区政府提出抓住政策机遇、尊重群众意愿、讲清政策精神、推进棚户区改造等方面的建议。组织人大代表参加城镇职工基本医疗保险管理办法征求意见座谈会，提出建议16条。开展卫生计生服务行业管理、医疗服务监督、教育均衡发展、校园安全保障和教师队伍建设的专项视察、审议和问询。听取区民政局关于低保条例贯彻实施情况，市场监督管理局关于民营企业个体工商户经营情况，就业局关于全民创业、小额贷款和对小微企业相应政策贯彻执行情况的汇报。与相关政府工作机构梳理涉及民生实际的重大关键问题，拓宽解决难题的工作思路，促进民生问题的解决。

**【民主法治建设】** 区人大常委会制定《2017年行政许可一法一例实施及优化经济发展环境监督检查工作方案》，对区域重要行政部门行政许可“一法一例”贯彻实施情况进行检查。审议通过《关于加强人民法院执行工作的决定》，组织代表参加省人民法院召开的“基本解决执行难”专项巡查工作动员部署视频会。对城子河区依法治区和“七五”普法工作进行检查，听取区政府工作汇报，提出政府及相关部门要深化对依法治区和普法工作重要性的认识，加大宣传力度，营造浓厚的社会舆论氛围。加强培训和指导，健全完善工作保障机制，提出推动法治宣传教育工作和创建法治政府工作开展等多项建议和意见。按照“统一受理、及时批办、定期督查、限期反馈”的原则，对人民群众来信来访及时交“一府两院”及相关部门办理，全程跟踪督办，限期答复当事人。2017年，共接待群众来信来访66件次，其中来信8件、来访58人次，集体信访2批次，交办重要信访6件，办结5件。

**【人大自身建设】** 修改完善区人大常委会各项工作制度，分批审议，逐项通过，提高履职服务水平。贯彻落实黑龙江省县乡人大工作和建设经验交流会议精神，提高乡级人大工作水平和议事能力，发挥乡级人大作用。密切联系基层和群众，开展调查研究活动。区人大常委会组成人员和人大各内设机构负责人围绕审议议题走出机关，深入基层，了解基层的真实情况，倾听百姓真心话，在群众中选议题，让人大工作做到反映社情民意。

**【人大代表提出的建议和意见】** 城子河区第十二届人民代表大会第二次会议收到代表建议、批评和意见34条，均已得到落实解决。

城子河区第十二届人民代表大会第二次会议代表建议、批评和意见统计表

表1

| 序号 | 提案人 | 提案人单位 | 标　题 | 承办单位 |
|---|---|---|---|---|
| 1 | 聂书祥 | 城子河区长青乡 | 关于整治城子河大市场周围商贩占道经营的建议 | 区政府 |
| | 胡海平 | 城子河区长青乡 | | |
| 2 | 蔡兴亚 | 城子河区长青乡 | 关于加强城花小区一期物业管理的建议 | 区政府 |
| 3 | 吴洪涛 | 城子河区永丰朝鲜族乡新兴村 | 关于城子河区鸡城公路两侧供热问题 | 区政府 |
| 4 | 程立君 | 黑龙江龙煤集团鸡西分公司城山煤矿 | 关于拆迁问题 | 区政府 |
| 5 | 于淑珍 | 黑龙江龙煤集团鸡西分公司城山煤矿 | 关于城子河区集中供热问题的建议 | 区政府 |
| 6 | 何慧慧 | 黑龙江龙煤集团鸡西分公司城山煤矿 | 城花小区部分顶楼未销售，无人居住，影响供热的问题 | 区政府 |
| 7 | 吕海坤 | 黑龙江龙煤集团鸡西分公司城山煤矿 | 关于城花小区无燃气安装及使用问题 | 区政府 |
| 8 | 尹学彬 | 黑龙江龙煤集团鸡西分公司城山煤矿 | 关于城区主要街路美化、绿化问题 | 区政府 |
| 9 | 于海龙 | 黑龙江龙煤集团鸡西分公司城山煤矿 | 关于阳光家园供热不达标问题 | 区政府 |
| 10 | 杨学英 | 黑龙江龙煤集团鸡西分公司城山煤矿 | 关于改善矿区其他街道和旧楼内楼道照明的问题 | 区政府 |
| 11 | 勾克林 | 黑龙江龙煤集团鸡西分公司东海煤矿 | 关于东海矿区内主要街道两侧私搭乱建治理的建议 | 区政府 |
| 12 | 勾克林 | 黑龙江龙煤集团鸡西分公司东海煤矿 | 关于维修东海矿八公里公路的建议 | 区政府 |
| 13 | 王　斌 | 黑龙江龙煤集团鸡西分公司东海煤矿 | 关于加强矿区内主要路面积雪清理的建议 | 区政府 |

续表 1

| 序号 | 提案人 | 提案人单位 | 标　题 | 承办单位 |
|---|---|---|---|---|
| 14 | 王　斌 | 黑龙江龙煤集团鸡西分公司东海煤矿 | 关于早日引进兴凯湖水的建议 | 区政府 |
| 15 | 徐筱捷 | 黑龙江龙煤集团鸡西分公司东海煤矿 | 关于东海矿供热相关问题 | 区政府 |
| 16 | 冯建福 | 黑龙江龙煤集团鸡西分公司正阳煤矿 | 关于长青至正阳道路清雪不及时问题 | 区政府 |
| 17 | 张　凯 | 黑龙江龙煤集团鸡西分公司杏花煤矿 | 关于杏花矿居民房照变更事宜 | 区政府 |
| 18 | 邢　晖 | 中国建设银行鸡西城子河支行 | 关于建行门前环境污染问题 | 区政府 |
| 19 | 刘海波 | 城海水泥有限责任公司 | 关于百货大楼周边占到经营，影响交通的问题 | 区政府 |
| 20 | 刘海波 | 城海水泥有限责任公司 | 关于城海委家属楼供水供热问题 | 区政府 |
| 21 | 刘海波 | 城海水泥有限责任公司 | 关于集市占道，影响交通的问题 | 区政府 |
| 22 | 刘本娟 | 城子河区正阳街道办事处 | 关于安装交通信号灯的建议 | 区政府 |
| 23 | 仇春萍 | 城子河区永胜小学 | 关于校园门口设立交通标识 | 区政府 |
| 24 | 王振春 | 城子河区山猛机械经销处 | 关于在中心大街与佳和路口加装人行信号灯的建议 | 区政府 |
| | 张连有 | 城子河区连有物资处 | | |
| 25 | 李　雷 | 黑龙江龙煤集团鸡西分公司正阳煤矿 | 关于整治正阳矿黑车的问题 | 区政府 |
| 26 | 孙　凯 | 城子河区国有工矿棚户区改造办公室 | 关于给区机关事业工作人员每年进行一次体检的建议 | 区政府 |
| 27 | 孙洪歧 | 城子河区人民代表大会常务委员会 | 关于发放机关事业单位十三个月工资的建议 | 区政府 |
| | 原志林 | 城子河区人民代表大会常务委员会 | | |
| | 许晓萍 | 城子河区人民代表大会常务委员会 | | |
| | 胡　伟 | 城子河区妇女联合会 | | |
| | 张晓杰 | 城子河区人民代表大会常务委员会 | | |
| | 李　强 | 城子河区委组织部 | | |
| | 胡海平 | 城子河区长青乡 | | |
| | 金　丰 | 共青团城子河区委员会 | | |
| | 李茂录 | 城子河区人民代表大会常务委员会 | | |
| | 赵　蕊 | 城子河区人民代表大会常务委员会 | | |
| | 孙　凯 | 城子河区国有工矿棚户区改造办公室 | | |
| | 李玉华 | 城子河区委宣传部 | | |
| 28 | 王振春 | 城子河区山猛机械经销处 | 关于老保工资折应和个人存款折同等待遇的建议 | 区政府 |
| 29 | 毕术喜 | 城子河区永丰朝鲜族乡新城村 | 关于新城村村部东头三组下沉地土地变性的问题 | 区政府 |
| 30 | 毕术喜 | 城子河区永丰朝鲜族乡新城村 | 关于新城煤矿采煤造成新城村土地下沉问题 | 区政府 |
| 31 | 刘　成 | 城子河区委宣传部 | 关于利用晨兴中学图书资源建立区公共图书馆的建议 | 区政府 |
| 32 | 刘海波 | 城海水泥有限责任公司 | 关于城子河区饭店、小吃管理问题 | 区政府 |
| 33 | 徐筱捷 | 黑龙江龙煤集团鸡西分公司东海煤矿 | 关于东海矿托儿所楼门前道板等环境修复的建议意见 | 区政府 |
| | 王　斌 | | | |
| 34 | 勾克林 | 黑龙江龙煤集团鸡西分公司东海煤矿 | 关于治理东海矿托儿所居民楼门前积水的提案 | 区政府 |

# 城子河区人民政府

## 综　述

**【概　况】** 2017年，城子河区实施主导产业培育工程，招商引资上项目，振兴实体经济；调整优化种植结构，发展绿色特色农业；孵化发展新动能，培育经济新业态，发展现代服务业，形成以绿色特色种植养殖为主的近郊农业，以“一黑一绿一药”（一黑：石墨产业；一绿：绿色产品加工产业；一药：北方药材加工产业）为支撑的新型工业，以电子商务、商贸仓储物流为主的现代服务业，三种产业协同发展。落实惠民政策，开展精准脱贫攻坚，百姓获得感幸福感提升。城子河区推进改革，破解制约发展的机制体制障碍，加强和创新社会治理，推动法治城子河、平安城子河建设，强化社会管理和公共服务，发展社会事业，社会大局保持安全和谐稳定，公平正义得到彰显，人民群众精神面貌、社会面貌发生明显变化。

**【工业发展】** 2017年，城子河区主要有煤矿开采、煤炭洗选销售、矿山机械制造、矿山配件与销售、建筑材料、石墨、食品加工、木材加工等相关工业企业，38户重点工业企业开复工生产，生产原煤91364吨、钢材1200吨，入洗原煤31万吨。城子河区落实落靠国家产业调整政策，完成落后产能企业关闭整合任务，推动现有企业转型升级。城海混凝土有限公司、永丰商品混凝土有限公司2户企业纳入规模以上企业。德立重工金属结构制造有限公司、润成新型建材制造有限公司、捷利源选煤有限公司、日信食品有限公司、昌隆石墨制品有限公司等5户企业实现裂变升级，生成新项目5个。经济运行保持平稳，全区工业总产值11.8亿元，同比增长40.5%，税收4870万元，同比增长71.5%，规模以上工业增加值2.02亿元，同比增长10%。规模以上企业达到6户，纳税百万元以上企业达到24户。

**【环境保护】** 2017年，城子河区重点整治大气污染，加强秸秆禁烧限烧工作宣传教育。落实省环保督查要求，制定《大气、水和土地环境整治防治方案》，构建环境监管网格化管理体系，设定网格职能，实现环境监管全覆盖。全年淘汰燃煤小锅炉18台。加强对临街工业企业物料堆场防风抑尘设施监管，加大对区污水处理厂监管力度，污水处理设施排放标准达到了一级B标准。“水十条”（《水污染防治行动计划》简称“水十条”）全市考核排名第二。城子河区推进生态村镇建设工作，促进区域生态文明建设。全区建成省级生态文明乡镇2个，省级生态文明村9个。

**【脱贫攻坚】** 城子河区把脱贫攻坚工作作为一项重要政治任务来抓，做到宣传、识别和建档三个到位，最终确定31户56人为贫困户。落实包保责任，结成扶贫对子，补齐“两不愁三保障”短板。坚持一户一策，精准施策，保证在资金使用、政策扶持方面给予优惠政策。为贫困户解决住房5户，纳入低保27户53人。

**【民生工程】** 2017年，城子河区政府投资1800万元重建杏花学校教学楼和综合楼，年底完工并投入使用。投资160余万元完成正阳学校和晨兴中学的基础设施改造。城子河区统筹城乡发展，城市功能不断完善，完成采煤沉陷区棚户区改造，居民实现“出棚进楼”梦。

**【民生实事】** 2017年，城子河区民生投入2.6亿元，占财政支出68.4%。取消公立医院药品加成，让利百姓18.3万元。投资600余万元为区医院购置医疗设备，完成新区精品社区和正阳、东海标准化社区建设，完成23条街路命名和路牌安装工作。解决575户居民产权证不能办理问题。发放城乡低保、优抚等救助和保障资金5000万元，发放廉租房补贴400万元。

**【安全维稳】** 城子河区政府按照“党政同责、一岗双责、失职追责”和“管行业必须管安全、管业务必须管安全、管生产经营必须管安全”要求，抓好安全生产和维护社会稳定工作。强化安全生产，制定下发《安全生产工作常委包保责任制》《关于包保煤矿安全工作的通知》等文件。实施处级领导包安全、包煤矿责任制，开展以煤矿为主的安全生产大检查，狠抓非煤矿山、危险化学品、道路交通、建筑施工、城镇燃气和消防等重点行业、重点领域安全工作。打击非法盗采国家资源行为，确保安全生产形势稳定。强化信访稳定。开展领导干部大接访活动，解决群众关心关注的热点难点问题。强化“平安城子河建设”，新上道路监控设备和信号灯，完善社会治安防控体系建设，惩治违法犯罪行为，人民群众安全感明显提升。

**【招商工作】** 城子河区政府重视招商引资工作，确定“一黑一绿一药”和现代服务业的产业发展方向，实施全民招商、精准招商、以商招商。区领导跟踪对接服务项目。2017年引进和生成项目56个，其中，开工项目25个，洽谈项目16个，达成意向项目15个，到位资金5.85亿元，同比增长7.4%，项目开工数量和投资额创历史新高。城子河区下发《关于扶持重点产业和重点项目发展的意见》，加大对重点企业的扶持力度，为项目企业提供“管家式”“保姆式”服务，对重点招商项目给予优惠政策，解决招商企业遇到的困难，保证招商项目落地开工。

**【特色农业】** 城子河区推进农业供给侧结构性改革，全年调减玉米种植面积1000亩，增加经济作物种植面积650亩，增加旱改水种植“鸭稻”“鱼稻”600亩。落实农业“三减”（减少化肥施用量；减少农药施用量；减少除草剂施用量）面积2200亩，申报绿色食品种植面积2000亩。树立以龙玺丰安家庭农场为典型的标准基地，发展以润土果蔬为主的棚室蔬菜产业，以羽明食用菌种植基地和向阳村食用菌合作社为主的食用菌产业，以长红白鲜皮种植合作社和盛世康成合作社为主的北药种植产业。建设特色农产品品牌2个，区级示范社5个，市级规范社2个，省级规范社1个。

## 重要会议

**【第十二届一次常务会议】** 1月13日召开。传达市级重要会议精神及贯彻落实意见，贯彻落实市党代会、市人大会、市廉洁过春节会、市委经济工作会议精神。会议强调要学习贯彻习近平总书记系列重要讲话精神、市党代会和市人代会等会议精神，用讲话精神指导实际工作，推动城子河各项事业稳步发展。会议原则同意《城子河区独立工矿搬迁改造实施方案》。

**【第十二届一次全体（扩大）会议暨廉政工作会议】** 2月5日召开。城子河区委常委、常务副区长靳春海主持会议。城子河区委常委、区纪委书记佟成柱，区政府副区长艾安富、张丽娟、郭志鹏，区公安分局局长部建军参加会议。会议分析

2016年工作所取得的成绩和面临的严峻形势，并对2017年工作进行安排部署。

**【第十二届二次常务会议】** 3月4日召开。会议原则同意《城子河区人民政府安全生产委员会成员单位安全生产工作职责》《城子河区主要街路命名更名方案》《城子河区沉陷区棚户区改造（沉陷治理）项目2017年首批危房安置征收方案》《城子河区沉陷区棚户区改造（沉陷治理）项目2017年首批危房风险评估报告》《城子河区畜禽禁养区划定方案》《依法关闭或搬迁禁养区内规模化畜禽养殖场（小区）养殖专业户工作方案》《城子河区水体达标工作方案》。会议原则同意将闲置的原晨光小学校舍整体出租给大连信开控股有限公司。

**【第十二届三次常务会议】** 3月10日召开。会议要求做好全区招商引资工作，抓好安全生产、全国“两会”和省党代会期间维稳、“3·15”项目集中开工、采沉区棚户区治理项目为主的保障性住房建设、“两供一业”改造工程、农业农村、文教卫生、市场监督和环保工作。

**【第十二届四次常务会议】** 4月28日召开。会议原则同意《城子河区人民政府服务重点企业和产业项目建设“直通车”工作制度》，由区政府办发文，各相关部门遵照执行；原则同意城子河区污水处理厂（含深度处理）职能移交给鸡西市自来水公司和城子河区污水处理厂（含深度处理）移交协议；原则同意以城子河中心区域、正阳矿、农村为试点，将生活垃圾运到宝川垃圾场进行无害化处理；原则同意区发改局提出的《关于做好4个重点产业项目前期“三通一平”工作意见》。

**【第十二届五次常务会议】** 6月13日召开。会议听取并原则同意征收办主任赵伟关于《城子河区采煤沉陷区棚户区改造（沉陷治理）项目2017年第二批危房安置征收方案》《城子河区采煤沉陷区棚户区改造（沉陷治理）项目2017年第二批危房风险评估报告》；听取区征收办主任赵伟关于建设地原建房屋有规划手续无土地手续房屋征收情况和区市场监督管理局局长王德全关于城子河区社会信用体系建设工作情况的汇报；原则同意区市场监督管理局对城子河区社会信用体系建设下一步工作安排意见；听取并原则同意区卫生计生局局长姜虹波关于城子河区城市公立医院综合改革前期准备及下一步工作安排；听取区卫生计生局局长姜虹波关于取消城子河区预防性健康体检收费工作情况的汇报，原则同意严格执行《财政部　国家发展改革委关于清理规范一批行政事业性收费有关政策的通知》要求，取消城子河区预防性健康体检收费事项，按照国家规定的从业人员开展预防性健康体检；听取区农林水牧局局长陈雷关于白石河、二支渠治理情况的汇报，原则同意区农林水牧局提出的城山矿治理白石河、二支渠费用由区财政承担三分之一的意见。

**【第十二届六次常务会议】** 6月28日召开。会议贯彻落实市政府十五届五次常务会议精神和市长张常荣部署全市当前工作意见及全市保障性项目腾空土地调查工作专题会议精神。会议要求重点解决市级重点产业项目及区级重点项目在建设过程中遇到的实际困难和问题，落实九十年代末未分配师范类毕业生安置工作，按照市政府要求完成城子河区农村柴草垛治理工作任务，抓好安全生产工作和汛期防护工作。

**【第十二届七次常务会议】** 7月12日召开。区委常委、区政府副区长靳春海传达省第十二次党代会精神和市委常委会议精神，会议安排部署城子河区贯彻落实意见；区政府办公室主任李长波传达市机关作风整顿工作检查情况通报；听取区安煤局局长丁林关于全区近期安全生产工作情况的汇报，原则同意区安煤局对城子河区安全工作的下一步安排意见；听取区环保局局长袁清文关于全区环保当前重点工作情况的汇报，原则同意区环保局对城子河区环保工作的下一步安排意见；

听取城子河区各条战线2017年上半年重点工作进展情况的汇报，原则同意各战线下半年工作安排意见。

**【第十二届八次常务会议】** 8月9日召开。会议听取区教育局局长王英春关于全区九十年代末未分配师范类毕业生安置工作情况的汇报。原则同意区教育局提出的成立城子河区九十年代末未分配师范类毕业生安置工作领导小组和全区九十年代末未分配师范类毕业生安置工作的意见。

**【第十二届九次常务会议】** 8月14日召开。会议听取区卫生计生局局长姜虹波关于《城子河区城市公立医院综合改革实施方案》起草工作的情况汇报，原则同意《城子河区城市公立医院综合改革实施方案》，并提请区委常委会议研究。

**【第十二届十次常务会议】** 9月2日召开。区委常委、区政府副区长靳春海传达全市保障农民工工资支付会议和全市消防安全保卫工作动员部署会议精神，会议安排部署城子河区贯彻落实意见；听取区安煤局局长丁林关于迎接省委煤矿整治整合与化解过剩产能专项巡视工作情况汇报和关于迎接国家和省安全生产大检查综合督查工作的情况汇报，讨论并原则同意下一步意见；听取区商务局局长周健全的汇报，讨论并原则通过《关于扶持重点产业和重点项目发展的意见》《城子河区促进电子商务发展若干规定》；听取区房产局局长姜洪伟关于涉及长青乡、永丰朝鲜族乡农村沉陷地动迁安置工作中存在问题及处理意见建议的情况汇报，讨论并原则同意区房产局提出七个方面处理意见；听取区征收办主任赵伟关于城子河区棚户区影响绿化和占道施工工作情况汇报，讨论并原则同意解决意见建议。

**【第十二届十一次常务会议】** 9月25日召开。会议传达省委书记张庆伟在鸡西市调研座谈会和市委书记康志文在市委常委会的讲话精神，提出城子河区贯彻落实意见；听取并原则同意区征收办主任赵伟关于《城子河区2017年采煤沉陷区第三期危房安置征收方案》和《2017年第三期危房风险评估报告》；听取并原则同意区人社局局长张健坤关于理顺城子河区农村公路管理所机构及工作人员意见建议；听取并原则同意区城乡建设局局长郭立新关于城子河区污水处理厂深度处理项目工程尾款支付的计划。

**【第十二届十二次常务会议】** 9月30日召开。副区长靳春海传达全市加强应急值守工作会议精神及城子河区贯彻落实意见，原则同意贯彻落实意见；传达全省安全监管系统视频会议精神；副区长艾安富传达黑龙江煤矿安全生产座谈会上副省长胡亚枫重要讲话精神和市政府15届9次常务会议市长张常荣重要讲话精神；听取区政府各战线领导关于十月份重点工作安排，原则同意各战线十月份重点工作安排的意见。

**【第十二届十三次常务会议】** 10月27日召开。副区长靳春海传达10月20日副省长胡亚枫检查鸡西市安全生产工作讲话精神和市政府10月27日专题会议副市长李洪祥讲话精神；副区长艾安富传达10月15日市政府第75次专题会议精神和城子河区地方煤矿安全生产专项整治验收方案；听取并原则同意区安煤局关于城子河区安全生产大检查下一步工作安排的意见；听取并原则同意区城乡建设局提出的由区政府暂借正阳青岗海亿供热有限公司应急维修及工程预付款的意见；听取区保障办副主任孙凯关于城市棚户区改造工程晨兴小区项目进展情况的汇报，原则同意城子河区保障办提出的晨兴小区项目委托鸡西泛华城市建设投资有限公司为代建单位的意见；听取并原则同意区商务局提出的关于扶持千寻孵化器有限公司、黑龙江百盛花香电子商务公司和鑫发和调味品加工项目的意见；听取并原则同意区工信局提出的城立井66千伏线路移设问题的意见。

**【第十二届十四次常务会议】** 11月17日召开。会议听取区征收办主任赵伟关于《城子河区2017年采煤沉陷区第四期危房安置征收方案》和

《2017年第四期危房风险评估报告》及第四批危房征收拆迁工作等有关情况的汇报，会议原则同意城子河区房屋征收办提出的意见。

**【第十二届十五次常务会议】** 11月23日召开。区安煤局副局长刘维富通报富阳煤矿运输事故情况，区安煤局副局长辛亚涛传达全市安全生产紧急电视电话会议及城子河区贯彻落实意见，会议原则同意区安煤局提出的贯彻落实意见；听取区农林水牧局局长陈雷关于城子河区脱贫攻坚工作进展情况、全区河长制工作落实情况、全区落实“粮头食尾”“农头工尾”工作情况的汇报，原则同意区农林水牧局提出工作安排的意见；听取并原则通过区财政局局长丁武关于《城子河区离任村委会干部待遇保障的暂行规定》，提交区委常委会议审议。

**【第十二届十六次常务会议】** 12月16日召开。城子河区监察局局长陈灼和区安煤局局长丁林分别传达市纪委《关于对城子河区政府履行安全生产职责不力的问责通报》和市委《关于全市安全生产大检查工作方案》的通知精神；会议听取并原则同意区人社局局长张建坤提出的调整区公安分局人民警察法定工作日之外加班补贴和人民警察值勤岗位津贴的工作意见；听取并原则同意区公安分局关于“六大工程”（数据警务建设工程、公安基层基础建设工程、公安执法规范化建设工程、社会治安防控体系建设工程、预警信息体系建设工程、公安队伍素质能力建设工程）建设推进情况的汇报和继续推进“六大工程”建设的相关工作意见；听取并原则同意区公安分局关于加强禁毒工作的情况汇报和关于调整城子河区禁毒委员会组成人员及相关禁毒工作意见；会议听取区征收办主任赵伟关于《城子河沉陷区棚户改造（沉陷治理）项目2017年第五批危房安置征收方案和风险评估报告》，原则同意区征收办提出的工作意见；听取并原则同意区房产局提出的对部分采沉区城镇居民房屋按照原房照面积确认处理的工作意见；听取并原则通过《政府工作报告》《城子河区2017年预算执行情况和2018年预算草案报告》《城子河区2017年国民经济和社会发展计划执行情况及2018年国民经济和社会发展计划的报告》《区人大十二届一次会议以来代表建议、批评和意见办理情况报告》《政协九届一次会议以来政协提案办理情况通报》。

## 办公室

**【概　况】** 2017年，区政府办公室紧紧围绕全区中心工作，深入开展机关作风整顿活动，勤勉敬业、忠实尽责、攻坚克难，认真履行上传下达、综合协调、督办检查等工作职能。不断转变作风，强化服务意识，规范工作流程，以提供高质服务为目标，务实求严，着力在办文、办会和办事上下功夫，在发挥参谋助手、以文辅政作用上做文章。2017年全年，共起草区政府领导讲话、工作汇报、主持词等各类文稿70多篇；整理区政府常务会议、专题会议纪要30篇；起草和修改城子河区微生活新闻40余条；编发城子河上报信息87条。

**【督办检查】** 建立政府督办工作台账，完成《政府工作报告》任务分解并下发政府各部门及有关单位。定期整理工作进展情况上报区政府主要领导阅示。2017年，共下发督办通知6次，20余件。配合市委、市政府督导组对10蒸吨以下燃煤锅炉实地督查3次；对区政府重点工作督办8次，自觉接受人大、政协的法律监督和民主监督，定期向区人大常委会、政协常委会报告工作。2017年全年，共办理区人大建议、批评和意见33件，办理区政协提案44件，办复率和回访率均达到100%。

**【办文办会】** 健全规章制度，完善责任机制，不断提高政务服务水平。从文件起草、审签、用印、制发等关键环节入手，严格把关，规范程序，做到手续清、传阅快、把关严、无差错。2017年，共制发区政府、区政府办公室文件345件次，审核制发区政府规范性文件16件次，传递上下来文588件次，全年共筹备召开区政府常务会议17次，区政府专题会议13次，区长办公会议4次。

**【政务公开工作】** 制定了《城子河区2017年政务公开要点》，2017年，城子河区共主动公开政府信息2328条，其中政府网站及政府信息公开平台公布信息2200条，新闻报刊、传单、板报等其他方式公布信息128条。其中，公布财政预决算、部门预决算、"三公"经费、专项资金等财政信息114条；公布保障性住房相关信息22条；公布环评、空气质量、水质监测类环保信息22条；公布食品药品监管、处罚信息13条。2017年，城子河区人民政府共收到政府信息公开申请3件，均依法予以答复，按时办结，答复率为100%。

**【网上行政审批】** 开展公共服务事项服务流程再造。组织全区20个有公共服务事项的单位对该区125项公共服务事项进行了网上录入，按要求将每个事项的服务流程、时限、服务主体等内容录入黑龙江省政务服务网站后台，并通过城子河区人民政府网站、网上政务服务平台集中公开发布。优化网上服务流程，配合市政府推行在线填报、提交和审查，进一步优化和完善城子河网上政务服务中心行政审批事项网上申请、受理、审查、决定、送达等流程，缩短办理时限，最大限度降低制度性交易成本。2017年根据区编办提供的最新梳理完成的城子河区104项行政审批事项目录对城子河区政府网上政务服务中心行政审批事项服务体系进行动态调整，梳理需要删除行政审批事项42项，修改、新增行政审批事项56项。实现市区两级网政务中心互联互通。

**【应急管理】** 组织区政府职能部门及企事业单位举办"政企联动城海水泥双阳矿山坍塌事故"等应急演练活动11次；开展4次比较大规模的应急知识培训；对全区60处风险隐患点进行排查；协调处置1起煤矿一般运输事故突发事件；坚持24小时值班值宿，严格落实三级带班值班制度，设立处级领导带班室和区政府政务值班室，确保重要节假日、国家法定假日和日常工作期间社会祥和安定、政令畅通；严格落实突发事件信息报告制度，上报信息及时、准确。审核发布灾害性天气预警信息59次；组织启动大气重污染天气应急响应4次。

**【优化发展环境】** 制发了《城子河区发展环境整治工作实施方案》，成立了改善经济发展环境领导小组，下发了改善经济发展环境任务分解表。开展"庸懒散慢浮"专项治理，着力解决履行职责不到位、自由散漫、拖拉梗阻、效率低下等问题。以打造最优发展环境为目标，进一步强化优化发展环境人人有责的意识担当，严肃查处破坏发展环境案件，移送司法机关立案审查12件，给予党政纪处分12人。

## 机构编制

**【概　况】** 区编办为正科级机构，具体负责全区行政管理体制和机构改革以及机构编制的日常管理工作，业务上受市机构编制委员会办公室的指导。贯彻执行国家和省、市关于行政管理体制和机构改革以及机构编制管理的方针、政策、法规，研究拟定全区行政管理体制和机构改革以及机构编制管理的政策；统一管理全区的机构编制工作。

**【控编减编】** 区编办根据《关于公务员调任实行用编计划核准的通知》《关于2017年度严控全市机关事业单位编制有关事宜的通知》，实行用编计划核准制度，明确各类机关事业单位的用编比例，为实现"财政供养人员只减不增"目标提供保障。

**【重点机构改革】** 区编办根据《关于各区设立党委巡察工作机构的通知》有关要求，设立中共城子河区委巡察工作领导小组办公室。中共城子河区委巡察组设在纪委机关。按照《关于各区民族宗教机构调整的通知》精神，整合党委统战部和民族宗教机构力量，将民政局（区民族宗教事务局）的民族宗教事务管理职责划入区委统战部；将民族宗教事务局在民政局挂牌调整在区委统战部挂牌。根据《关于调整各区城乡居民基本医疗保险管理体制的通知》精神，卫生计生部门承担的新农合行政管理职能划转至人社部门，并整合经办机构，将医疗保险管理办公室更名为社会医疗保险局。根据《关于成立各区委全面深化改革领导小组办公室的通知》精神，规范区委全面深化改革领导小组办公室机构简称，并核增领导职数、调剂行政编制。根据《各区卫生局卫生监督所更名的通知》精神，卫生局卫生监督所更名为鸡西市城子河区卫生计生综合监督执法局。

**【日常管理服务】** 2017年，区编办发文34件、编办发文33件，完成办理人员调整53人（包含续聘3人），正在办理中27人（包含续聘18人）。全年减员51人，在职人员修改信息79人次，离退休人员补录修改信息150人次，办结人员调整53人次。为贯彻落实"互联网+"计划，提升城子河区机构编制信息化建设水平，根据市编办部署，开展"机构编制云平台"建设工作，完成"三定管理系统"中政府工作部门的"三定"（定岗、定编、定员）规定录入工作。2017年，共录入政府工作部门14个，党政机关、事业单位注册中文域名90个，注册单位覆盖率100%。组织全区26个相关单位，召开全区"放管服"重点工作任务分工方案制定工作会，布置制定分工方案。正常开展统一社会信用代码工作，强力推进全区中介服务清单规范工作。

## 信访工作

**【概　况】** 区信访局为正科级机构，主管全区信访工作。负责处理群众来信，接待群众来访，做好领导接待上访群众的组织服务工作。承办中央及省、市、区委与区政府、区委办、区政府办交办的信访事项，督促检查领导批件的落实情况，向长青乡和永丰朝鲜族乡与各街道及区直部门交办信访事项，督促检查交办事项的处理落实。综合反映群众来信来访中提出的重要意见、建议和问题，提供信访信息，为区委、区政府决策和指导工作服务。协调处理跨乡和街道、部门的重大信访问题；协调处理群众越级上访和异常、突发性信访事项；检查、协调区党政各部门和全区各级党政机关的信访工作。指导全区信访业务；总结推广信访工作经验，提出改进和加强信访工作意见。研究加强信访队伍建设的措施，并督促落实；组织信访干部培训。开展对信访工作的宣传和理论研究，对信访工作中的失职、渎职行为提出处理建议。承办区委、区人民政府及其办公室交办的其他事项。

**【排查工作】** 顺利完成全国"两会"、省"两会"、省第十二次党代会、"一带一路"国际合作高峰论坛及中共十九大期间的信访工作，进行5次全区矛盾纠纷大排查工作，对排查出的重点信访案件逐案落实包案领导和具体责任人员，有效地将上访人吸附在当地，积极了解上访人员诉求，及时化解矛盾。

**【迎检工作】** 迎接省专项督导组对涉及该区的7件案件进行督导，其中针对省委主要领导批示交办的3件案件做逐一汇报，其余4案当事人，都已落实领导包保责任。迎接省委巡视组对中央第八巡视组交办该区的43件案件"回头看"，将43件案件的卷宗及台账逐一进行整理补充。

**【建立健全工作机制】** 健全完善《城子河区区级领导干部定期接待群众来访工作制度》《城子河区处理信访突出问题及群体性事件联席会议制度》，充分发挥工作领导小组的统筹协调职能，定期召开例会，研究解决突发群体性事件和重大涉稳问题，有效落实处理措施，做到统筹各方，形成合力，精准维稳。为妥善、快速、高效处置上访群众到市委、市政府、区党政机关门前非正常上访行为，制定《关于妥善处置到市委、市政府、区党政机关门前非正常上访的实施办法》。

**【领导干部接访工作】** 通过每周工作日领导接待日推动重点疑难信访案件化解，安抚群众情绪。有效地将一批上访群众吸附在当地，并将领导接访案件逐一登记到黑龙江省网上信访信息系统。

**【联合接访工作】** 为进一步畅通和拓宽信访渠道，实施全区行政部门联合大接访，把有权处理信访问题的责任部门集中起来联合接待上访群众，实行“一站式接待、一条龙办理、一揽子解决”，减少群众信访成本，提高工作效率。

**【网上接访工作】** 通过使用黑龙江省信访局在互联网上构建的信访平台——黑龙江省网上信访信息系统，上访人的投诉内容和处理结果公开透明，信访机构办理过程也更及时快捷。使上访人足不出户，轻点鼠标就能轻松解决问题。

2017 年 9 月 13 日，召开城子河区信访联协会议

区信访局　提供

**【依法治访工作】** 针对部分群众存在“信访不信法、信闹不信理、信上不信下”的心态，在处理信访问题时，对于那些适合由司法机关处理的，积极引导信访人通过司法途径解决。对于那些不适合由司法机构处理的问题，积极做好协调工作，促成并监督问题的最终解决。对于无理信访并缠访、闹访的信访群众，结合省公检法司四部门出台的《关于推进行业性、专业性人民调解工作的指导意见》，对其进行依法处置。

# 中国人民政治协商会议城子河区委员会

## 综　述

**【概　况】** 2017年，新一届区人民政协把协商民主贯穿于政治协商、民主监督、参政议政全过程，坚持工作创新，丰富履职形式，务求工作实效，为城子河区转型发展、兴区富民和社会主义民主政治建设贡献智慧和力量。2017年，共发政协简报8期，向省、市政协报送信息20余件，为城子河微生活公众号提供稿件15件。区政协九届一次会议以来共收集提案47件，立案44件。

**【基层组织建设】** 2017年，区政协九届一次会议以来调出委员6名。因工作需要，增补委员2名。九届二次会议共有委员132名。举办新一届政协委员培训班，区政协2位副主席以“调查研究工作和撰写政协提案”为主要内容进行培训授课。结合基层政协工作实际，与政协委员进行学习交流，让新政协委员了解人民政协组织的来历、发展和政协委员的职能任务，增强政协委员对人民政协性质、地位、特点、作用的认识，明确做什么、怎么做，提高政治素质和履职能力。

## 重要会议

**【区政协九届委员会第二次会议】** 4月25日召开，会议由区政协主席尚浪英主持，会议传达市委书记康志文在城子河区调研讲话精神和鸡西村史村志编纂城子河现场会议精神，宣读《关于调整区政协主席、副主席工作分工的通知》、《城子河区政协2017年工作要点的通知》、《2017年城子河区政协委员“双岗双建”活动方案的通知》和《关于开展调研的通知》等文件，并汇报区政协委员考察城子河区重点产业项目建设情况。

**【区政协九届三次常委（扩大）会议】** 8月30日召开，会议由区政协主席尚浪英主持，会议听取区委常委、副区长靳春海代表区政府作《上半年工作完成情况和下半年工作安排的通报》和区政府办主任李长波代表区政府作《政协九届一次全会以来提案办理情况通报》；会议专题协商五个委员提案办理情况；调整部分联组及联组长。区政协主席尚浪英作总结讲话。

**【区政协九届四次常委（扩大）会议】** 12月18日召开，会议对区政协九届二次会议筹备情况进行安排部署；听取区政协九届二次会议筹备工作情况汇报；协商讨论《政府工作报告》和《区政协常委会工作报告》；专题协商交流各联组调研情况。

## 主要工作

**【提案办理落实工作】** 城子河区委、区政府重视政协委员提案办理工作，多次召开专题会议研究部署，将提案进行登记、分类，按照“归口办理”的原则，落实承办部门。各承办单位建立主要领导亲自抓，分管领导具体抓，职能科室和责任人员抓落实的工作机制，做到责任领导到位、责任科室到位、责任人员到位，保证办理工作顺利推进。各承办单位从实际出发，突出办理重点，针对城子河区社会发展的重大问题和人民群众普遍关心的热点、难点问题调查研究，采取切实可行的措施予以解决。区政府收到提案后，及时召开提案交办会，落实承办部门，明确办理时限和要求。

**【提案管理工作】** 2017年，区政府接到政协提案30件，其中，涉及交通方面5件、经济方面2件、城建方面14件、医疗卫生方面1件、农业方面4件、环境卫生方面2件、其他方面2件。4月，区政府召开政协提案集中交办会，把提案交给12个承办单位办理。已落实或基本落实的提案12件，占承办总数的40%。政协委员夏永河提出“关于沉陷区房屋资金不到位”、政协委员侯家兴等提出《关于第十三个月工资和供热补贴发放问题》、政协委员赵国强提出“关于打造城区示范主街路”的提案已经落实解决。正在办理或列入规划逐步解决的提案18件，占总数的60%。政协委员李春雷、钱宝林提出“关于改善东海、杏花、正阳三矿供水”、政协委员徐亮提出“关于丰安村朝鲜族特色村寨保护与发展情况”、政协委员姜虹波提出“关于慢性非传染性疾病防治的建议”的提案已交付相关部门，正在落实解决中。

**【调研视察】** 市政协调研“三供一业”。6月14日，市政协副主席王应带领调研组到城子河区对“三供一业”工作开展情况进行调研。区委书记张远民、区政协主席尚浪英、区委常委副区长靳春海、区政协副主席刘和春、区城乡建设局局长郭立新等陪同调研。市政协调研组深入到东海煤矿四海供热锅炉房、北山供水站实地查看，详细了解各项工作进展情况及当前存在的困难。副区长靳春海代表区政府向调研组汇报城子河区“三供一业”工作情况现状、存在的困难问题和下一步打算。

6月14日，市政协副主席王应（右一）到城子河区对“三供一业”工作开展情况进行调研，区委书记张远民（右二）、区政协主席尚浪英（右三）陪同　　区政协　提供

**【考察指导创业】** 8月2日，区政协主席尚浪英、副主席刘和春到同心创业指导中心、千寻创业孵化器有限公司、惠妈妈辣牛肉酱、水稻旱作示范田走访。对企业的发展前景给予肯定，并就企业如何做大、做强、做精提出加强宣传提高影响力、诚信经营聚合力、科技兴企强实力等意见和建议。区政协组织委员考察聚鑫仓储物流、大连信开环保纸浆模塑制品、昌隆石墨烯三个重点产业项目，提出转变作风、强化服务、发挥优势促转型等意见建议。考察千寻孵化器科技有限公司、惠妈妈辣酱等项目，提出创品牌、立信誉，发挥好创业带动作用的建议。

**【基层医疗卫生考察】** 11月29日，区政协主席

8月2日，区政协主席尚浪英（右二）、副主席刘和春（右一）到区同心创业指导中心考察工作　　区政协　提供

尚浪英、副主席刘和春带领部分委员考察城子河区基层医疗卫生工作。副区长李巍、区卫生计生局局长姜虹波陪同。政协委员到区医院、永丰朝鲜族乡卫生院、城子河村卫生所、区疾控防治中心等单位采取实地看、现场听、大家议等形式，了解基层卫生建设、便民服务情况。提出围绕实施健康中国战略，引进医疗卫生人才，加强服务设施建设的建议。

**【民主监督工作】** 2017年，区政协加大民主监督的推进力度。新一届政协变委员视察“坐而论道”为“看听议”相结合的现场协商，增强民主监督的针对性、有效性。拓展民主监督渠道，推荐委员担任相关部门的特邀监督员、人民监督员、行风监督员和民情信息员等特约“四员”。政协委员深入群众，了解民意，履行民主监督职能。区政协组织政协委员参与市区民主评议有关活动，推进政府部门工作作风转变。区政协利用委员联系面广的优势，拓宽收集社情民意信息的渠道，通过调研考察、走访座谈、发放征集表等形式，搜集事关经济社会发展及民生问题的信息10余条。部分厂矿联组委员就加强安全生产管理、企业文化建设和职工队伍建设等方面课题，提出合理化建议30余条。

**【村史村志工作】** 市政协调研村史村志编撰工作。3月6—7日，市政协主席于金才到城子河区就村史村志编撰工作进行调研。并在长青乡新阳村召开村史村志编撰工作城子河区座谈会。于金才对村史村志的编撰提出要求。区委书记张远民代表区委、区政府做工作汇报，区政协主席尚浪英就城子河区村史村志编撰工作进展情况做专题汇报，各村编写人员进行座谈发言。

市政协在城子河区长青乡新阳村召开村史村志编撰工作座谈会

区政协　提供

鸡西村史村志编纂工作现场会。4月13日，鸡西村史村志编纂工作现场会在城子河区召开。各市（县、区）政协主席、主管史志编纂工作副市（县、区）长、政协主管副主席、史志办主任、政协办公室主任、区乡主要负责人参加会议。会议由市政协秘书长姜培宏主持。市政协主席于金才、市政府副市长兰知震出席会议并讲话。会议宣读《关于开展村史村志收集、整理和编纂工作的通知》和《关于成立鸡西市村志编纂委员会的通知》。城子河区政协、鸡冠区红星乡、红星乡红星村、恒山区柳毛乡新胜村、城子河区长青乡新阳村、滴道区兰岭乡兰岭村、梨树区凤山村、麻山区龙山村代表做典型发言。

4月13日，召开鸡西村史村志编纂工作城子河现场会

区政协　提供

编撰出版城子河区村志。市政协编撰工作会议召开后，城子河区委、区政府组织8名编写工作人员，成立两个编写组，负责13个行政村的村史村志编撰工作。区政协副主席刘和春先后6次到各乡各村指导编写工作，区政协主席尚浪英到各村对编写工作开展情况进行调研指导。城子河区近30万字的两卷村志已出版，填补城子河区村级志书的空白。

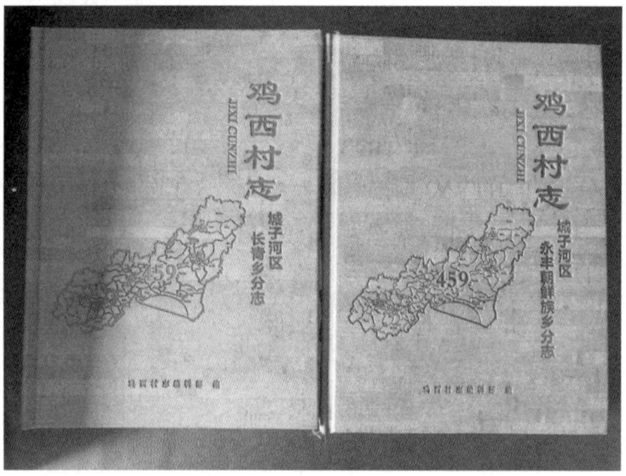


已经出版的《鸡西村志城子河区长青乡分志》及《鸡西村志城子河区永丰朝鲜族乡分志》 区政协 提供

**【非公经济创业活动】** 区政协委员林渤汶创办的盛世康成农产品综合开发专业合作社，形成公司+基地+农户、集产储运销一体化的北药创业联盟。2017年，林渤汶被评为市级劳动模范。政协委员曲国臣创办贵族名犬城，饲养的10多种名贵犬种行销国内外，安置10多名人员就业。2017年，城子河区新培育非公经济创业项目30多个。

**【社会公益活动】** 城子河区政协组织委员参与社会公益活动。组织委员通过各种形式、各种渠道开展捐资助学、慰问孤寡老人等光彩事业活动。非公经济委员为组建区慈善会捐助慈善基金2万余元。区政协副主席田松楠为城子河区教育系统争取到60多万元的体育器材设备。文化艺术界委员参加省市政协组织的书画作品展，展现城子河区政协委员的精神风貌。

# 纪检监察

## 重要会议

**【城子河区廉政工作会议】** 2月5日召开。城子河区委常委、常务副区长靳春海主持会议。城子河区委常委、区纪委书记佟成柱，区政府副区长艾安富、张丽娟、郭志鹏，政府党组成员、区公安分局局长部建军参加会议。区长任峰强调城子河区的发展需要良好的政务环境，各部门必须把党风廉政建设摆在突出位置，打造“为民、务实、清廉”的政府。按照中央和省、市、区委的部署，落实市委、区委的相关要求，打造风清气正的政务环境。抓好“第一责任人”，管好“关键少数人”，管住“普遍多数人”，以作风转变提升政府党风廉政建设的工作成效。

**【中共城子河区十三届纪律检查委员会第二次全体会议】** 2月13日召开。会议贯彻落实十一届省纪委七次全会、十三届市纪委二次全会和区第十三次党代会精神，总结2016年全区党风廉政建设和反腐败工作，部署2017年工作任务，并与部分单位签订落实“两个责任”责任状。区委书记张远民出席会议并讲话。区纪委书记佟成柱主持会议并作题为《强化监督执纪问责，深入推进严格从严治党为城子河转型发展兴区富民提供坚强保证》工作报告。该报告回顾2016年全年工作，对2017年工作进行部署。区纪委委员，市直、区直各单位纪检书记（纪检组组长）学习讨论张远民讲话，审议并通过工作报告和全会决议。

**【城子河区反腐败协调工作会议】** 5月20日由区委常委、区纪委书记佟成柱主持召开。会议传达对反腐败协调小组进行调整的通知精神。贯彻落实中央纪委《关于在查办党员和国家工作人员涉嫌违纪违法犯罪案件中加强协作配合的意见》和《关于进一步规范对涉嫌违法犯罪党员作出纪律处分工作的意见》文件精神，对城子河区查办案件加强协作配合工作进行部署。2017年，在市纪委和区委的领导下，反腐败协调小组各成员单位配合，城子河区查办案件工作取得进展，查处惩治腐败分子、维护群众利益，取得良好的法纪效果。建立党委统一领导、党政齐抓共管、纪委组织协调、部门各负其责、依靠群众的支持和参与的反腐败领导体制和工作机制。从讲政治、顾大局的高度，认识加强反腐败协调工作的重要性。纪检监察机关、行政执法机关和司法机关等职能部门在协作办案中相互配合，按照法律规定，发挥各部门的职能作用，形成惩治腐败的完整链条。区纪委副书记、监察局局长陈灼宣读《反腐败协调小组调整通知》和《反腐败协调小组工作制度》。

## 主要工作

**【概　况】** 2017年12月27日之前，中共城子河区纪律检查委员会机关与区监察局合署办公，实行一个机构、两块牌子，履行党的纪律检查和政府行政监察两种职能。区监察局属政府序列，接受区政府的领导。区纪检监察机关主要职责是主管党的纪律检查工作，贯彻落实党中央、国务院、中央纪委、省纪委、市纪委和区委关于加强党风廉政建设的决定，维护党章和其他党内法规，检查党的路线、方针、政策和决议的执行情况；主管全区行政监察工作，贯彻落实市委、市政府和区委、区政府有关行政监察工作的决定，监督检查区政府各部门及其工作人员和乡政府及其领导人员执行国家政策和法律法规、国民经济计划和社会发展计划及区政府颁发的决议和命令的情况等。

2017年12月27日，按照深化国家监察体制改革工作要求，在市纪委、区委的统一部署下，城子河区监察委员会组建并挂牌，同区纪委合署办公，对全区行使公权力的公职人员实行监察全覆盖。区纪检委监察委机关行政编制18名，区纪委监察委机关拟设办公室、第一纪检监察室、第二纪检监察室、第三纪检监察室、案件审理室5个内设机构。

**【落实"两个责任"】** 落实"两个责任"（党风廉政建设党委主体责任和纪委监督责任）制度体系，强化党组织的主体责任、主要负责人的第一责任、班子成员的"一岗双责"责任和纪委的监督责任，自上而下层层签状明责，传导责任压力，明确同级监督责任，形成有效的制度防范。2017年，对履行党风廉政建设职责不力问题追究责任，领导干部问责1件，党政纪处分3人。

**【惩治腐败】** 坚持把纪律挺在前面，围绕"六大纪律"，综合运用"四种形态"，查处违纪违法案件。2017年，区纪委收集案件线索92件。共立案查处各类违纪违规案件23件，给予党政纪处分26人，立案增幅全市最高，达到76.9%。

**【作风建设】** 突出事前预防，紧盯节假日等容易违反中央八项规定精神和"四风"问题关键节点，下发通知，标出红线。开展预警监督，围绕机关风纪、公车封存、值班值宿、超标准接待等问题开展明察暗访36次，检查区乡两级机关部门43个。对发现的履行外出告知程序不规范、行政审批工作中作风不实等问题，通报批评问题单位6个，给予批评教育和谈话提醒7人次，初核了结问题线索1件。对作风整顿督查过程中发现的问题立案审查3件，涉及科级干部3人。查处违反中央八项规定精神问题4个，党政纪处分6人，通报4起典型案件。加大破坏发展环境案件查处力度，查处影响经济发展环境案件2件，党政纪处分4人；查处侵害群众利益案件3件，党政纪处分5人。通过整治"四风"，借开业庆典、婚丧嫁娶、庆生祝寿等事宜敛财问题得到有效遏制，外出不请假、大事不报告、会议不参加等问题逐步解决，党内风气正在上扬，带动社会风气好转。

**【党风廉政教育】** 2017年，发挥网络在党风廉政建设和反腐败工作中的正效应。在城子河区政府网党风廉政建设专栏中发表文章38篇，在兴凯湖清风网基层风采发表文章6篇。在人民网强国论坛发表网络文章12篇，传播正能量。制定《"全面从严治党建设清廉鸡西"主题教育活动实施方案》，组织开展"党组织书记讲廉政党课"活动，增强广大党员干部"四个意识"。同区妇联联合举办"传承廉洁家风、争做最美家庭暨廉政文化进家庭"主题讲座活动。举办"喜迎省党代会暨学党内法规、迎清风正气　党风廉政建设"知识竞赛，全区共有19支代表队参加，最终确定一、二、三等奖一名，优秀组织奖三名。推选3人参加市纪委举办的知识竞赛活动，获得优秀奖。举办"迎七一　全面从严治党从我做起"主题演讲比赛，推选出2名队员，参加市纪委组织的演讲比赛，获得优秀组织奖。

**【惠民利民政策监督】** 对采沉区征收安置工作进

行监督检查。深入征收区域现场抽查动迁房屋1665户，现场监督房屋安置分配4000余户，调阅核对登记表2645份，对采煤沉陷棚改项目拆迁公司竞标进行监督5次，涉及竞标公司9个，梳理棚改领域违纪违规问题线索7件，警示谈话3人，给予党政纪处分2人，建议退回原单位4人，提出监察建议16条；对涉及农村集体“三资”管理、土地征用侵害农民利益的信访件进行核实和调查。初核了结1件，警示谈话1人。合并立案查处4件，给予党纪处分3人，责令辞职1人。指导乡纪委初核、函询问题线索4件，谈话提醒1人。对贫困家庭帮扶救助物品领取发放工作全程监督，入户抽查80户贫困家庭，谈话提醒1人。对帮扶救助资金政策落实、资金使用、扶贫项目实施等情况进行专项监督检查，入户调查43户，涉及资金180万元，对发现的履职审核把关不严等问题警示谈话1人，批评教育7人次。

# 群众团体

## 工　会

【概　况】2017年，区总工会按照市总工会和区委工作部署分解全年工作任务。主要职责是主持城子河区总工会委员会的日常工作；组织并代表职工参与地区社会事务、经济和文化等重大活动，帮助和指导职工参与社会管理和经济建设，参与调节矛盾争议，依法维护职工的合法权益，维护女职工的特殊利益，关心职工生活，做好特困职工工作，为职工办实事办好事，做好职工文化体育工作。

【走访慰问】2017年，区总工会开展“两节”送温暖活动。向困难职工发放生活救助资金18万元，开展大病救助。向困难职工发放大礼包790个，与区教育局一起通过众筹，走访慰问患大病的教师2名。

【精准扶贫工作】区总工会按标准统一建立解困脱困联系卡，规范困难职工档案管理，明确困难职工所在单位、政府有关部门、各级工会组织的责任，构筑三位一体的扶贫体系，建立动态管理机制，在精和准上下功夫，实现精准扶贫、精准脱困。通过为职工涨工资、金秋助学等形式实施解困脱困工程。精准识别困难职工档案，对全区困难职工进行精准识别，精准退出。进行入户调查，准确掌握困难职工家庭人口、致贫原因、收入状况等情况。

【宣传典型】按照省第十二届劳动模范和市二十二届劳动模范的评选要求，坚持公开、公平、公正，群众公认，政绩突出，优中选优的原则，考虑其行业或系统的覆盖面和社会影响力，在城子河区营造宣传劳模、学习劳模、争当劳模的浓厚氛围。经过申报，差额评选，确定新阳村村民方正智为黑龙江省第十二届劳动模范推荐人选，并在新阳村村民委员会公示。选送“惠妈妈”牛肉酱厂负责人岑明惠作为市劳模人选。以典型助推转型发展、兴区富民，弘扬“我劳动、我快乐的劳模精神”。提升叫响“劳模精神”“工匠精神”，打造“劳模品牌”“工匠品牌”。2017年，城子河区有7人获得市劳动模范荣誉称号，并在全区范围内通过微生活等方式进行宣传。方正智的事迹还被编成小品在“七一”晚会上进行表演。

【文化生活】区总工会丰富职工文化生活，组织摄影爱好者参加市总工会组织的摄影展活动。摄影展反映城子河区的发展变化，展示城子河区广大职工热爱家乡、建设家乡的精神风貌。组织象棋比赛，调动企业职工和民间象棋高手的参赛热情。

【职业技能大赛】区总工会组织职业技能大赛、提高职工的职业技能。组织68名教师参加区级微课大赛和优质课大赛，倡导“更熟练、更标准、更优秀”的职业技能精神，提高教师业务能力，实现“以赛促学、以赛提升”的目标。与区卫生计生局联合举办应急抢救技能比赛，区人民医院和中心医院30多名医生护士参加比赛。

**【普法宣传】** 2017年，区总工会加大法律宣传力度，推动联合执法。6月20日，组织全区法律宣传一条街活动，发放宣传册75份。与区人社局联合对部分单位农民工的合同签订情况和超龄用工情况进行检查，新签订农民工合同5份。

## 共青团

**【概　况】** 共青团城子河区委主要职责是行使区委和团市委赋予的领导全区共青团工作的职责，负责区青联、区学联和区少先队工作委员会常务性工作，指导全区青少年社会团体组织的工作；承担区委、区政府等方面委托的青少年工作事务和其他有关事项，参与协调处理各种与青年利益相关的工作；组织全区团员青年在经济建设和精神文明建设中发挥生力军和突击队的作用。团区委机关编制1名（正科级）。

**【加强思想引领教育】** 召开思想教育类全区团干部培训会4次，共培训各级团干部120余人次；召开城子河区优秀青年座谈会2次，与来自全区各界30余名优秀青年交流青年的普遍需求和对团工作的相关意见和建议。开展“学习总书记讲话，做合格共青团员”主题团课，以“怎样做一名合格团员”为主题开展1次主题团课，强调学习“一学一做”的重要性，明确理想和信念。开展“我的好习惯之星”“48个生活细节”等养成教育活动，覆盖影响1000余名青少年。在“六一”“七一”期间，深入开展“红领巾相约中国梦”“听党的话，做好少年”等主题团队日活动，600余名青少年热情参与。

清明节祭扫活动　　　　团区委　提供

**【深化道德实践引导】** 坚持做好共青团志愿服务活动，常态化开展各类主题志愿服务活动10余场，100余名青年志愿者为群众提供服务。开展学雷锋青年志愿服务月活动、共青团送温暖活动，志愿者自费购买慰问品，并帮助老人理发、剪指甲、打扫卫生，给老人包饺子，向老人们送上一丝温暖。开展“微心愿”送祝福活动，来自各所学校的贫困儿童、留守儿童在寒假即将来临之际向团区委许下自己新年的小愿望。团区委号召各界爱心人士，募集资金2000余元，为孩子们送上他们的“微心愿”作为祝福。

**【发挥典型带动作用】** 开展评选“优秀共青团干部”“优秀共青团员”“五四红旗团委”“优秀少先队员”“优秀少先队辅导员”“优秀少先队集体”“美德小达人”“最美少年”“最美中学生”等活动，评选出30余名优秀典型。团区委教育引导广大青少年“记住要求、心有榜样、从小做起、接受帮助”，贯彻落实教育要形象化、情感化、榜样化、行动化的要求，让社会主义核心价值观的种子在青少年心中生根发芽。

**【“创城、创优”主题活动】** 以“创建全国文明城市，青年争树新风”为主题，开展各类“创城”主题活动10场，覆盖青年千余人。深入实施保护母亲河行动，开展“生态鸡西·身边增绿”“扮靓新农村”等主题活动5场，建设青年林1片，植绿护绿200余亩。开展“优化发展环境，青年勇当先锋”“优化发展环境，青年文明号先行动”等主题活动，各窗口行业及青年文明号集体的300余名青年积极参与。

**【引导青年创业】** 启动农村青年电商培育工程，举办电商培训班2期，来自区优秀商户负责人、青年致富带头人、团干部等90余人参加了该培训，培训农村青年200余人。开展共青团助力重点工程项目“举团旗、当先锋”活动1场。举办共青团助力创城创业图片宣传展，近千名市民参观展览。开展下村帮助青年创业就业活动，邀请区农业、科技、法律等方面专家座谈交流，提高创业技能，解答创业难题。

**【助力脱贫】** 开展“精准脱贫暖心行动”，通过开展“青春暖心，助力脱贫”“益起来，希望工程圆梦行动”等志愿活动，为该区建档立卡精准扶贫户中的4名在读学生发放助学金，每人现金2000元，合计资助总金额8000元，500余人次参与捐助。开展精准脱贫电商培训班2期，培训贫困青年200余人次。

**【团干部联系青年】** 严格落实“1+100”制度，全区专兼职团干部联系青年100余人，开展线上、线下活动20余次。扎实推进示范性“青年之家”综合服务平台建设，当地所有乡镇、街道均依托团组织建立各具特色的服务平台，并在“青年之家”云平台每月开展录入活动3次，每次签到参与人数40余人。同时利用当地“青年之家”作为“七彩假期”关爱留守儿童行动实施点和青年创业培训基地。

**【打造青少年维权品牌】** 深化“青年之声”平台建设，邀请10名各领域专家不间断解答青少年成长问题，成功实现24小时“在线共青团”。全力打造集网站、热线、短信、微博“四位一体”的有形化青少年综合服务台品牌，线上通过新媒体发布原创心理疏导、普法知识微课堂5期；线下新建“12355”青少年服务站1个，开展以服务中高考、模拟庭审、心理疏导为主题的公益活动2场，为300余名青少年普及成长自护知识。

**【队伍建设】** 扎实推进团的基层组织建设。深入实施中学“强基固本工程”和团支部“活力提升工程”，开展“彩虹人生——我的中国梦”“与人生对话”等活动4场。举办“共青团机关开放日”活动5场，邀请各领域200名团员青年先后走进团组织办公场所，集中宣讲和参与共青团改革。全力抓好团干部队伍建设。按照提出的打造“四种形象”目标，大力实施“作风能力双提升工程”，在各级团组织和广大团干部中大兴“转变”之风。开展“团干部带团课下基层”，为农村、企业、学校300余名团员青年讲团史、上团课。规范团员发展管理，大力推进团员成为注册志愿者工作，注册比例达95%，引导团员在学习和工作中发挥模范带动作用。

“红歌嘹亮　童心飞扬”大合唱比赛　　团区委　提供

团区委被评为鸡西市示范性“青年之家”综合服务平台　　团区委　提供

## 妇女联合会

【概　况】城子河区妇女委员会属区委机构中的内设机构，位于城子河区政府路。单位内设机构共7个，分别为办公室、组织部、宣传部、发展部、权益部、妇儿工委办公室、儿童工作部。2017年有在岗职工3人，区妇联机关编制1名，矿务局分流1人，公益性岗位1人。

【妇女创业】3月中旬，区妇联配合市金惠投资担保有限责任公司对全区范围内共23名贷款妇女进行贷款项目跟踪回访。在回访过程中详细了解贷款项目经营状况、规模以及存在的困难和问题，并提出意见和建议。发挥妇女小额担保贴息贷款扶持妇女创业的积极作用，2017年全年共为全区8名妇女发放小额贷款69万元。同时开展“春风送岗位”活动，为妇女提供转移就业岗位156个。

【“最美家庭”评选】2017年12月15日，鸡西市精神文明办在全市广泛开展“最美家庭”评选活动。经过逐级推荐、层层审核、综合评定等程序，确定71名“最美家庭”候选人。全区妇联有16户家庭参加该活动。其中，城子河区小学魏爱辉家庭被评为全国最美家庭，李朝霞、荷花渔村、宋金华3户被评为省级最美家庭，还有10户被评为市、区最美家庭。

【家庭助廉】3月13日，城子河区纪检委、妇联联合举办“传承优良家风　争做最美家庭”暨廉

2017年9月28日，举行城子河区“巡讲龙江·绿荫行动”家庭教育报告会　　区妇联　提供

政文化进家庭主题讲座，深入贯彻习近平总书记关于注重家庭、注重家教、注重家风建设，特别是领导干部家风建设系列重要指示精神，进一步发挥廉内助在家庭中的独特作用，弘扬中华民族传统家庭美德，促进家庭和睦，树立良好家风，践行社会主义核心价值观，在全区营造家风好、民风淳、党风正、政风清的良好氛围。

2017年3月8日，黑龙江省妇女联合会授予区国税局“巾帼文明岗”称号　　区妇联　提供

【儿童早期家教骨干培训班】2017年9月6—7日，黑龙江省儿童早期家庭教育骨干培训班在鸡西市举行。省妇联副主席白锦婵，鸡西市委常委、宣传部部长张长虹参加开班仪式。全省120余名家教骨干参加培训，全区有10名家教骨干参加培训。

【宣传活动】6月16日上午，为贯彻落实《鸡西市妇联及城子河区2017年“安全生产月”活动方案》的要求，大力加强安全宣传教育，区妇联开展“安全生产月”宣传活动。区妇联在城子河区休闲广场发放《中华人民共和国婚姻法》《中华人民共和国妇女权益保障法》《中华人民共和国反家庭暴力法》等300余份宣传资料。同时与各部门共同宣传火场逃生自救的方法和妇女儿童权益保护法等法律法规，增强全民应急意识、提升城子河妇女的安全素质，营造全区关注安全生产的浓厚氛围。区妇联认真贯彻落实区2017年“安全生产月和安全生产兴安行”工作会议精神，成立领导小组，完善工作制度，制定《城子河区妇

联开展“安全生产月”活动实施方案》，要求基层妇联组织发挥作用，深刻认识开展安全生产活动的重要意义，明确责任，认真谋划，积极组织各项宣传教育活动，为建设平安城子河献巾帼力量。6月26日上午，城子河区妇联参加全区国际禁毒日活动，开展以“不让毒品进我家·平安家庭创建宣讲”为主题的禁毒知识宣讲活动。

**【推进土地确权登记工作】** 11月18日，区妇联组织长青乡和永丰朝鲜族乡、13个行政村参加鸡西市妇联在市委党校举办的农村土地承包经营权确权登记颁证工作培训班，区妇联被列入农村土地承包经营权确权成员。

**【开展法治宣传】** 全面贯彻落实2017年深化“建设法治黑龙江，巾帼在行动”的活动通知，提高广大妇女法律素质，增强全社会尊重和保障妇女权益的法治观念，坚持以法律宣讲“进社区、进家庭、到身边”为主题，着力化解婚姻家庭纠纷。将法治宣传与维权服务送到广大妇女姐妹身边，营造全社会维护妇女儿童合法权益的良好氛围。区妇联联合区人民法院共同举办法律知识进社区宣讲活动。区妇联邀请到城子河区人民法院法官助理王莹讲解《中华人民共和国反家庭暴力法》中提供的各种证据、离婚后子女抚养和财产分割等方面的法律知识，发放宣传资料共90多份。

**【举办性别教育读本进幼儿园活动】** 4月5日，区妇联主席胡伟将全国首部系列《儿童性别平等教育读本》发放给城子河实验幼儿园的孩子们。

2017年8月28日，城子河区妇联“春蕾助学 金秋圆梦”助学金发放仪式现场　　区妇联　提供

**【推荐先进】** 全国“三八红旗手”伟业虫草合作社社长王淑云、省级“三八红旗手”禄艳种猪场厂长张禄艳及箭牌卫浴总经理那丽萍、长青印刷厂总经理满晓华、新兴村园林绿化合作社袁春红等被评为省级巾帼建功标兵。区国税局被评为省级巾帼文明岗，地税局被评为市级巾帼文明岗。涌现出市级“三八红旗手”5人，区巾帼建功标兵10人、先进集体10个、最美家庭30户，区级“三八红旗手”10名、先进集体10个、创业能手10名，区妇联选树的优秀妇女典型15人，在市女企业家协会担任重要职位，发挥着重要作用。

**【换届选举】** 5月16日，举行城子河区第八届妇女代表大会，会议选出代表104人、执委21人、常委9人、兼职副主席2人、主席1人。区妇联借大会召开契机，团结带领广大妇女，锐意进取，扎实工作，为城子河区“转型发展，兴区富民”贡献“半边天”的力量。

## 残疾人联合会

**【概　况】** 鸡西市城子河区残疾人联合会主要担负着维护残疾人的合法权益，开展残疾人康复、教育、劳动就业和核发“中华人民共和国残疾人证”等工作职能。鸡西市城子河区残疾人联合会2017年有工作人员6人，参公人员1人，公益性岗位5人。鸡西市城子河区残联始终坚持正确的政治方向，结合残疾人工作实际，牢牢抓住改善残疾人民生这条主线不动摇，落实中央及省委、区委和市残联的工作部署和要求，切实把残疾人工作放在保障和改善民生各项工作的突出位置，让广大残疾人更好地共享发展成果。

**【康复服务】** 免费为8名贫困肢体残疾人安装大小腿假肢8条，为2名贫困肢体残疾儿童进行肢体矫治手术，为38名肢体残疾人装配矫形器38件，为17名贫困精神障碍患者实施免费服药和住院救助，免费为14名贫困白内障患者实施复明手

学习贯彻省十二次党代会精神城子河区残联第二十七次“全国助残日”主题活动现场　　区残联　提供

5月18日，在兴城广场举办助残日活动　　区残联　提供

术，为9名低视力残疾人免费进行低视力辅助器具验配及发放。实施孤独症残疾儿童康复救助5人，脑瘫残疾儿童康复救助6人，免费发放辅助器具50件（其中，轮椅10台、拐杖40根）。

**【就业培训】** 鸡西市城子河区残联调查残疾人就业、创业培训需求，落实残疾人就业、创业培训愿望。年内新增种养殖、“互联网+”的残疾人培训共计82人，新增残疾人就业96人。

**【扶贫救助】** 春节期间，结合全市“情系百姓温暖万家”活动，共发70张慰问卡。走访慰问10户生活困难的残疾人，为其送去生活物品。2017年年内为生活困难的残疾人发放衣物400余件。为9名家庭贫困的残疾大学生发放助学金1.2万元，免费为30名贫困残疾人进行健康体检。为63人发放燃油补贴1.638万元。

**【组织建设】** 结合鸡西市“创建全国文明城市”工作，积极发挥各县市区残联组织作用，全面开展志愿者助残活动，取得良好助残效果。2017年末已注册助残志愿者850余人，以帮助清扫室内外卫生、拎煤劈柴、清运生活垃圾、捐款捐物等形式开展志愿者助残活动，让残疾人感受到社会关爱。

# 法　治

## 政法委及综治

**【概　况】** 城子河区委政法委在区委、区政府的正确领导下，坚持以科学发展观为指导，深入贯彻中共十九大和十八届三中全会精神，紧紧围绕区委中心工作，不断强化自身建设、改善工作环境、创新工作思路、提高服务水平，不断增强工作的主动性和创造性，较好地发挥综合协调作用，为全区政法工作发展作出积极贡献。

区委政法委组织观看警示教育图片展　　区委政法委　提供

**【健全矛盾纠纷预防化解机制】** 区委政法委组织公安、民政等25个单位参加省综治办召开的《黑龙江省社会纠纷多元化解条例》视频培训学习。每月开展“三项排查”（排查化解矛盾纠纷、排查整治治安混乱和突出治安问题、排查管控高危人群）工作。2017年，排查矛盾纠纷13件，化解8件，稳控5件；排查治安重点地区3个；治理公共安全隐患1处。

**【监护精神障碍患者】** 区委政法委按照《鸡西市关于严重精神障碍患者监护责任“以奖代补”政策的实施方案》的要求，组织区公安分局、民政局、卫生局等单位对全区445名精神障碍患者中的重患进行走访、筛查。对其中36名三级以上精神障碍患者，逐一落实乡镇（街道）、社区（村）、家属“三级”包保措施，实行动态管理。区综治办、区公安分局和社区卫生服务中心工作人员多次深入家庭、精神病医院走访确认8名符合“以奖代补”政策的重症精神障碍患者，并按时发放补贴，鼓励监护人尽到责任，关爱患者生活健康。

**【向英雄致敬活动】** 2017年清明节期间，区委政法委组织区防范办、公安分局、人民检察院和人民法院在微信公众平台发起向见义勇为牺牲英模致敬的倡议，开展网上为英模献花活动，全区有300余人参与该项活动。

**【平安城子河宣传活动】** 2017年6月，区委政法委开展“平安城子河”宣传周活动，区综治办联合区公安分局、司法局、妇联等20余个平安建设成员单位，开展以“深化平安建设，促进和谐发展”为主题的平安城子河宣传活动。发放各类宣传单500余份，接受群众咨询50余人次。

**【禁毒工作】** 区委政法委投资近20万元在晨兴中

学建成禁毒教育基地，投资近 8 万元在区人民医院建成社区戒毒康复中心。6 月 26 日，在兴城广场开展以“健康人生、绿色无毒”为主题的宣传活动。城子河区四大班子领导及区直单位领导参加宣传活动。该次宣传共摆放展板 30 余块，悬挂条幅 10 条，接受群众咨询 200 余人次，发放禁毒宣传资料 2000 余份。

**【建设综治视联网系统】** 按照市委政法委要求，在永丰朝鲜族乡、长青乡、城子河街道办事处拟建设综治视联网系统 3 个。确保城子河区 2018 年底前综治视联网系统乡镇（街道）联网率达到 60%。

“为一域争光　为全局添彩”政法先进事迹巡回报告会现场

区委政法委　提供

**【维稳工作】** 全国“两会”和中央巡视组在省巡视期间，组织 40 余个维稳小组成员单位，参加全国、省、市维稳工作会议 6 次，会后立即落实责任，明确任务，及时督办协调相关维稳工作。按照“纵横同报、信息共享、快速稳控”的工作原则，有效地防控各类涉稳问题的发生，确保全区公共安全、政治安全和社会稳定。上半年全区涉法涉诉信访 11 件，其他案件分别交信访局及涉事部门化解。接待上访人员 6 件 20 余人次，逐案落实化解责任。上报司法救助 2 人，申请救助资金 6 万元，已经发放到位。

**【防范工作】** 创建城子河反邪教官方微博，充分发挥微博、微信公众平台作用，在平台转发时事政治、生活常识等正能量文章 120 余条。在机关、中小学校组织开展“对邪教说不”宣传活动，近千人参加该项活动。组织 3 次域内反宣品清理活动，清理各类邪教小册子、光盘、不干胶等 100 余份。

**【扫黑除恶】** 2017 年，城子河区先后四次召开“扫黑除恶”专项斗争工作会、调度会和推进会。5 月，从区公安分局、区人民检察院和区人民法院抽调 3 人成立区扫黑办。组织 11 个单位开展为期 3 天的煤矿生产领域扫黑除恶专项行动。自扫黑除恶专项斗争开展以来，区委政法委、区公安分局开展宣传发动，线索摸排。张贴海报 1000 余份，悬挂宣传条幅 40 余条，设立举报信箱 8 个，发放宣传单 10000 余份。7 月初，区扫黑办和区公安分局深入四矿（城山煤矿、正阳煤矿、杏花煤矿、东海煤矿）、三厂（赛龙水泥制造有限公司、城海水泥有限责任公司、盛安民用爆破器材有限责任公司鸡西分公司）、金三角管理委员会、桥北建材市场和综合大市场等 30 余个单位及重点领域，开展扫黑除恶专项斗争督导检查及宣传工作，宣传覆盖率达 90% 以上。

**【优化营商环境】** 区委政法委成立优化营商环境政法专项组，制定下发工作方案，成立专项工作机构，配强配齐专职工作人员。各政法单位召开深化作风整顿、优化营商环境会议。公检法司做到有方案、有部署公布监督举报电话，接受全社会监督。围绕工作部署开展各类活动，区公安分局开展“改作风优环境，保平安促发展‘千名民警进千企’”、“满意窗口”和“服务之星”的评选活动；区人民检察院召开优化营商环境企业代表座谈会；区人民法院开展“岗位大练兵、业务大比武”测评考试、“雷霆打击周”等活动；区司法局开展“大学习、大比武、大练兵”和“执法司法环境”专项整治活动。2017 年，区政法专项组到政法单位明察暗访 15 次。

**【法治建设年工作】** 6 月 28 日，城子河区召开“法治建设年”动员部署暨“扫黑除恶”专项斗争推进会议，成立领导小组，明确任务分工。四个专项组分别制定方案和工作计划。区委政法委于 7 月 5 日组织法律监督组、严格执法组、公正司法组、法治宣传教育组及区公安分局、区人民检察院、区人民法院、区司法局召开“法治建设年”公开承诺发布会，在区政府网站和各单位微信公众号上发布承诺事项。

区委政法委反间谍培训会　　区委政法委　提供

**【法学会、国安办工作】** 区法学会按照全省法学会交流推进会暨法学会干部培训学习的要求，进一步做好法学会党组织组建工作。区国安办完成市国安局交办的各项工作任务。

**【公检法司工作】** 区公安分局上半年共立刑事案件 122 起，破 69 起，破案率 56.6%。受理治安案件 169 起，查处 169 起，查处率 100%，查结 74 起，查结率 44%。四类侵财案件 50 起，破获 17 起。区人民检察院 2017 年受理侦查机关提请审查逮捕案件 19 件 19 人，其中批准逮捕 13 件 13 人；受理各类审查起诉案件 58 件 67 人，起诉 54 件 72 人。下发纠正违法通知书 1 份，下发检察建议 1 份。城子河区人民法院接收各类案件 592 件，结案 410 件，结案率 69.26%，同比下降 2.37%。法定审限内结案率 99.27%，同比上升 0.55%。区司法局调解民间纠纷 12 件，成功 11 件，排查纠纷 5 件，预防纠纷 2 件。共回归刑满释放人员 124 名，办理公证 609 件，解答咨询 189 人次，发放宣传单 1100 余份。

**【扶贫工作】** 认真贯彻区委、区政府关于精准扶贫要求，先后组织政法委人员深入贫苦户家庭 10 余次，通过实施“精准扶贫”工程，启动“精准扶贫”一系列扶贫项目，认真解决贫苦户衣食住行及医保等问题，较好地完成了定点扶贫工作任务。

**【工作规划】** 发挥职能作用，协调公检法加大对缠访闹访无理访打击力度，营造良好有序的信访渠道。密切关注有集体上访倾向的群体，掌握信息动态，积极化解矛盾。加快乡、街道 3 个点位综治视联网建设，组织在校学生参观禁毒教育基地，做到在校学生基本全覆盖。配齐社区戒毒康复中心工作人员，将百余名吸毒康复人员，科学合理安排到社区戒毒康复中心进行康复。加快毒品检查站的筹建工作。继续保持严打高压态势，不给邪教可乘之机，全力做好防范控制工作及教育转化工作。完成市国安办工作任务。创新开展好法学会工作，组建法学会党组。按照市“法治建设年”领导小组办公室及“优化营商环境”政法专项组、市扫黑办的工作要求，开展督导、推进各项工作。“扫黑除恶”工作尽快突破“零战果”。

## 公　安

**【概　况】** 城子河区公安分局内设机构 19 个，其中包括 7 个派出所、8 个业务大队、4 个科室。具体为：城东派出所、城西派出所、长青派出所、正阳派出所、东海派出所、杏花派出所、永丰派出所。刑警大队、治安大队、国保大队、经侦大队、巡察大队、刑事技术大队、网安大队、法制大队。政工科、纪检督察、办公室、控申科。

城子河区公安分局编制168个，在编人员148人，其中被市局借调5人，实际在岗人数143人。其中，男民警131人，女民警17人。空余编制20个。分局副处级领导职数2个，实有2人；正科级领导职数28个，实有27人，缺1人；副科级领导职数23个，实有5人，缺18人；主任科员1人；副主任科员6人。

**【区域情况】** 全区公共场所共604家，特种行业共89家。爆炸物品使用单位12家，其中煤矿7家，采石厂5个。学校8所。2017年以来，该局紧紧围绕中共十九大安保这个中心，全面开展惩治犯罪、维护稳定、治安管控等各项公安工作，有力地维护全区社会治安和政治大局稳定。

区公安分局领导与"十佳我最喜爱的人民警察"王明武（前排左二）合影　　区公安分局　提供

**【案件数据】** 区公安分局把惩治犯罪作为公安机关的主业，在创新信息化条件下合成惩治犯罪新机制，优化社会治安环境。2017年，全区共发刑事案件236起，破129起，破案率55%，同比发案基本持平，破案率上升9%。受理治安案件491起，查处491起，查结449起，查处率100%，查结率91%，同比受理案件下降18%。刑事拘留犯罪嫌疑人75人，批捕41人，起诉犯罪嫌疑人90人，行政拘留152人，抓获在逃人员24人。

**【专项行动】** 2017年，区公安分局推进七大专项行动：一是打击"盗抢骗"专项行动。共破获"盗抢骗"案件91起，其中，积案28起，现案63起。二是"三打击一整治"专项行动。五类案件立案66起，破案37起，破案率56.06%。批捕四类（盗窃、抢夺、诈骗、掩饰）侵财案件犯罪嫌疑人15人。起诉四类侵财案件犯罪嫌疑人7人。判决5年以上刑罚2人。侦破1起电信诈骗案件。新上网在逃人员追逃完成3人。三是侦破命案积案专项行动。破命案积案1起。四是缉捕网上在逃人员专项行动。成功抓获潜逃19年的命案在逃人员和潜逃22年的命案在逃人员。共缉捕网上在逃人员24人，历年命案在逃人员4人。其他历年网上在逃人员3人。五是缉毒攻坚战役专项行动。侦破涉毒案件3起，刑拘3人，取保1人，行政拘留2人、强制戒毒2人。六是打击整治涉枪违法犯罪专项行动。侦破非法持有枪支案，收缴猎枪1支。七是打击农村黑恶势力专项行动。查获5个恶势力团伙，刑事拘留7人，取保8人，起诉20人。

**【"打非治违"工作】** 区公安分局加强"打非治违"工作力度。局党委统一安排部署，形成局领导班子成员分片包干抓督促、抓落实，派出所负责线索来源、治安部门负责打击的工作格局。加强与区煤炭、安检、国土、电力等有关部门密切协作，做到资源共享，多部门联动，形成全区"打非治违"的强大合力。共填埋非法露头井30处，60余次，查处案件11起，行政拘留48人。

**【返赃工作】** 10月19日，区公安分局组织"喜迎十九大暨'三打击一整治'专项行动"返赃大会。返赃大会共返还摩托车4台、裘皮6件、笔记本电脑4部、手机28部、手表27只、平板电脑5部、现金20000余元以及其他金银首饰等。通过返还赃物挽回被害人经济损失20余万元。

城子河区公安分局开展“治安 110”宣传活动

区公安分局　提供

“反拐”宣传活动现场　　区公安分局　提供

**【治安管控】** 区公安分局加大对重点治安场所的管控力度，落实安全管理责任制，加强阵地控制，惩治“黄赌毒”等违法犯罪行为。2017 年，全局共出动警力 85 人次。对从业人员进行登记备案 337 人。发现各类安全隐患 14 处，全部按相关规定要求整改到位。行政处罚不按规定登记住宿旅客信息旅店 10 家，停业整顿 2 家。查处 2 起容留、介绍卖淫案，刑事拘留 3 人，行政拘留 9 人。开展枪爆物品大清查专项行动，治理危爆物品源头，清缴流散社会非法枪、爆、剧毒等危险物品和管制刀具。对全区 12 家涉爆单位进行安全大检查，共检查涉爆单位 240 家次，发现安全隐患 15 处，限期整改 15 处，并跟踪问效消除安全隐患。收缴管制刀具 12 把，发现处置战争遗留炮弹 2 枚。破获非法持有枪支案 1 起，刑事拘留 1 人，收缴枪支 2 支。查处 1 起涉枪治安案件，行政处罚 1 人，收缴仿真枪 1 支。查处非法运输危险物品案 1 起，行政处罚 2 人，没收烟花爆竹 46 件。查处 1 起非法储存爆炸物品案，取保候审 1 人，收缴火药 72 公斤，550 发电管，进社区宣传途径收缴雷管 200 枚。对全区的三级列管单位开展安全隐患大排查工作。2017 年，检查行业场所 143 家，对其中 38 家存在消防隐患的场所进行责令整改，并将检查出来的消防隐患录入消防管理系统。

**【推进警务建设】** 贯彻落实省厅党委提出的“六大工程”（数据警务建设工程、公安基层基础建设工程、公安执法规范化建设工程、社会治安防控体系建设工程、预警信息体系建设工程、公安队伍素质能力建设工程）建设工作，确定全局 2017 年“六大工程”建设主要项目落实推进计划，并就“六大工程”建设向区委、区政府进行专题汇报，得到区委、区政府的重视，专门组建由区委副书记、区政府常务副区长为组长，区委政法委书记、各副区长为副组长的“六大工程”建设领导小组，负责“六大工程”的组织领导和各项目的推进工作，2017 年底，已完成“六大工程”建设计划任务。维稳情报体系已初步建立，成立城子河公安分局情报工作委员会，建设区级情报研判中心，完善情报信息统一归口报送机制。数据警务建设取得实效，投资 185 万元的城市技防视频监控系统经过近半年的建设，年底覆盖城区重点部位公益点位的前端一期工程和区公安分局视频监控中心后台建设全部保质保量完成，并与市局一级监控平台链接完毕，有 35 个点位已实现与省厅对接，并已全面通过验收，为鸡西市最先进的二级监控平台。

**【基层基础建设】** 选派优秀民警到社区村屯任同级副职。确定驻村副书记（党员民警）8 名、主任助理（非党员民警）3 名，6 个社区确定党支部副书记 6 名，计 17 人。建立“一村一辅警”警务模式，已在辖区13个行政村确定由村委会干部担任的13名农村辅警，同时，将党政机关、企事业单位、学校、社区、村屯保安力量共计35人纳入辅警管理。建成社区（驻村）警务室，在辖区13个行政村、1个社区建立标准化警务室。组建综合维稳力量，制定特战队的训练计划，整合并建立反恐处突应急物资设备装备库。完成对辖区31所旅馆业、3所公章刻制业、29家机修业信息管理系统的安装使用。完成大宗涉案财物保管场所的建设，完成办案场所精细化、标准化改造工作。建设成立案管中心，并有效运行。结合全局民警教育训练需求和培训中存在的不足，制定《城子河公安分局2017年教育训练计划》，开展执法能力、预防电信诈骗案件知识、体能等培训活动。

群众向城子河区公安分局送锦旗和感谢信　区公安分局　提供

**【思想队伍建设】** 区公安分局推进“两学一做”学习教育常态化制度化，以党性教育为核心，组织专题学习活动，学习习近平总书记系列重要讲话精神，教育民警牢固树立“四个意识”，开展理想信念教育、忠诚教育、宗旨教育，打牢对党忠诚、服务人民的思想根基。坚持党对公安工作的绝对领导，落实“三会一课”、民主生活会、中心组理论学习、领导干部双重组织生活等制度。挖掘基层优秀典型党员，展现公安党员的风采，推动党建工作与队伍建设有效融合。以“三个必训”（民警上岗前性必训，职务、警衔晋升前必训，基层一级民警每年的实战必训）和警种专业训练为载体，开展法治理念和法律素质教育培训。围绕省公安厅“四个规定”（《黑龙江省公安机关人民警察现场盘问检查规定》《黑龙江省公安机关现场执法记录仪配备使用管理规定》《黑龙江省交通警察现场查处机动车驾驶人违法行为规定》《黑龙江省公安机关人民警察现场查验居民身份证规定》）和“一个制度”（受案立案制度），制定《城子河区公安分局2017年队伍素质能力建设落实推进计划》《城子河区公安分局2017年教育训练计划》《2017年城子河区公安分局教育训练工作任务及考评办法》，分级分类开展执法勤务类民警实战技能轮训和依法使用武器警械专项训练，提升民警实战本领和战斗力。组织开展《关于新形势下党内政治生活的若干准则》《中国共产党党内监督条例》学习教育活动。落实“一岗双责”，把反腐倡廉工作与各项业务工作同谋划、同部署、同落实、同督导。加强警示教育，组织全体民警收看警示教育片，做到以案明纪、警钟长鸣。

**【从优待警】** 落实从优待警政策，严格落实民警年休假、体检、人身伤害保险制度。组织全局民警及辅警到鸡西市中医院进行全面体检。开展因公牺牲民警家属及患重病民警慰问活动。为全局民警及辅警办理人身伤害保险。

英姿飒爽的特战队员　区公安分局　提供

## 附：城子河分局召开决战决胜中共十九大安保动员会迅速贯彻落实市局电视电话会议精神

2017年9月23日上午，城子河区公安分局召开决战决胜中共十九大安保动员会，迅速传达贯彻习近平总书记在全国社会治安综合治理表彰大会、9月22日市局电视电话会议精神。分局副科级以上干部和机关全体民警参会，分局局长邰建军作动员讲话，副局长陈晓光主持会议。

会上，副局长陈晓光宣读市局党委关于中共十九大安保会战的动员令，号召城子河区公安分局全体民警要鼓足干劲，打赢、打好中共十九大安保维稳这场硬仗。局长邰建军结合传达市公安局党委书记、局长陈东同志的讲话精神，认真分析了当前中共十九大安保形势和分局全体民警所面临的风险隐患，就决战决胜中共十九大安保和贯彻落实公安部、省厅、市局创建市级“三个不发生”活动提出要求：一是坚持底线思维，进一步铸牢安全维稳思想防线，切实增强责任感和紧迫感。中共十九大召开在即，又值国庆、中秋“双节”，公安机关面临巨大的安保维稳压力。分局全体民警要紧绷安全稳定这根神经，自觉将自己的思想统一到市局、分局党委部署和要求中来。要高度敏感、极端重视，以超常措施化解风险，排除隐患。同时要有效应对可能发生的各种涉警敏感案事件，严防各类风险累积发酵，确保辖区不发生有重大影响的规模性群体事件和个人极端案事件，真正做到“发现在萌芽、打击在行动前”，“大事不能出，小事也不能出”，为确保全市政治安全和大局稳定发挥作用，做出贡献。二是要进一步明确任务，落实责任，措施到位，始终保持严打严防高压态势。分局相关单位要加强对危爆物品、散装汽油等涉恐重点要素的日常监管，特别是要严格落实分局排查防范风险隐患座谈会上的要求，对辖区内的人员密集、易燃易爆等重点场所进行严格排查，同时加大对辖区内场所的消防安全检查和消防违法行为处罚力度，严格落实消防安全主体责任。继续深入开展“三打击一整治”“打非治违”等专项行动，严厉打击各类违法犯罪活动，特别是对辖区内的煤矿进行安全大整治，加大对关闭井和“煤头井”巡查打击力度，由分局治安大队负责每两天对辖区进行一次巡视，严防死灰复燃，坚决杜绝重大安全生产事故的发生。三是要进一步夯实遵规守纪意识，不折不扣执行市局战时奖惩规定，砸实工作责任，提高工作效率。分局各级、各部门领导要以上率下，自觉做好遵规守纪方面的排头兵，引领广大民警同仇敌忾，背水一战，坚决打好打赢中共十九大安保攻坚战，用实际行动和骄人战绩践行“迎接十九大、忠诚保平安”主题活动。对在中共十九大安保工作中表现突出的集体和个人，分局将第一时间予以表彰奖励；对发现值班脱岗漏岗、涉酒、涉车、涉枪等违纪违法问题，落实“三个不发生”工作部署要求不到位、突破“四个底线”标准的，分局纪检督察部门将严肃进行追责处理。

2017年9月23日，城子河区公安分局召开决战决胜中共十九大安保动员会　区公安分局　提供

## 附：城子河分局圆满完成净土寺庙会安保工作

5月13日（农历四月十八），城子河区净土寺内举行一年一度的大型庙会活动。城子河区公安分局高度重视庙会安保工作，部署警力100余名、警车20余辆，圆满完成安保工作。

每年的农历四月十八，数以万计的群众前往城子河区净土寺参加法会和庙会活动，庙会当天正值“一带一路”峰会期间，安保维稳形势严峻。为确保安保工作万无一失，分局领导提前部署，在庙会活动前多次到现场进行实地踏查，对每处易发生事故地段、位置都详细做了标注，确定重点投放警力部位，制定翔实安保工作方案。分局局长部建军亲临安保现场，针对净土寺庙会活动社会面大、参与人员多、活动地点地势复杂，易发生拥挤、踩踏、烧伤、火灾等事故实际，要求参战民警保持高度的责任感和使命感，做好现场人员的安保工作，严防各类事故发生。

在安保过程中，分局主管副局长陈晓光现场指挥，对人员密集的观音殿等部位加强警力安排，有效防范盗窃案件及意外事故的发生，同时指派分局新近组建的特战小分队执行绕场巡逻任务。工作中民警现场调解治安纠纷15起，为2名走失儿童、2名老人找到了亲属，做好人好事20余件，圆满完成了安保工作任务，确保了庙会活动的安全有序进行。

特战队员整装待发　　区公安分局　提供

2017年5月13日，净土寺庙会安保现场　区公安分局　提供

## 检 察

**【概　况】** 城子河区检察院对区人民代表大会及其常务委员会负责并报告工作，接受区人民代表大会及其常务委员会的监督，接受区委和市人民检察院的领导。区检察院内设五大部：原侦查监督科、公诉科合并为刑事检察部；原民事行政检察科、刑事执行检察科、控告申诉科、检察室合并为诉讼监督部；原案件管理科、法律政策研究室、人民监督员办公室、信息管理中心、司法警察大队合并为检务管理部；原政工科、纪检监察、机关党建合并为政工部；原办公室、财务合并为行政管理部。区检察院2017年有政法专项编制35个，实有检察干警33人；班子成员7名；员额检察官13名，检察官助理9人，书记员2人，法警3人，司法行政5人，工勤检察1人；副处级干部1人，正科级干部12人，副科级干部7人，一般干部12人；本科学历26人，研究生学历7人；在编干警党员28人，非党员5人。

**【优化发展环境】** 围绕检察工作职能，坚持从服务、办案和预防等方面入手，维护非公企业合法权益，促进依法经营，依法营造良好发展环境。邀请企业界代表到检察机关座谈，了解企业法律服务需求，不断提高检察机关服务非公企业发展的针对性和实效性。走访非公企业20家，帮助企业解决生产发展难题5个；为非公企业开展帮扶活动5次，提出品牌升级、人才培养等方面意见

2017年3月，区检察院举行实训控辩赛　　区检察院　提供

建议4个；为各类非公企业提供行贿犯罪档案查询服务20余次，得到企业认可。

深入基层，走村入户进行法治宣传　　区检察院　提供

与城子河区交警大队共同召开整治交通安全秩序联席会
区检察院　提供

**【维护社会稳定】** 严厉惩治严重影响人民群众安全感的刑事犯罪，共批准逮捕各类犯罪嫌疑人62人，提起公诉46人；做出不批准逮捕决定13件36人，逮捕率、捕后轻缓率均低于全市平均水平。坚持宽严相济刑事司法政策，与相关部门会签《轻微刑事案件实施细则》，开庭审理21件速裁案件。2017年，共接待处理群众来信来访19件，排

开展刑事案例培训活动　　区检察院　提供

查重点信访案件1件并结案。通过社会救济方式化解上访案件2起，律师参与化解涉检信访积案1件，办理刑事申诉案件1件，国家赔偿案件1件。

**【刑事立案监督】** 严把事实关、证据关、程序关和法律适用关，监督侦查机关立案2件2人。深入开展"破坏环境资源和危害食品药品安全犯罪"专项立案监督工作，监督公安机关立案1件1人。

**【侦查监督】** 完善对限制人身自由司法措施和侦查手段适用的监督机制，组织开展对公安机关刑事拘留专项监督活动，共核查公安机关采取刑事拘留措施57人，监督公安机关立案1件1人，撤案1件1人。

**【民事行政检察】** 民事行政部门在院党组的正确领导下全面完成各项民行检察工作目标，共办理公益诉讼诉前程序案件1件，办理民事执行监督案件3件，办理行政审判活动违法行为监督案件1件，办理支持起诉案件1件，办理市院交办二审案件6件。

**【刑事执行检察】** 刑事执行检察部门主要负责羁押必要性检察案件的查办、社区矫正监督检察、财产刑执行监督检察等工作。刑事执行检察部门2017年总计查办羁押必要性审查案件8件8人。开展暂予监外执行专项检察活动、罪犯又犯罪案件等检察活动，对保外就医的4人开展条件监督审查工作，发现辖区内罪犯又犯罪案件3件3人，其中2件案件的发生，与社区矫正机构脱管存在一定的关系，通过社区矫正监督工作下发纠正违法通知书3份。对财产刑监督工作实行常态化监督机制，对城子河区人民法院2016年7月1日至2017年6月30日期间的财产刑执行情况进行全面检察2次，定时监督财产刑的执行工作。针对财产刑检察工作撰写经验材料《鸡西市城子河区检察院完善监督机制跟踪监督财产刑执行》在市检察院简报转发。

**【司法体制改革】** 依据市检察院围绕机构设置、办案组织建立和运行、司法权责承担等重点环节

出台的《司法体制改革实施方案》、《检察官司法办案职权清单》及《司法责任认定与追究办法》等18项配套办法和规定，开展试点院司法改革工作。围绕司法责任制实施，开展检察人员分类管理，完成检察官入额遴选工作，13名员额检察官经宣誓初步定岗定位。推行“权力清单”和“岗位说明书”，实行“一岗一书”“一案一书”，科学界定办案主体的职责、权限，强化监督，明晰责任，构建“谁办案谁负责、谁决定谁负责”的权责体系。

**【强化党风廉政建设】** 严格履行党风廉政建设“两个责任”，逐级签订“党风廉政建设责任状”“办案安全责任状”。在春节前组织全院召开干警大会，推动廉政教育常态化。聚焦对干警的监督，围绕优化发展环境等工作组织开展专项巡视。

**【加大素能培养】** 举办实训控辩赛2次，50人参加，学习贯彻中共十九大专题讲课4次。组织网络培训“中检网院党风廉政建设”“中检网院习近平总书记系列重要讲话精神解读”40课时，在编干警全员参训。

**【阳光检务】** 通过案件信息公开系统发布重要案件信息36条；公开法律文书86份，公开比例达91.49%；导出案件程序性信息192条，导出比例达100%；接待律师8次。通过“两微一端”发布信息2750条。走访市区级人大代表1次，组织人大代表、政协委员、人民监督员及社会各界代表参加案件评议、旁听庭审、参观办案区等活动8次。

## 法 院

**【概 况】** 城子河区人民法院内设机构11个：刑事审判庭、民事审判一庭、民事审判二庭、行政审判庭、立案庭、审判监督庭、执行局、政工科、办公室、审判管理办公室、司法警察大队。2017年有派出法庭1个：东海人民法庭。有政法专项编制46个，实有在编人数39人。党组成员4人，院长1名，副院长3名。年均受理各类案件1406件，综合结案率89.33%以上。2017年，先后被省委政法委授予“政法系统执法质量年活动先进集体”称号，被省高院授予“全省优秀法院”“涉诉信访工作先进集体”称号，被区委授予“普法工作先进单位”“平安建设先进集体”称号，连续多年被中院评为“全市优秀法院”，荣获省、市先进集体、先进党组织、四星级警队等称号。

城子河区人民法院召开深化司法责任制征求意见座谈会

区人民法院 提供

城子河区人民法院召开新闻发布会通报基本解决执行难“冬季攻坚”专项活动情况

区人民法院 提供

**【设置派出法庭】** 2003年3月19日，黑龙江省高级人民法院以《关于设立东海人民法庭的批复》文件批复鸡西市中级人民法院，同意所属的城子河区人民法院设立东海人民法庭。东海人民法庭受理正阳、东海、杏花地区的民事案件和执行案件，办公地址借用杏花煤矿办公楼，2010年新建的法庭竣工，建筑面积570平方米，办公室10间，审判法庭1个，车库1个，所辖三个矿区分别是正阳矿、杏花矿、东海矿，2017年共收案170件，结案166件，结案率为97.65%。获得“先进法庭”“青年文明号”等称号。

**【行政审判】** 2017年，区人民法院共受理各类案件1399件，审结1249件，结案率89.28%，员额法官年人均审结70余件。加强刑事审判，严厉惩处侵财暴力犯罪，保持反腐高压态势，参与社会治安综合治理，维护社会稳定。落实简案快审原则，简易程序适用率达86.68%。充分发挥民商事审判化解矛盾，维护社会公平正义。加强对行政机关行政合法性和合理性审查，保护行政相对人的合法权益，加大非诉案件的审查和执行力度，保障行政权的有效实施，有效维护行政机关的执法权威。

**【强化审判执行】** 强化执行工作管理，完善执行制度，规范执行行为，约束执行人员。推进落实“两到三年时间基本解决执行难问题”的专项活动，开展“涉民生案件执行会战”、“百日攻坚”和“冬季攻坚”执行专项活动。采取公开失信被执行人，限制其高消费，拘留、罚款等执行措施，打击“老赖”，维护裁判既判力。建立执行指挥中心、执行案件流程信息管理系统，完善执行网络拍卖平台，使执行难的问题得到缓解，提高司法权威。

城子河区人民法院召开2017年党风廉政建设和反腐败工作会议

区人民法院　提供

**【深化司法改革】** 建立民事审判速裁团队、刑事审判速裁团队和家事审判团队。积极开展以审判为中心的刑事诉讼制度改革，与公安、检察机关配合，制定《快速办理轻微刑事案件实施细则》，以简案快办方式审结刑事案件25件，平均审限6天，提高庭审效率，实现“简案快审、繁案精审”的目标。制定《司法责任制实施细则》等10余项制度，推行主审法官、合议庭负责制，并签发法律文书，科学强化责任追究，落实案件质量法官终身负责制。制定实施《案件质效及审判业绩情况通报》制度，对法官及辅助人员办案等审判业绩定期通报考核，建立审判业绩档案。开展案件质量评查、裁判文书质量评查、庭审评查。2017年，评查重点案件22件，评查裁判文书400余份，评查庭审30件。

城子河区人民法院举办“成长路上、与法同行”主题开放日活动

区人民法院　提供

**【司法为民】** 完善诉讼服务中心功能，建立诉讼引导、立案登记、咨询解答一站式服务。2017年，接待当事人5000余人次。邀请交警大队、司法局、妇联和社区调解委员会等9个单位的12名人员为特邀调解员，搭建“诉调对接”平台。推进法律职业共同体建设，设立律师专门通道，举办法官讲堂，开展法治宣传活动，受益群众达300余人次，发放法律法规等相关资料400余份。举行“法院开放日”10余次，邀请区人大代表、政协委员、妇女代表、社区工作人员代表及在校学

生等300余人，到区人民法院参观、旁听，感受区人民法院的审判工作氛围。召开5次新闻发布会，发布刑事、民事、行政、执行等工作情况，提高审判工作的透明度。建立涉民生案件“绿色通道”，实行优先立案、优先审理、优先执行“一条龙服务”。强化为困难群体服务力度，办理减、缓、免诉讼费案件10件，接待群众来信来访1500余人次，积极化解矛盾。2017年，共审结涉民生案件79件，执行到位金额307.8万元。2017年，积极开展审判公开在互联网公开直播案件庭审35件、公开裁判文书和相关信息960份，公开案件流程信息1400余件。

区人民法院获城子河区人民“喜迎省党代会学党内法规、扬清风正气”党风廉政建设知识竞赛一等奖　　区人民法院　提供

【**党建工作**】 2017年，区人民法院改选党总支和五个党支部，健全党组织机构。制定《2017年度党建工作要点》《2017党建学习计划》《2017党建工作责任项目考评表》，实现党建工作目标化管理。学习贯彻中共十九大精神，采取聚焦重点学、结合工作学、交流互动学、考试答题等多种方式组织干警学习领会中共十九大精神，集中学习18次，撰写体会文章67篇。落实“三会一课”制度，定期召开民主生活会。制定《城子河区人民法院作风整顿实施方案》，组织开展“以案为鉴自律、改进司法作风”六个一专题警示教育活动，全面落实整改，形成整改材料58份。2017年，共收到锦旗10余面，表扬信15封。开展形式多样的党建活动，参观市党史办红色教育展、收看廉政警示教育片、举办建党96周年“牢记宗旨、不忘初心”重温入党誓词话初心活动，开展“党在我心中、歌颂党”诗歌朗诵、“支部书记讲党课”等主题活动，共推出宣传报道100余篇，提高每位党员的党性修养，增强“四个意识”。

7月14日，市中级人民法院听取城子河区人民法院上半年工作情况汇报　　区人民法院　提供

## 司法行政

【**概　况**】 城子河区司法局是区政府的职能部门，主要担负着社区矫正、法律服务、法治宣传等工作任务。职能职责有贯彻执行国家司法行政工作方针、政策和法律、法规、规章，拟定并组织实施全区司法行政工作中长期规划和年度计划；负责全区矫正工作并承担相应责任；负责全区法治宣传教育工作，指导并组织实施依法治区工作；负责管理公证工作并承担相应责任；负责指导、监督全区基层司法所、法律服务所和人民调解组织工作；负责监督实施全区刑满释放人员的衔接、安置和社会帮教工作等6项。局机关内设办公室、基层工作室、社区矫正工作室、法治宣传工作室、计财装备室等5个职能科室。下辖区法律援助中心、区公证处、2个法律服务所和7个司法所。全局2017年有工作人员21人，其中，局机关有工作人员6人，其中政法专项编制3人，分流教师2人，兼职法律援助律师1人。下属的

7个司法所有工作人员15人，其中政法专项编制8人，分流教师4人，预算外1人，借调1人，矿分流1人。全局设党支部1个，共有党员8名。

领导班子组织工作人员学习　　区司法局　提供

**【宣传普法工作】** 在依法治理工作中，创新法治宣传方式、创新载体，践行“谁执法，谁普法”责任制，深入总结“六五”普法工作经验，逐步推动“七五”普法。形成具有城子河区法治宣传特色的普法教育新模式。

**【基层司法所建设工作】** 全局始终坚持把基层基础建设作为司法行政的重要内容来抓，加强对7个司法所的建设力度，先后为其配备电脑、打印机、照相机、办公桌椅、卷柜等办公设施。在加强硬件建设的同时，该局还定期组织司法所长、司法助理、法律工作者参加省市业务培训，有力地提升基层基础建设水平。

**【社区矫正工作】** 全局积极开展社区矫正工作，累计接收社区矫正对象357人，累计解除258人，经过全体社区矫正工作人员的努力，社区矫正对象都得到相应的思想矫正、心理矫正和行为约束。

区司法局组织各单位参与普法　　区司法局　提供

**【安置帮教工作】** 2017年，全区共回归刑满释放人员121人。该局认真接待刑满释放人员的来信来访，帮助其解决生产、生活中的实际困难。对家庭困难，符合办理低保条件的，积极协调民政部门尽快给予办理低保，对有劳动能力的，协调企业为其提供力所能及的工作岗位。

区人大常委会视察城子河区“七五”普法工作

区司法局　提供

区司法局在兴城广场宣传法律知识　　区司法局　提供

**【调解工作】** 巩固和完善人民调解、行政调解、司法调解及其他社会调解四位一体的大调解工作机制，各级调解组织共调解民间纠纷28件，成功27件，排查纠纷13件，预防纠纷11件。

**【法律援助工作】** 2017年，援助代理交通事故3起，其他事件2起，受援5人，其中，妇女2人，农民1人，老年人2人。

**【公证处工作】** 2017年末，办理公证580件，解答咨询152人次，发放宣传单1000余份。

# 军 事

## 人民武装

**【概　况】** 2017年，城子河区人民武装部（以下简称区人武部）以学习中共十九大精神和习总书记系列重要讲话精神为主线，以上级全委会精神为依据，以强军目标为统领，以正规化建设为抓手，全力抓重点，精细抓落实。抓好党委班子和干部队伍建设，完成上级交给的各项工作任务。区人武部负责城子河地区民兵、预备役工作，领导区域内人民武装工作；领导城子河地区的民兵组织建设、政治教育、军事训练和武器装备管理；开展全民国防教育，做好拥军优属和拥政爱民的工作，组织带领民兵完成战备执勤、防汛、抢险、救灾等任务。配合公安部门维护社会治安；负责民兵和预备役人员登记、统计工作，保质保量完成征兵任务。

**【思想政治建设】** 区人民武装部抓好组织建设和干部队伍建设。按照干部任免、转业情况和军分区通知要求，调整各类组织，定期组织学习。各级组织和所属成员明确自己的工作职责，对照职责，履行抓工作落实。严格遵守“民主集中制”原则，按照要求开展七项组织生活制度（会议制度、党日制度、党课制度、报告工作制度、民主生活制、党员汇报制度、民主评议党员制度）落实，做到组织生活落实“四有”（有方案计划、有考勤登记、有笔记记录、影像资料）。抓好主题教育和“两学一做”学习教育活动，贯彻习近平总书记系列重要讲话精神，每周支部组织集中学习，每月撰写学习体会。中共十九大召开以来，部党委把抓好中共十九大精神学习当政治任务来抓，参加军分区组织的学习体会交流和应知应会学习备考。组织全体干部职工同步参加省军区和军分区专题辅导的基础上，每月利用两天时间自行组织开展党委中心组学习，撰写学习心得和读书体会。

区委书记张远民（前一）检查区人武部工作　区人武部　提供

**【战备应急训练】** 2017年，区人民武装部坚持以训强能理念，共组织民兵培训、训练、拉动、演练等任务8次。1月中旬，区人民武装部参加军分区组织的拉练考核。3月初至4月上旬，针对辖区严峻暴恐形势，组织民兵组成应急快反分队驻区人武部值班待命。4月中旬，组织区民兵森林防火分队 45 人、医疗救护分队 10 人，进行为期一天的森林防火综合演练。4 月底，区人武部政委倪长启带领长青乡民兵应急分队参加辖区林场扑火。7 月，组织长青乡和永丰朝鲜族乡民兵应急分队进行抗洪抢险演练。区人武部发挥民兵在维稳抢险中的作用，开展军民联防，制定应急预案，指导基层建立抢险应急分队。多次到各基层武装部检查民兵编组和抗洪抢险预案及演练程序。

**【国防征兵宣传】** 区人民武装部深入辖区市第二中学和 5 个国有煤矿开展《中华人民共和国国防法》、《中华人民共和国兵役法》和相关政策的宣传活动，掌握适龄青年数量质量情况。城子河辖区无一所大学，为破解大学生入伍数量先天不足这个难题，要求每名现役干部和专武干部采取和大学生家庭结对子活动进行重点宣传。

开展新兵训练　　区人武部　提供

**【安全管理】** 区人民武装部坚持依法施管，夯实安全发展基础。区人武部党委坚持依法抓建促安全稳定。贯彻省军区安全稳定工作电视电话会议和省军区“三个一线”（一线指挥部、一线战斗堡垒、一线带兵人）能力集训精神，开展“条令条例学习月”“装备法规学习贯彻月”活动，明晰管理责任，强化全体干部自我管理能力。抓 27 个薄弱点进行排查治理，突出人、车、枪、弹、密和季节性事故预防等关键环节的安全管理。区人武部杜绝部里饮酒存酒现象，在厨房安装煤气报警器，将上级要求落到实处，保持安全稳定的良好态势。

**【后勤保障】** 按照“一保战备，二保生活，统筹兼顾，综合平衡”，对 2013 年至 2017 年财务账目逐一核实，采取逐个事项过、逐张票据验、逐项账物对的办法，对凭证进行审查。在伙食保障上，落实省军区规定，实事求是地进行就餐登记，干部、职工按照就餐情况和缴费标准，在部里食堂吃饭每天上交 5 元伙食费。部领导指导伙食调剂，保证单位人员正常的饮食需求，注重营养的均衡搭配。严格车辆管理，完成驾驶证和车辆年检工作。严格车辆派遣，坚持动车必审批原则，加强对驾驶员的安全教育，每月对驾驶员进行安全行车和警示教育。2017 年，人武部累计出车 220 台次，总行驶里程 1 万多公里，安全无事故。

区人武部开展国防教育日活动　　区人武部　提供

**【拥军爱民】** 区人武部在“八一”建军节之际，协调市女企业家协会 75 人成功组织“双拥大合唱”的排练和演出，提高区人武部的知名度和影响力，对兵役登记和兵员征集起到促进作用。区人武部响应区委、区政府的号召，组织民兵开展植树造林活动。区人武部连续两年把植树造林和民兵整组验收相结合，提出“美化荒山，关爱家园”口号，把“民兵爱心林”作为区生态园环境建设示范基地，3次到树林清理有色垃圾。在“七一”建党节、“八一”建军节和中秋节前后，区人武部3次协调区政府有关部门走访慰问老战士、老党员和结对精准扶贫对象，送去白面、大米、豆油。协调地方民政部门为退伍老战士答解疑惑，给予政策解读扶持。

## 消　防

**【概　况】** 鸡西市公安消防支队城子河区消防大队是公安部消防局下属的武警消防部队的副团级建制部队，是公安机关的重要职能部门，也是国家武装力量的重要组成部门，担负着公安消防保卫任务和应急处突双重职能，承担着重大灾害事故和其他以抢救人员生命为主的应急救援工作，是党和人民的忠诚卫士。大队编制人数29人，其中干部编制9人，士兵编制20人。2017年有2个中队编制，开发区中队和城子河中队为正连职编制。

2017年3月11日，举办消防进农村活动　区消防支队　提供

**【消防责任落实】** 坚持推动政府主导，建强消防安全委员会平台，逐级签订“消防安全目标责任书”，协调区综治办将消防工作纳入综治平台。定期召开消安委会议，分析研判消防安全形势，统筹解决消防工作问题。年内累计召开消防专题工作会议3次。积极推动行业部门落实主管责任，针对发现的火灾隐患，全部以函告的形式函告各相关行业系统，督促落实行业系统监管责任，构建行业系统齐抓共管的工作格局。

**【火灾形势防控】** 通过政府督办、约谈法定代表人、上门指导的方式推动各项火灾隐患整改，2017年，推动行业系统开展标准化管理和自检自查。全区累计部署消防安全专项治理18次，累计检查单位700余家次，发现火灾隐患744处，整改火灾隐患744处。火灾起数、财产损失同比下降5.2%和27.36%。

2017年5月12日，消防站开放活动　区消防支队　提供

2017年6月22日，城子河中队灭火业务训练

区消防支队　提供

**【基层消防工作】** 大队不断推动长青乡和永丰朝鲜族乡及街道办明确基层消防工作职责，对消防

安全工作实行“网格化”管理，科学划分三级网格、配置网格员，每日对辖区企事业单位、住宅小区、“九小”场所，积极构建“横向到边、纵向到底、责任明确、监管到位”的消防管理动态监管网络。大力推动社区、重点单位“防消一体化”微型消防站建设，结合实际制定下发建站标准和指导意见，并将其纳入各区政府年度消防工作目标。全区共建成微型消防站24个，编配队员144人，充分发挥辖区情况熟、反应迅速、机动性强、“救早打小”的优势，为全区消防力量添砖加瓦。

2017年11月9日，消防宣传活动　　区消防支队　提供

【**优化发展环境**】按照上级指示大队严格执行《鸡西市公安消防支队优化发展环境二十条工作措施》《鸡西市公安消防支队优化发展环境“十强化十严禁”》等文件要求。在项目受理过程中，全面实施首问负责、一次性告知和限时办结，最大限度地方便社会单位办理相关手续。在行政许可审批过程中，实施预审预验和会审会验工作制度，有效杜绝先天隐患的形成。在消防监督检查过程中，始终坚持不影响其经营活动的原则，帮扶社会单位排查和整改火灾隐患，并实施首检不罚、底线处罚，杜绝“乱关、乱停、乱罚”及“四难”问题。

【**消防宣传**】城子河区消防大队全部面向公众开放。大队监督员在检查同时开展消防知识宣讲工作。消防站开放共计50余次，接待人员达1000余人次，累计宣讲130次，受教育人数达1000余人。组织市二中开展“消防进军训”工作；与教育部门联合组织开展美术、作文和教学课件评比；发放《消防知识宣讲手册》300本；组织全市行业系统、消防安全重点单位、责任人管理人员开展消防安全教育培训，培训人数100余人，培训率100%；组织开展了“5·6”大火反思日、“5·12”防灾减灾日和“119”主题宣传周等集中宣传活动。

【**实战能力提升**】2017年，大队共修订各类灭火救援预案20份，开展辖区“六熟悉”（熟悉辖区交通道路、消防水源情况；熟悉消防安全重点单位数量、分类和分布情况；熟悉消防安全重点单位建筑物结构和使用情况；熟悉消防安全重点单位重点部位情况；熟悉消防安全重点单位内部消防设施和消防组织情况；熟悉辖区主要灾害事故类型和处置对策、基本程序）活动122次，大、中队实地演练136次。2017年全年共接警出动92次，出动车辆211台次，指战员877人次，抢救被困群众4人，疏散7人，抢救财产价值139.4万元。辖区全年未发生重特大火灾和群死群伤火灾事故。

【**纪律作风建设**】全体党员领导干部如实填报存档《领导干部个人有关事项报告表》9份，填写《公安消防部队干部亲属涉及消防有关事项申报表》9份；积极拓展廉政教育渠道，召开2次专题民主生活会议，组织观看警示教育片2次；2017年初，大队开展了纪律作风教育整顿活动，以习总书记系列重要讲话精神为指引，以“落实两个经常性”工作为原则，实现了无违反“五条禁令”“无严重违纪”的目标，大力抓好大队的整体纪律作风建设；9月份响应上级要求开展“百日”纪律作风专项整训活动，大力抓好队伍纪律作风建设中存在的问题，确保队伍纪律作风建设做到高标准、严要求。

**【思想政治工作】** 大队2017年全年本着将思想工作作为队伍战斗力提高的标准，认真开展各项工作，2017年全年共计谈心1000余人次，确保牢固抓好官兵内心思想动态，准确掌握官兵思想波动；严格落实党员发展工作，认真吸收学习知识，在队伍中挑选工作成绩优异、表现突出的通知列入党员发展计划进行培养；在“中共十九大”期间，全队上下认真学习精神并组织好“中共十九大”期间的思想政治工作，确保在思想上拥有高度认识，提高工作激情，完成“中共十九大”期间的安保工作，政治教育工作贯穿全年，每月精心制作教育计划并编写教案，确保官兵能够听进去、学进来、懂进心；认真组织好各类节日期间的各项文体活动，确保官兵在紧张的执勤战备工作中能够保持良好的心态、饱满的热情面对工作，并在队内挑选人员组建城子河大队小乐队，定期组织官兵观看红色电影等，丰富官兵的业余文化生活。

# 工　业

## 工业信息与科学技术局

**【概　况】** 城子河区工业信息与科学技术局成立于2010年，内设4个办公室，机关行政编制2人，在岗人数5人（含分流和公益性岗位），局长1名、副局长1名。主要职责是贯彻执行党和国家有关工业和信息化、旅游、地震、科学技术等方面的方针政策法律、法规、规章；根据城子河区实际依法拟定并组织实施科学技术、工业、信息化、旅游、地震工作的政策决定。

2017年10月17日，黑龙江省科技厅厅长杨廷双（前排右一）到城子河区科技型企业调研　　区工信局　提供

**【工业经济】** 2017年，全区规模以上工业企业2户，工业企业完成总产值11.8亿元，工业增加值完成3.9亿元，分别同比增长20.4%、14.5%，其中，规模企业完成总产值5.27亿元，增加值1.92亿元，分别同比增加5%、5.1%。

**【淘汰落后产能】** 按照省、市工信委核查水泥行业落后生产线工作部署与市工信委联合对区域内赛龙水泥、城海水泥厂生产设备进行全部核实，对存在问题按时限要求由企业组织人员对落后生产设备自行拆除。根据省、市打击"地条钢"生产企业文件要求，按照省例取核查企业清单，对是否存在"地条钢"生产企业进行核查，并按"四个拆除"总体要求，对城东冶炼有限公司炼铁中频炉进行全部拆解。

2017年2月27日，区领导深入集体企业闲置厂区开展调研
区工信局　提供

**【企业裂变升级】** 通过部门联动，全力推进4户企业裂变升级项目实施。德力重工有限公司，总投资5000万元，石墨合成鳞片项目，2017年末已完成控规和场地选址，正在办理可研、环评、土地等前期手续，并已完成厂房主体工程。润成建材总投资5000万元，水泥助磨剂项目，2017年末已完成立项、控规、地勘和可研，正在办理

压覆和地灾报告、场地平整等工作。捷利源洗煤有限公司，总投资1000万元，数控洗煤30万吨生产线项目，2017年末完成厂房建设、设备安装，已正式生产，年末实现总产值2000万元以上。昌隆石墨有限公司，总投资3000万元建设年生产5吨石墨稀生产线项目，2017年末生产线安装已全部到位，正式投入生产。新增4户企业裂变升级项目，达产达效后，年新增产值可达3.8亿元，上缴税金3800万元。

2017年2月28日，市纪委书记赵广东（中）考察城子河区石墨企业　　区工信局　提供

**【科技工作】** 2017年，区工业信息和科学技术局的领导深入企业、社区等相关单位开展调研，挖掘科技创新点，申报市级科技项目10个。其中，农业技术领域7个、工业技术领域2个、社会发展技术领域1个，全部列入市级科技项目重点扶持计划。城子河区新注册成立科技型企业9户，新培育主营业务收入达到500万元以上的科技型企业2户，省级高新技术企业1户（城子河区圣火锅炉有限公司）。千寻孵化器企业正式运行，2017年已孵化入驻企业60户。城子河区昌隆石墨制品有限公司、龙玺丰安家庭农场成功在黑龙江绿地股权金融资产交易中心挂牌，区工业信息与科学技术局为2户企业融资。按照市科学技术协会文件精神，经评选，城子河区推荐2016年科普先进集体2个、先进个人3名，科普示范基地5个。

**【旅游工作】** 2017年9月末，城子河区旅游景区、景点接待人数10.58万人次，同比增长23.8%，完成长青乡新阳生态湖3处A级水冲式厕所项目，新阳生态湖乡村旅游示范点申报工作。组织完成长青乡新阳湖景区创建旅游景区二维码制作和新阳湖旅游攻略撰写工作，并上报市旅游委。

2017年3月16日，副区长郭志鹏（左二）深入规上企业开展调研　　区工信局　提供

**【安全生产工作】** 全局按照区安全工作要求，结合实际，突出安全重点，在春节、全国“两会”、国庆节、中秋节期间，积极开展安全生产监督检查，截至2017年末，开展安全生产检查企业13户，检查50余次，出动车辆30台次，人员60人次，下发各类安全生产文件40余份，共查出安全生产隐患10条，现场督促整改8条，限期整改2条，实现安全隐患整改率百分之百，维护区域地面工业企业安全生产的稳定，并牵头联合相关部门，对创新煤矿技改井停产实施有效包保。在安全生产月活动期间，6月16日，组织人员在兴城广场开展安全生产宣传日活动。活动当天，横挂安全生产条幅2个，发放各类安全生产知识资料60余册，现场为群众解答安全生产知识20余条。

**【信访工作】** 截至2017年末，该局共接待各类信访诉求案件6起，人数超过85人次，其中劝退4起，重点解决2起信访诉求案件。

2017 年 7 月 18 日，工信局深入扶贫户家中对接开展精准扶贫

区工信局　提供

【入规企业培育工作】 认真贯彻落实省市入规企业工作会精神，采取部门联动、多措并举等方式，重点培育德力重工金属结构制造有限公司、建明建筑材料有限公司、捷利源煤炭销售有限公司、鸡西市永丰商品混凝土有限公司 4 户企业纳入规上企业管理。

## 安全生产监督和煤炭管理局

【概　况】 城子河区安全生产监督和煤炭管理局（以下简称区安煤局）在职职工 53 人，正式职工 26 人，分流教师 4 人，借调人员 2 人，公益岗位 3 人，财政预算外 4 人，矿务局分流人员 3 人，外聘 11 人，涉煤 7 人。编制人数 43 名，实有人员 26 人，空编 17 人。其中行政编制 6 名，实有人员 2 人，空编 4 人。事业单位：安全生产行政执法监察大队编制 13 名，实有人员 9 人，空编 4 人；安全管理中心编制 24 名，实有人员 15 人，空编 9 人。从煤炭局安全和地面安监局安全两个方面进行管理。其职责是贯彻实施国家及省、市煤炭行业和煤矿安全生产的方针政策、法律法规、规章规程和技术标准；制定全区煤炭行业和煤矿安全生产的相关标准，提出煤矿安全生产目标建议。负责全区煤矿安全生产监督检查和管理工作，负责全区煤炭行业管理和安全生产监管责任，承担安全生产综合监督管理责任，依法行使综合监督管理职权等。

【安全生产】 2017 年，区安煤局按照国家及省、市、区相关文件精神，围绕煤矿安全生产中心，认真抓好安全监管，狠抓行业管理基础，加强监管队伍建设，建立健全各项监管制度。重点抓好煤矿企业主体责任的落实，从严监管煤炭生产安全管理队伍建设，抓好煤矿各项专项整治工作、灾害防治，“打非治违”，建立安全监管长效机制。2017 年，城子河区地方煤矿发生 1 起工人违章蹬车一般运输安全事故。全区煤矿原煤产量达 14.1 万吨，全区复产复工煤矿均达到质量标准化，其中二级标准化矿井 2 处。

【安全监管】 2017 年，区安煤局以煤矿安全生产为中心，逐步完善煤矿安全生产监管工作体系，抓好煤炭生产安全管理工作。从严落实安全生产责任，实行安全动态监管，大检查工作实行“双随机一公开”（随机抽取检查对象，随机选派执法检查人员，抽查情况及查处结果及时向社会公开）式检查，落实煤矿包保责任人，包井人责任制制度。认真开展职业病防治，应急救援等工作，确保辖区内煤矿安全生产。2017 年，全局共组织 37 次安全生产执法大检查。共排查煤矿 42 矿次，发现隐患 336 条，全部按“五落实”（落实责任、落实措施、落实资金、落实期限、落实应急预案）要求煤矿进行整改，严格煤矿复产复工验收标准。城子河区地方煤矿 8 家，6 家按标准通过区、市验收，其余 2 家没有达到标准的矿井，不准许从事生产活动。按照“全面覆盖、不留死角、不留盲区和四不两直”要求，区安煤局根据季节变化、节假日的工作要求、分重点制定“两会”期间、“一通三防”（通风、防尘、防瓦斯、防火）、“雨季三防”（防洪、防雷电、防排水）、“水灾防治”、“机电运输”、质量标准化建设等安全大检查专项整治工作方案，对重点煤矿实行全方位动态监管，对于不具备开工安全条件的矿井，实施停产整顿。2017年，区安煤局在煤矿自查自改的基础上，开展安全生产大检查15次，查处问题106条，已全部监督整改完毕。

**【行业监管】** 2017年，区安煤局加大对煤矿的指导服务力度，加强行管工作力量，帮助督促煤矿企业解决瓦斯、通风、水害防治、开拓布局等方面的专业技术问题，推广全国地方煤矿安全生产先进经验和技术，加大政策、法规宣传、培训和咨询服务。围绕煤矿瓦斯治理、"水害治防"、质量标准化建设及井下避险"六大系统"（矿井监测监控系统、井下人员定位系统、井下紧急避险系统、矿井压风自救系统、矿井供水施救系统、矿井通信联络系统）建设，帮助3个煤矿淘汰落后的开采方式，实现采煤机械化。城子河区煤矿实现物探和钻探相结合的综合防治水目标。积极开展质量标准化建设工作，2017年底，城子河区开工煤矿全部达到3级标准化标准，其中两个煤矿达到2级标准化标准。

**【业务培训】** 2017年，区安煤局组织全局监管人员学习《中华人民共和国安全生产法》、《煤矿安全规程》、《黑龙江省安全生产条例》、《城子河区安煤局行政执法权力清单》及相关的法律法规和文件。制定学习培训计划，由区安煤局专业能力强的监管人员进行业务培训，通过学习，全局监管人员的综合业务水平和执法能力均有大幅提升。

**【党风廉政建设】** 区安煤局抓好学习宣传工作，每周五下午组织党员干部学习党的各项方针政策及习近平总书记系列重要讲话精神，开展专题研讨3次，班子成员、支部书记为党员上党课2次，约谈存有执法不规范、主动意识不够等问题党员干部17人次，执行《城子河区安煤局安全生产责任制考核方法》，每季度对全体监管人员进行一次考核。2017年，区安煤局对违纪的工作人员行政记过1人，警告1人，诫勉谈话1人。

**【专项整治】** 2017年，区安煤局取缔非法储存危险化学品和烟花爆竹"黑窝点"3个，没收非法经营烟花爆竹11箱，已销毁处理。查处无开办手续的东海矿加油站，加油机已拆除，加油站已取缔。协助区公安分局治安科查处黑龙江省日信食品有限公司将库房出租给个人非法储存甲醇类物品案件。

**【职安监管】** 2017年，城子河区37户企业完成职业病危害申报。区安煤局开展职业病防治执法检查53户次，查出问题92条，已整改完毕。

**【依法行政】** 2017年，区安煤局开展权力清单和责任清单梳理工作，共有117项行政权力和责任清单。区安煤局行政许可三项：一是权限内危险化学品经营许可；二是烟花爆竹零售经营许可；三是非药品类易制毒化学品经营许可（第三类）。共有行政权力5项，网上办理行政权力3项。建立"双随机、一公开"检查机制，"双随机"检查比例不少于年度计划的30%，实现"双随机"检查与重点检查的双线监管。并将抽查时间、事项、程序、结果在网站上进行公示。安监人员执法工作录入执法终端。建立年度执法计划定期评估、跟踪督办制度和安全生产事故信息归口统计、联网直报制度。

**【安全生产专项活动】** 深入开展安全生产专项行动，2017年，全区共组织安全生产专项检查21次，检查企业53家，查出隐患548条，全部整顿完毕。

**【标准化建设】** 城子河区非煤矿山达到三级安全生产标准化企业6家，危险化学品企业达到三级安全生产标准企业3家，工商贸企业达到三级安全生产标准企业5家。

**【应急管理】** 2017年，区安煤局启动隐患排查治理信息系统，11户企业应用隐患排查治理信息系统进行网上自查自改自报。制定印发《关于印发城子河区安煤局地面监察2017—2018年标本兼治遏制重特大生产安全事故工作方案的通知》，对城子河区18家企业开展风险点和隐患排查，累计排查风险点889处。

## 鸡西赛龙水泥制造有限公司

**【概　况】** 鸡西赛龙水泥制造有限公司（原鸡西市水泥厂），位于鸡西市城子河区二太堡，始建于1958年，是鸡西市老字号国有企业。2003年进行产权制度改革成为全员参股的股份制企业。2013年鸡西市政府通过招商引资由浙江京江投资管理有限公司投资一亿多元整体收购。企业主要从事水泥及熟料的生产和销售。厂区占地面积18万平方米，固定资产38304万元。企业建有一条日产2500吨新型干法水泥生产线（带纯低温余热发电），2台$\phi$3.5×14.25米、$\phi$3.2×13米水泥磨，熟料生产能力75万吨，水泥生产能力120万吨，水泥包装能力120万吨。赛龙牌p.o42.5、p.c32.5R水泥广泛应用于大型建筑、高铁、公路、民用等。企业地理位置优越，毗邻201国道、方虎公路及铁路线，交通运输便利。

2017年赛龙公司根据国家工信委水泥行业错峰生产的要求，2017年1月1日至3月31日停窑，4月14—17日检修，7月12—26日去产能停窑，8月19—29日去产能停窑，9月7—17日停窑，10月31日至12月31日放假。2017年实际生产周期近6个月。

**【指标完成情况】** 2017年，赛龙水泥制造有限公司生产熟料52.51万吨，生产水泥53.66万吨；销售熟料11.34万吨，销售水泥53.87万吨；实现销售收入2.067亿元，实现利润78万元，上缴税金2381万元。与城海水泥有限责任公司签订销售水泥协议，本着互惠互利原则，达成销售统一体。

**【环保排污】** 2017年，赛龙水泥制造有限公司依法取得“排污许可证”，使企业的环保走上合法化的轨道。投资173.20万元在水泥装车口安装3台收尘器和1台水泥自装收尘器，改造水泥磨尾输送系统，降低扬尘，优化工作环境。投资450.33万元对新厂区边坡按照安监部门和设计部门的要求进行主动防护网工程建设。根据环保督查要求，对两厂区道路进行硬化。投资147万元购置环境清扫车和荧光分析仪等监测、化验设备。水泥粉磨系统改造项目重新作了《环境现状评价报告》，已通过专家评审验收。投资179万元更换节能电机和变频空压机，保证电耗稳定达标。3次改造风管、烟气排放监测系统、脱硝系统，增设供水管道，使氮氧化物排放量达标，氨水的消耗量由14—16吨/天下降到10—12吨/天，降低生产成本，缓解生产用水。

**【淘汰落后产能】** 2017年，赛龙水泥制造有限公司根据省、市工信委要求，对所有生产线进行检查。把环保、能耗、安全生产等不达标的2条熟料生产线进行拆除。保证公司所有设备都达到安全环保的标准。通过淘汰落后产能，提高公司的经济效益和社会效益。

**【安全工作】** 2017年，赛龙水泥制造有限公司制定下发《安全环保监督管理部和各车间职责方案》《鸡西赛龙水泥制造有限公司2017年标本兼治遏制重特大生产安全事故工作方案》，安全生产实行双管控措施，责任到人。企业被市安监局评为安全生产标准化三级企业。

**【矿山工作】** 2017年，赛龙水泥制造有限公司投资491.55万元，办理城海矿山林木及林地补偿手续。城海矿山环评、规划设计、安全预评价报告均已批复。林地已由省林业厅批复，正在办理规划和土地征用手续。老矿山安全、职业卫生健康预防等相关预评价报告通过专家评审。已取得采矿证，正在办理矿山安全生产许可证。

**【熟料生产线建设】** 熟料生产线竣工环保验收工作按照省、市环保局现场查看和项目验收中介机构及专家组提出的所有整改意见整改完毕。《建设项目环境保护竣工监测报告》经过专家初步评审。但因停产而无法检测，待2018年点火生产后再行验收。熟料生产线竣工安全验收，在完成边坡护网工程后，经专家评审通过。《建设项目职业病危害预防竣工验收评价报告》通过专家评审。投资1100多万元进行熟料生产线厂区边坡主动防护网治理和熟料、水泥粉磨厂的道路硬化。企业投资150万元修建周边道路，利企利民。

**【挖潜增效】** 赛龙水泥制造有限公司进行高温风机变频改造、尾排风机变频改造，年节电约3518000千瓦时。提出实时负荷跨网通讯，提高发电量400千瓦时。改造消音器减少噪声，改善厂区作业环境。安装废热回收管路，改善粉尘排放。改造发电冷凝器换热管，提高发电量。发电设备安装自来水管路，多发电200多万千瓦时。

**【外培内训】** 2017年，赛龙水泥制造有限公司派出48名中高层管理人员及生产骨干到浙江梅山南方水泥有限公司和槐坎水泥有限公司参观学习，引进先进的管理理念和管理模式。

## 鸡西市城海水泥有限责任公司

**【概　况】** 鸡西市城海水泥有限责任公司，位于鸡西市城子河区北端，其前身是原鸡西矿务局水泥厂，是具有47年历史的老企业。2017年人员编制418人，机构设置8个，比上年减少1个；副总以上高管仍是3人，中层领导13人，比上年减少1人。

**【生产情况】** 2012年8月，公司加盟了中国建材北方水泥集团。厂区占地面积27万平方米，固定资产25387万元，生产能力在日产2000吨的窑磨带余热发电2400万千瓦时/年生产线（一条ф3.6×70米2000t/r熟料生产线和两条ф3×11米、ф3.5×13米粉磨生产线），配套的2条商砼生产线（产能为60万立方米/年）。水泥品种有52.5、42.5普通硅酸盐水泥（含低碱），32.5复合硅酸盐水泥，32.5、42.5矿渣硅酸盐水泥，42.5早强硅酸盐水泥以及修筑河堤大坝与高速公路用的“中热水泥与道路水泥”等特种水泥；商砼可生产c10至c6011个品种。厂内设有铁路专用线、高位站台、汽运站台、4套自动装车机，地销、外销十分便捷。2017年3月中旬，鸡西城海公司生产线开始检修，4月份正常生产，在7、8两月期间，熟料生产线分别停产半个月。根据国家工信委水泥行业错峰生产要求，截止到11月1日全部停产，实际生产周期为6个月。2017年水泥实际销售26.31万吨、熟料销售10.2万吨，实际完成利润13.73万元，其中原煤涨价因素严重影响净利润。

**【稳定市场】** 2017年，城海水泥有限责任公司与赛龙水泥制造有限公司达成协同销售协议，共同在鸡西城山公司销售平台进行销售，平衡稳定鸡西水泥市场秩序。

**【定岗定编】** 3月末，城海水泥有限责任公司开工后，根据北方2017年编制计划，截至4月26日完成2017年的定编目标。根据2017年的水泥销售计划及磨机的实际生产能力，调整1#与3#磨的班次，两台磨机均由3班作业改成2班作业，取消生产技术部机电维修班，把生产技术部管理维护的设备分配到各车间进行维护。

生料空气斜槽传输系统改造　　城海水泥有限责任公司　提供

**【百日竞赛获奖】** 2017年8—10月，城海水泥有限责任公司参加龙东管理区百日竞赛活动，8月、9月、10月分别排第五名、第三名、第二名。

**【降耗降成】** 2017年4—7月，由于水泥磨机级配不合理，致使磨机台时低、电耗高。通过更换研磨体重新级配，割开原来焊堵的篦缝，改善磨内通风，使磨机台时有很大提高、电耗相应下降。7—8 月，质控部根据掺量的不同分别进行大磨、小磨试验，最终确立使用万分之八的助磨剂，使 3 天、28 天抗压强度提高 8.5—9.0 兆帕，达到最佳效果，降低熟料料耗。2017 年上半年生产水泥均为二水石膏和脱硫石膏掺兑用，影响水泥生产成本。8 月，新建一个 4476 平方米的脱硫石膏晾晒场地，利用晴好天晾晒，由原来熟料掺兑改为热沸腾炉渣掺兑，解决水分问题。经过反复实验，8 月末完全摆脱二水石膏，全部使用脱硫石膏，使水泥生产成本下降。2017 年上半年，窑线生产工艺控制方法有误，导致熟料质量下降，间接导致水泥料耗增加，成本增加。经过摸索改进，在下半年熟料质量得到提高。

**【设备改造】** 2017 年 6 月，城海水泥有限责任公司完成生料传输系统改成空气斜槽传输的改造，增加称重仓，解决生料传输成本高，维护费用大，窑线下料不稳等问题。更换变电所至制造车间发电机厂房 450 延米、150 平方米的电缆，减少电量损耗，年可节约电费 20 万元，完成全厂阶梯电价工作。完成窑线下料系统，1#、2# 线包装收尘电气系统的改造工作，2017 年 7 月，完成 1# 线包装系统安装 2 台 37 千瓦罗茨风机安装工作。

**【安全教育培训】** 2017 年，城海水泥有限责任公司严格执行安全教育培训工作及“三级安全教育”制度。加大内培与外培工作力度，组织生产车间安全生产责任制的培训、岗位安全操作规程培训、特种作业人员培训、安全生产法律法规培训，进行相关安全知识的考试。1—10 月，共组织各类培训 6 次，安全生产事故应急演练 3 次，培训各类人员 212 人次。杜绝重伤以上人身事故和万元以上设备财产事故发生。8 月，矿山车间与城子河区人民政府联合举办矿山应急预案演练，提高矿山车间就矿山突发事件的应急能力和人员素质。

**【队伍建设】** 城海水泥有限责任公司加强员工队伍建设、注重培养技术力量。2017 年 5 月 12 日，公司工会组织“五一”拔河比赛，激励员工的工作热情，提升企业的凝聚力。鼓励员工加强技能的学习，支持员工与其他兄弟单位的技术交流。6 月初，公司派制成车间 10 余名技术人员到“北方水泥穆棱粉磨站”协助安装设备 20 余天。

2017 年 9 月，召开安全生产对标会

城海水泥有限责任公司　提供

**【矿山可持续生产】** 2017 年 1 月，城海水泥有限责任公司“采矿安全生产许可证”申办成功，同时采矿生产许可证的申办成功，实现石灰石自给自足，大幅度降低石灰石采购成本。3 月完成“采矿三级标准化证书”复审工作，采矿安全生产许可证的延续手续审批工作已报省里待审批。双阳矿山环评工作基本完成，年末根据国家要求开始双阳矿山的动态监测工作。

**【环保工作】** 2017 年 8—9 月，城海水泥有限责任公司生产技术部完成双阳资源综合利用项目的环保验收工作和公司排污许可证（三年期）申报表的填报工作，达到省安监总局在职业卫生领域开展尘毒创建工作的各项要求，使城海水泥有限责任公司成为鸡西市四家职业卫生工作比较先进的企业之一。9 月 26 日，通过省安监总局职业健康处的尘毒创建工作组的验收检查。

**【行政工作】** 2017 年 5 月，质检部完成特种水泥生产许可证的申办工作和 7 月份全国生产许可证产品监督抽查工作。7 月，城海水泥有限责任公司行政人事部完成公司工商营业执照的变更工作。8月，完成国建联信认证中心质量管理体系认证和产品认证工作。

【考察学习】 2017年12月，城海水泥有限责任公司总经理刘海波到上海“南方水泥”考察学习。借鉴上海“南方水泥”的“整理、整顿、清理、清洁”的管理模式，要求公司在2018年开展清洁生产、岗位亮化工作。

## 国网鸡西供电公司城子河区供电所

【概　况】 国网鸡西供电公司城子河区供电所成立于2008年7月，原名鸡西电业局滴道供电局城子河供电站，于2013年6月更名为国网黑龙江省电力有限公司鸡西供电公司城子河供电所。该企业是国有企业。供电辖区10千伏配电线路20条，配变322台，容量100510千伏安，2017年担负黑龙江省鸡西市城子河地区一区（城子河区）、二乡（永丰朝鲜族乡、长青乡）、十村（新华村、永平村、新兴村、城子河村、城东村、向阳村、新阳村、城西村、白石村、和平村）供电任务，服务用电客户2.5万余户。设置职能班组9个。城子河区供电所围绕地方经济社会发展，统筹规划电网建设，推进依法治企和精益管理，先后获2017年度国网电网“五星级供电所”称号；供电所营业厅规范管理，获黑龙江省有限公司“供电营业厅星级评价五星级”称号。

【产值产能】 2017年，售电量完成2.08亿千瓦时；售电单价完成525.32元/千千瓦时；综合线损率完成5.90%；城市综合电压合格率完成99.99%，同比上升0.001%。截至2017年12月31日，实现设备安全3652天，人身安全3652天，未发生生产人身伤亡事故，未发生有人员责任重大电网、设备事故，保障全市安全稳定供电。

【安全生产】 树立全员安全理念，明确提升本质安全30项工作要求和96项重点措施。开展安全月、安全生产万里行活动，组织安规、两票、事故案例培训考试。修订设备产权划分、维护管理实施细则，明晰职责界面。推进“三查三强化”安全专项行动，治理缺陷63项。开展“一提、三降、一促”治理，修剪树木400余棵、补装接地体10基。统筹安排停电计划，逐级落实安全责任，完成12项春秋检作业任务。发布停电信息6份，执行操作令11项。强化电网风险管控，修编应急预案7份。积极应对大风、雨雪等恶劣天气考验，完成重要时段保供电任务。联合区公安分局开展电力治安秩序宣传，查纠违法违建问题6件，破获电力设施盗窃案件2起。强化消防、交通、信息、保密管理，实现全口径安全。

【优质服务】 落实优化发展环境要求，出台提升供电服务工作实施细则。完善与政府主管部门、行业协会、电力客户的常态联系机制，建立重点项目信息库，走访花园新区、城东冶炼、棚改等项目，帮助解决用电难题。重新认定重要客户8户，开展高危及重要电力客户用电检查，下发整改通知书10份。改造营业大厅，营业厅实现Wi-Fi全覆盖。积极参加省市“行风热线”节目。

【电力营销】 简化办电手续，严格时限考核，提升业扩质效，应用业扩全流程管控平台，实现办电环节线上流转。积极推广电能替代，发展光伏产业。落实电价调整政策，排查暂停、减容用户档案。综合运用负控购电、旬发行、分次划拨等缴费手段，电费收缴实现结零。保持线损治理高压态势，查处违法窃电25户。

【经营管理】 深化全员绩效管理，推行一线员工工时积分同价计酬，完成全员“五位一体”典型岗位实际匹配。组织员工职业技能鉴定，全面消除“三无”（无专业学历、无专业技能等级、无专业技术职称）人员。严格物资管理，加大物资送检、抽检力度，保证物资供应质量。

【党风廉政建设】 开展“两学一做”学习教育，班子成员讲授党课4次，专题研讨5次，召开民主生活会2次，查摆整改问题10项。推动“三亮三比”活动有效落地，创建党员责任区、示范岗9个，制作公示展板、桌牌25个。完成党组织换届选举。落实党风廉政建设“两个责任”，重要节点提出廉政要求，参加廉洁教育党课2次。

**【构建和谐企业】** 注重提升员工素质，城子河区供电所2017年有副高级工程师2人、工程师4人、高级技师5人、技师10人，取得省级及以上QC成果2项。积极参加鸡西公司举办的系列活动，开展征文、徒步等文体比赛。改造供电所防水设施、庭院美化、办公场所粉刷。组织员工健康体检和疗休养，走访慰问困难群体。

# 农 业

## 农业管理

【概　况】 城子河区农林水牧局是主管全区农业农村工作的区政府工作部门，核定编制3名。下辖林业站、水利站、农机站、畜牧兽医站、动物卫生监督所五5个事业站办。2017年，区农林水牧局认真贯彻落实中央及省委、省政府与市委、市政府关于“三农”工作的各项决策部署，以农民增收为目标，以结构调整为主线，以深化改革为动力，深入实施农业“两个转变”战略，加快推进农业现代化，农业农村经济呈持续向好的发展态势。2017年，全区粮食总产达到18714吨，同比增长27%；农村居民人均可支配收入17226元，同比增长8%。其职能是负责贯彻国家和省、市有关农村经济发展的方针政策和法律法规及战略规划；研究编制全区农业和农村经济中长期发展规划和年度农业生产导性计划并组织实施。负责有关农业法规的执行，推进农业依法行政；指导粮食等主要农产品生产，组织落实促进粮食等主要农产品生产发展的相关政策措施，引导农业产业结构调整和产品品质改善，发展特色经济等。

【调整种植业结构】 按照省市种植业结构调整总要求，积极引导农民调整种植业结构，完成玉米调减面积1000亩。新增旱改水面积600亩，种植绿色有机“鱼稻”“鸭稻”；种植白鲜皮500亩。

【指导农业生产】 水田插秧5月30日结束，大田播种5月20日全面完成。严格控制品种熟期，特别是玉米品种，选择退后一个积温带。开展“科技营销创业之冬”宣讲活动，组成3个宣讲团，对全区13个村开展农民创业宣讲，发放创业政策、农民创业实施意见等宣传资料、宣传单5000余份，4名创业典型代表进行了创业宣讲。举办农民创业先进个人巡回报告活动，邀请城子河区1个及其他县区的3个创业典型做报告。

龙玺丰安家庭农场“鸭稻”生产基地　　区农林水牧局　提供

【实施农业“三减”】 采取技术、工程、生物措施，减少化肥、除草剂和农药的不合理施用。制定《城子河区深入推进农业“三减”行动的实施意见》，建立“三减”试验示范基地5个，总面积2200亩。2200亩示范基地化肥使用总量为84吨，同比减少5.6%；农药和除草剂总用量为3.3

吨，同比减少51%。培育“三减”示范典型。永丰乡龙玺丰安家庭农场有机鸭稻种植基地，2017年发展有机水稻1900亩，其中600亩为鱼稻、鸭稻共育，标准高，设施完善，效果显著。

**【“互联网＋农业”高标准示范基地建设】** 促使农产品不仅“种得好”，而且“卖得更好”。建立样板基地。城子河区丰安村水稻种植基地被省农委定为2017年全省“互联网＋农业”高标准示范样板基地，通过省、市农委的检查验收。建设地点永丰朝鲜族乡丰安村龙玺丰安家庭农场，建设面积2500亩，核心区1990亩，全部为有机种植。基地内田间灌排沟渠、水源设施、机耕作业道路等基础设施建设完善，土地连片，农场加入黑龙江农产品质量追溯平台，农产品生成溯源码，实现农产品从种植到销售的全过程追溯。由市农委牵头组建中俄兴凯湖垂直购电商平台，产品已录入黑龙江大米网。采取订单提价种植—统一品牌销售—线上线下体验的经营模式，充分利用互联网资源带动域内合作社、家庭农场、种养大户增收达效。

**【绿色品牌农业】** 以“粮头食尾”“农头工尾”为抓手，推动农业产业化提档升级。积极开拓市场。组织企业参加新型农业经营主体优质农产品推介会、天津及上海博览会等大型推介活动，广泛宣传、推介城子河区特色农产品。积极推进“三品一标”认证工作。“三品”标志总数达到11个，绿色食品认证面积达到2000亩，有机食品认证面积1900亩。加强农产品质量安全监管。开展2次农产品例行抽样检测，开展“三品一标”专项检查，持续开展专项治理整顿，完善质量追溯体系。

**【农村分布式能源建设】** 把农村分布式能源建设作为美丽乡村建设的重点，作为全区民生工程进行推进。新建分布式能源农户70户，累计完成365户。农村居民生活发生革命性变化。大力推进美丽乡村达标村（示范村）创建工作。

美丽乡村建改　　区农林水牧局　提供

**【农村改革】** 以改革激发农村发展活力，推动农业转型升级。开展土地确权登记。完成长青乡和永丰朝鲜族乡、13个行政村的外业实测工作，实测面积5.6万亩。引导农村土地有序流转，促进规模经营。规模经营面积达到9390亩，占全区耕地面积23.5%。培育新型经营主体。新型农业经营主体总数达63个，其中合作社32个、家庭农场（大户）30个、农业企业1个。开展农村集体产权制度改革试点。城子河村和城东村为农村集体产权制度改革省级试点村，派专人入驻，按照时间节点推进工作。试点村成立由村党支部书记任组长、“两委”班子成员、村民代表和村监督委员会成员组成的农村集体产权制度改革工作领导小组。

**【农民创业】** 积极开展农民创业活动，召开全区农民创业宣讲工作启动大会，组成三个宣讲团，发放创业政策、农民创业实施意见等宣传资料、宣传单5000余份，4名创业典型代表进行创业宣讲。参与创业人数1500多人，拉动就业人数

城子河区农民创业典型报告会现场　　区农林水牧局　提供

3000多人，实现收入5000多万元，新增农民创业典型9个。2017年全年转移农村劳动力5500人，实现劳务收入6500万元。

**【脱贫攻坚】** 将脱贫攻坚工作列入区委、区政府的重点工作。2017年，全区贫困户30户，56人。结合城子河区实际，通过处级干部包村指导，帮扶单位、乡、村包保人帮扶，行业部门参与的方式，坚持“分类施策、一户一策”的原则，全面落实帮扶保障政策。同时做好住房保障、教育保障、医疗保障、因残致贫扶贫、增强内生动力和兜底扶贫工作。

城子河区农村工作暨脱贫攻坚工作会议　区农林水牧局　提供

**【秸秆禁烧】** 确保领导组织、责任落实、宣传教育、巡查执法、督导检查、综合利用六个到位。按照“属地管理、分级负责、全面覆盖、责任到人”的原则，建立和完善秸秆禁烧工作责任制，实行一岗双责，区、乡、村层层签订禁烧秸秆责任状，健全包保工作机制，成立秸秆禁烧工作督查组，设立举报电话，出动巡查车辆12台，出动人员117人，各村小组均设立1名巡查员，24小时死看死守，发现问题及时处理。乡建立微信群，将巡查情况及时报送，便于监督和工作安排。出动宣传车2台，悬挂横幅30多幅，发放宣传单3000多张，重要节点在区、乡、村明显位置、路口和人群密集区开展宣传，让秸秆禁烧政策家喻户晓。引导秸秆综合利用，清除隐患。

## 林业站

**【概　况】** 城子河区林业站事业编制3名，领导职数2名，其中管理人员3个。贯彻《中华人民共和国森林法》以及国家和省市林业方针政策和法律法规。组织指导全区造林绿化工作，协调有关部门落实林业措施，防止水土流失工作。依法保护森林资源，严厉查处乱砍滥伐林木、非法征占林地等非法行为。负责陆生野生动物资源的保护和利用，指导全区森林病虫害防治。承办区森林防火指挥日常工作，做好全区森林防火工作。承办区政府以及上级业务部门交办的其他事项。

**【森林资源】** 城子河区林地主要集中于北部山区半山区地区，南部地区以村屯绿化为主，全区的林地以生态保护林为主，主要为人工林及少部分天然林，还有少部分次生林，用材林、经济林为辅。林地树木的品种以落叶松、樟子松、柞树等为主，主要植被以阔叶林、针叶林、针阔混交林为主。城子河区2017年有林地17325亩，分布于长青乡和永丰朝鲜族乡各村及长青林场，有各种药材和山野菜、食用菌，林下经济是一项重要的收入。

**【造林绿化】** 2017年，全区完成造林50亩，完成计划的100%；村屯绿化2个26亩，完成计划的100%；义务植树7万株，完成计划的100%。全区森林覆盖率达到28.5%。

区领导召开林业工作大会　区林业站　提供

【灾害防控】区林业站强化措施，落实责任，完成市政府下达的森林防火任务，全面开展森林防火督导工作，实现全区连续34年无重特大森林火灾的新成绩。加大林业有害生物防治力度，防治率提高到95.6%。

【林业产业】2017年，对现有的果园等经济林加快改造更新，引进优良品种、先进技术，对经济林进行改造，力争达到50%以上。大力发展林业经济，依托山野菜公司，将林区的山野菜、食用菌发挥最大的经济效益。大力发展林下药材生产，促进北药在全区的大发展，力争到2020年发展到2000亩。

【资源保护】全面开展林地、湿地清查工作，共清查被侵占国有非经营林地面积7.05公顷。进一步加强林木采伐管理，2017年全年受理核发林木采伐许可证3份。开展打击非法占用林地等专项行动。

【党风廉政建设】按照区委统一部署，扎实开展“两学一做”学习教育活动，大力推进从严治党，工作作风有显著转变。干部队伍建设进一步加强。严格执行党风廉政建设责任制，切实履行“两个主体”责任和“一岗双责”廉政建设责任，组织开展春季义务植树活动。

## 水 利

【概 况】城子河区水利站是负责水行政管理的职能部门，单位行政级别为副科级，隶属城子河区政府领导。主要职责是负责编制全区水利战略中长期规划和年度计划、协助市水资源办监督管理、水资源保护和水资源调度、水行政监察和水行政执法、节约用水、计划用水工作；负责全区防汛抗旱、水利设施管理和保护；指导水库、塘坝的安全监管；组织协调全区农田水利基本建设、农村饮水安全、灌区和节水灌溉等工程建设和管理；负责水土保持工作；实施全区水利工程建设和监管。机构设置为城子河区水利站，无内设机构。水利站为事业编制，编制4名，2017年无人占编，有财政预算外开支工作人员1名。

【水利工程建设】城子河区水利站深刻认识水利在经济社会发展中起到的重要作用，同时也深刻剖析城子河区水利工作中存在的诸如防灾减灾体系有待完善、堤防防洪标准不高等问题，并进行了专项治理。2017年区政府、城山煤矿共投资160余万元加高加固白石河永平段、二支渠，改建分水闸挡水墙和挡土挡，2017年又加高加固白石河新城段和二太河、白石河衬砌、浆砌护坡等工程。

【防汛抗旱措施】为确保春耕生产，水利部门年初制定维修进水闸、冲砂闸等启闭设施，加高加固采煤沉陷区内干渠堤邦、机电井250眼的抗旱行动计划，为春耕生产保驾护航，2017年，6—8月份有防汛主汛期，夏汛洪水趋势是穆棱河中水年份，但不排除发生大洪水的可能，中小河流易发生局部洪涝灾害，认真贯彻市防汛会议精神，区政府于6月15日召开全区防汛工作会，针对城子河区防汛工作实际进行落实。通过采取强化行政首长负责制的落实，全力排除水库、塘坝、山庄度假村、山洪泥石流、洪水易发区、尾矿坝、城镇内涝、采煤塌陷区以及河道内设障等方面存在的突出问题，完成山洪灾害防治等防汛措施，健全群测群防体系，制定防御山洪泥石流灾害应急预案、防御干旱灾害应急预案、防御洪水灾害应急预案、防御水库洪水灾害应急预案、城区防汛应急预案等5项应急预案，全区从4月1日起进入防汛期，实行领导带班等有效方式确保防汛工作有备无患，安全度汛。

【农田水利基本建设】2017年，全区投资180万余元，完成加高加固加渠道堤路，清淤渠道、中小河流等任务，共计3.2万延米，其中中小河流0.55万延米，完成加高加固加白石河0.07万延米，渠道加高加固0.2万延米，清淤渠道2.38万延米。

投资 32 万元修建永红渠道衬砌工程 0.12 万延米。国家及省、市投资 0.3 万余元修建城子河渠首四号坝拦河闸工程，2017 年交接为城子河区永丰乡管理。进一步完善农田水利工程基本建设，提高农田灌溉效率，为粮食安全、农业增产、农民增收提供水利支持。

**【供水工程】** 截至 2017 年，农村饮水安全工程 62 处，包括城镇自来水入户和深水井入户，总人口 20369 人，分散式供水 581 处，3977 人，农村饮水安全工程截至 2017 年，投资 834.09 万元，其中国投 337.01 万元，省投 16.56 万元，群众自筹 295.03 万元，其他投 185.49 万元。

**【水土流失治理】** 以小流域治理为单元，坚持生物措施与工程相结合，加快水土流失治理步伐，城子河区计划完成水土流失治理面积 5000 亩，全区已治理流失面积 5134.95 亩，其中水保林 187 亩、种草 135 亩，改垄 2200.05 亩，其他 2366.15 亩，侵蚀沟治理面积 246.75 亩；治理侵蚀沟 5 条，谷坊 20 座。

**【依法行政】** 按照《黑龙江省河道清障工作方案》、《黑龙江省河道清障工作实施方案》以及《中华人民共和国防洪法》、《黑龙江省河道管理条例》等有关法律法规要求，协助市水务局对穆棱河沿线进行调查摸底，对辖区内的中小河流进行清淤清障工作。

**【水文水系】** 根据含水层和地下水条件，城子河区可分为第四系砂砾石隙孔潜水、侏罗纪与白垩纪风化裂隙潜水和构造裂隙水。第四系砂砾石隙孔潜水，主要分布在穆棱河及河谷中沙砾石层中，穆棱河河谷孔隙潜水埋深 1—3 米，含水层 3—8 米，渗漏系数 75—130 米 / 天，单井涌水量 20—40 立方米 / 小时，是全区供水的主要水源。基岩风化隙水，主要贮存在白垩纪与侏罗纪沉积岩风化裂隙和层间裂隙中，风化厚度在 20—40 米，其分布特征在河谷地段较薄，单井出水量 10—30 立方米 / 小时，出水量不稳定。构造裂隙水由于受区域构造运动影响，发育有一组西北现张性断裂和近北南向张性断裂，还有更次一级错综复杂的小规模断裂构造，有利于地下水富集与运移，单井出水量 56—100 立方米 / 小时。该类型地下水水质好，出水量稳定，是全区各厂矿主要自备供水水源。

城子河区共有河流 5 条和排水 1 条，流域面积在 50 平方公里以上的有穆棱河全长 22.5 公里；滴道河全长 2.146 公里，城子河全长 40.6 公里，流经该区 37.7 公里，流域面积在 50 平方米以下的有二太河，全长 13.5 公里，白石河全长 18.5 公里，二中斜涵（二中坡水）全长 11 公里。

## 畜牧兽医

**【概　况】** 鸡西市城子河区畜牧兽医站 2017 年被划定为公益一类财政全额拨款事业单位，隶属于区政府农林水牧局，事业编制 2 个，站长程艳军，正科级，高级兽医师，站员刘景波，高级兽医师。新建黑龙江省“两牛一猪”项目猪场 2 个，新建市级养芦花鸡示范场 1 个。截至 2017 年底，全区万头猪场 1 个，百头牛场 2 个，创建农业部级示范场 1 个，市级标准化规模场累计达到 14 个，其中牛场 2 个、羊场 1 个、蛋鸡场 1 个、特色芦花鸡场 1 个，猪场 9 个。

**【规模养殖】** 全区生猪、肉牛、山绵羊、家禽饲养量分别达到 12 万头、0.5 万头、1.6 万只、83 万只，同比分别增长 3%、2%、−3%、−4%；奶牛存栏达到 310 头，同比增长 5%；肉、蛋、奶产量分别达到 0.7644 万吨、0.2311 万吨、0.11 万吨，同比分别增长 2.5%、−5.5%、−18.3%。畜牧业产值 1.038 亿元，增幅 9.8%。按照《2017 年鸡西市畜禽养殖标准化示范创建活动工作实施方案》，该区建成 1 个盛世康成芦花鸡养殖市级示范场，按照省畜牧兽医局、省财政厅《关于下达 2016 年第二批拟扶持“两牛一猪”基地建设项目的通知》要求，该区有 2 个项目单位获得项目的批准，即鸿涛养猪场和盛尊养猪场。

**【畜产品监管】**“瘦肉精”活体尿液监督抽检样品总计 12 个批次 40 个样品，其中猪尿尿样 6 批次 20 个样品，牛尿 4 个批次 10 个样品，羊尿 2 批次 10 个样品。所有尿样现场检测均为阴性，无阳性尿样。畜牧兽医站同饲料厂、兽药店及养殖户签订饲料质量安全责任状 208 份、与养殖场签订畜产品质量安全责任书 190 份，在全市猪肉、猪肝、牛肉、禽肉、禽蛋等 5 个品种监督抽检工作中，城子河区有 1 个蛋鸡场鸡蛋被检出恩诺沙星含量超标。

**【培训管理】** 城子河区畜牧兽医站结合提升农村党员素质活动，组织 2 名高级兽医师通过远程教育系统为近千余名农村党员讲解畜牧兽医技术知识；组织畜牧兽医专业技术人员深入到养殖场（户）现场指导，为他们讲解动物疫病预防与控制、饲养管理等方面知识，不断提高农民养殖技术，增加农民经济效益；组织参加科普大集活动，累计发放资料 1000 余份。认真做好无公害畜产品产地认定和无公害畜产品认证工作。城子河区 1 家规模化养殖场（黑龙江龙宇养殖股份有限公司）取得农业部下发的无公害农产品证书。按照《关于开展 2016 年全省无公害畜产品获证生产企业监督检查工作的通知》要求，配合鸡西市畜牧兽医局深入到无公害畜产品认证企业，对其生产和经营的各个环节进行全面检查，出动检查员 6 人次。

城子河区开办牛、羊布病疫苗免疫培训班

区畜牧兽医站 提供

**【畜禽粪便治理】** 城子河区畜牧兽医站开展规模化养殖场畜禽粪便污物资源化利用、清河（湖）行动及禁养区内规模化畜禽养殖场依法关闭或搬迁工作；严格执行新建、改扩建畜禽养殖场环评和治污设施“同时设计、同时施工、同时投入使用”制度；不断加强畜禽养殖环节监管，配合区环保局严肃查处粪便违法排放行为，完成城子河区畜禽禁养区划定工作；督促 8 家规模化养殖场建成防渗漏雨污分离的堆肥场、贮尿池等污染治理设施的有效使用，100% 完成减排任务。

**【动物防疫】** 城子河区猪瘟疫苗免疫共计 8 万份，猪口蹄疫疫苗免疫 8 万份，猪高致病性蓝耳病疫苗免疫 7 万份；牛口蹄疫免疫 0.36 万份；羊口蹄疫免疫 1.2 万份；高致病性禽流感免疫 60 万份；生猪和牛羊口蹄疫每年免疫 2—3 次，规模化蛋禽养殖场高致病性禽流感免疫频次 3—4 次 / 年。口蹄疫抗体监测 30 份，合格率为 83.5%；猪瘟抗体监测 30 份，合格率为 80.9%；禽流感抗体监测 30 羽，免疫抗体合格率为 83.4%。奶牛布鲁氏菌病及结核病检验 31 份，无阳性；肉牛布鲁氏菌病检验 90 份，无阳性；羊布鲁氏病检验 120 份，无阳性。

**【动物卫生监督】** 加强养殖环节的监管。监管养殖场负责人，不出售病死畜禽，不使用违禁药物，严格执行休药期，申报产地检疫等制度。强化屠宰检疫监管。驻场官方兽医 24 小时驻场检疫，严把入场关、待宰关、同步检疫关和无害化处理关，做好每一个环节记录。加强病害肉、病死畜的无害化处理监管。做好证章标志管理工作。2017 年全年，在黑龙江省购置动物检疫合格证明 5550 本，检疫标识 25 万枚，塑标 50 万支，滚花印章 44 枚，均已全部下放到三县六区。做到专人专库，统一订购，层级发放。同时，对六区使用的检疫（验）专用章进行备案。做好动物检疫电子出证地点和官方兽医出证资格的严格审核工作。2017 年有出证点 79 个，官方兽医人员 128 人。加大动物诊疗机构的监管力度。针对全市 13

家动物诊疗机构和19名执业兽医执业情况进行了全面监督检查，对检查过程存在的违法经营行为进行严厉查处。

**【畜禽屠宰监测】** 全年畜禽屠宰监测工作，完成鸡西市50家畜禽屠宰企业更换屠宰证书、标志牌的申请上报工作。加强对屠宰场（厂）的监管。对全市屠宰场进行定期和突击检查，重点查看屠宰记录、肉品品质检验等情况，通过检查从而提高企业依法经营的意识。

**【草原管理】** 城子河区草原面积4350亩，正在清查中，属全市最少。全区青贮玉米和饲草种植面积达500亩，秸秆综合利用率达到30%。

**【兽医兽药管理】** 逐步建立全国统一的兽药追溯体系。在黑龙江省兽药追溯平台的基础上，2017年，将全区8家兽药经营企业、1家动物诊所与全国兽药追溯平台联网，加强兽药质量等方面的监管，农业部及省、市医政药政随时都能在兽药追溯平台上监管每一家经营企业的情况。开展到期兽药经营企业许可的换证工作，2017年，城子河区9家兽药经营企业许可证到期，按照市里的要求，全部实行网上申报、网上审查、网上办结的办证程序，实现许可的公正、公开、便捷。

城子河区村级防疫员培训会现场　　区畜牧兽医站　提供

**【家畜繁育改良】** 城子河区2017年有家畜人工授精站（点）5家，配种员5人，具有较好的家畜繁改技术水平及服务养殖场（户）能力。实施国家奶牛、黑龙江省肉牛良种补贴项目，开展荷斯坦奶牛人工冻配工作，提高奶牛品种品质，全区奶牛良种化率达100%，开展西门塔尔、夏洛莱、利木赞肉牛的良种人工冻配，2017年全区肉牛人工冻配率达81%，生猪实行大白、长白、杜洛克良种猪鲜精人工授精，截至2017年末，良种鲜精配种率达80%，积极推广家畜繁育改良技术，奶牛性控繁育技术，秸秆、酒糟利用技术，青贮发酵技术，奶公犊直线育肥技术，全混日粮（TMR）高效生产管理技术等。

# 经济管理

## 商务管理

**【概　况】** 城子河区商务局成立于2010年，主要承担着国内外贸易、整顿和规范市场经济秩序、对外经济合作等重要职能。局机关行政编制4名，实有4人。领导职数为局长1职、副局长1职、主任科员2职。

**【政策支持】** 城子河区委、区政府重视城子河区电子商务发展，制定促进电商发展政策情况及奖励资金发放政策。依据《鸡西市促进电子商务发展若干规定的通知》，结合城子河区实际起草《城子河区促进电子商务发展若干规定》。通过制定实施《城子河区促进电子商务发展若干规定》，推进城子河区电子商务重点领域应用突破和创新发展，集聚和培育电子商务产业，促进和服务全区电子商务转型发展，兴区富民。

**【电商培训】** 2017年，区商务局组织区域内的电商企业在千寻电商园区和百盛花香电子商务有限公司进行2次有关电商知识的学习培训。

**【电子商务进农村】** 2017年，区商务局推进电子商务进农村。成立黑龙江兴凯湖源头农业有限责任公司，交易平台为中俄兴凯湖源头农产品垂直采购电商平台，交易支付方式为自有平台支付，交易品种有农产品、山特产品、俄罗斯产品，均为源头农产品。2017年5月，该平台成功与黑龙江大米网对接，成为除哈尔滨市以外第一个进驻大米网地方馆的地级市平台。获得黑龙江大米网鸡西子公司的承办权，7月7日正式上线试运营，年销售额2000万元，从业人员月收入3000元。区商务局组织成立黑龙江省中元商贸投资有限责任公司，该公司实行“公司+农民专业合作社+绿色有机食品加工+电商”的自主创业模式。与中国科学院、中国农业大学、东北农业大学等科研院所合作，致力于有机生产技术的研发与应用、有机产品的开发与生产、有机食品的推广与利用。主营寒地有机稻米、有机小米、有机玉米产品、有机杂粮、原蜜、野生蘑菇等东北地区特色产品。公司建立塔头湖易购网上交易平台，注册黑龙江绿色有机生活联盟网站、黑龙江省绿色有机生活联盟企业网店和黑龙江省绿色有机生活联盟微店，创建黑龙江省绿色有机生活联盟微信公众号，致力于销售鸡西出产的各类绿色有机产品。2017年，城子河区共有电子商务主体12户，其中，企业8户，个体商户4户。

**【开拓市场】** 为更好宣传推介城子河区有机食品，努力搭建有机食品展示交易平台，让城子河区有机食品企业走出去，组织城子河区有机农产品企业到广州、香港等销售有机食品。

**【整顿规范市场经济秩序】** 2017年，对城子河区8家重点商业网点进行零售商促销检查规范。为规范单用途商业预付卡行业秩序，检查单用途预付卡经营场所2家，对其不规范行为上报市商务局及时进行处理。对区域内的3家加油站进行9次检查。

## 经济合作

【概　况】城子河区经济合作促进局是2010年初与城子河区商务局同时成立的，与城子河区商务局合署办公，对外挂商务局的牌子。2017年，全区国内招商引资项目56个，实际域外到位资金58500万元，同比增长11.03%，完成年计划的103.58%。在第二十八届哈洽会期间签约项目7个。

【高标准招商】在招商项目的谋划储备上坚持高标准定位，围绕“一黑一绿一药”（一黑：石墨产业，一绿：绿色产品深加工产业，一药：北方药材加工产业），2017年落实招商引资项目到位资金。全区共引进招商项目56个。引进项目中，其中已开工项目25个，协议项目1个，洽谈项目16个，意向项目14个。引进项目投资额，亿元以上的项目2个，5000万元项目4个，3000万元项目4个，1000万—2000万元项目5个，500万—1000万元项目7个，100万—500万元项目11个，10万—100万元项目5个。其中石墨产业项目1个，绿色产业项目6个，煤炭产业项目5个，养殖产业项目4个，服务产业项目5个，旅游产业项目2个，其他产业项目19个。

【高效率招商】全区上下以多种招商方式同步跟进，有力提高招商引资成功率。区级领导带队主动拜访、主动登门，高度重视招商工作，带队分别到大连、海口、深圳、长春、杭州、常州等地进行招商，先后与信开集团、天合光能有限公司、亚泰集团等企业进行招商洽谈，达成环保模塑制品、光伏发电等投资项目。

【强化领办服务】印发城子河区《关于扶持重点产业和重点项目发展的意见》，通过政策引导和扶持，吸引一批大项目、好项目落户城子河区，为转型发展奠定产业优势。

## 统　计

【概　况】城子河区统计局职责职能是贯彻实施国家、省、市的统计法律、法规；组织协调全区统计工作，确保统计数据真实、准确、及时。组织实施国家、省、市统计报表制度；执行国家统计标准；指导全区专业统计工作和统计基层基础建设；建立健全统计数据质量审核、监控和评估制度，并组织实施。组织实施周期性的人口、经济、农业等重大国情国力普查；组织协调全区性的经济社会专项调查等10项。领导职数为统计局长1职。区统计局2017年有工作人员4人，均不占编制。其中事业编制副科级1人，教师分流1人，学校借调1人，龙煤集团分流1人。对应市统计局如下科室工作：办公室、法规与设计管理科、综合科、核算科、工业科、农业科、投资科、贸易科、能源科、人口就业科、社会科技文化科、计算站、普查中心、统计检查事务所、教育培训中心、民情调查中心、农调队等。

【重点工作统计】认真开展统计监测取得新成果。坚持以实事求是为基本原则，以数据质量为核心，较好完成2016年年报，2017年月度、季度、年度（预计）全区地区生产总值、规模以上工业增加值、全社会固定资产投资、社会消费品零售总额等主要经济指标的统计工作。组织实施农业、工交、建筑业、房地产业等国民经济各行业以及基本单位、投资、人口就业、人民生活、社会科技文化等各领域常规统计调查，客观反映全区经济社会发展实际。为切实做好GDP完成进程情况的监测，将GDP涉及产业、行业指标等进行细化分解，为区领导宏观决策提供了数据支持。从相关部门收集公共财政预算收入、外贸进出口总额、城镇居民人均可支配收入、农村居民人均纯收入等指标的资料，及时有效编印《城子河区统计月报》《2017年鸡西市国民经济统计年鉴》等资料供区领导决策参考。组织召开各相关经济部门领导参加的经济指标分析会、协调会、评估会、推进会等，对全区经济指标进行综合分析、科学评估等。

## 审　计

**【概　况】** 城子河区审计局成立于1983年。主要职能是依照法律法规对全区事业单位及企业单位的重大项目和财务收支活动进行事前和事后的审计监督。审计局2017年有人数5人，核定编制4人，在编3人，本科学历5人。局长艾洪胜，副局长马晓婷。

**【经济审计】** 2017年全年共完成计划审计项目7个（经济责任审计），查出存在问题的资金5306.13万元，归还原渠道资金103.3万元，调账处理资金44.3万元，上缴财政罚没0.2万元。出具审计报告14篇，提出审计建议19条（被采纳19条）。

**【责任审计】** 依据区委组织部委托，先后对7个区直部门负责人进行了经济责任审计，审计中重点对领导干部任期内重大经济决策事项、财政财务收支情况、国有资产管理和使用情况、“三公经费”等情况进行了重点审查，对领导干部任职期的成绩与问题进行客观公正的评价，为组织部门选拔、考核、任用干部提供参考依据。同时完成城子河区政府交办两项审计调查（对全区三个独立矿区供热、供水、环卫道路绿化及小区物业管理的运营情况调查；对区校办公司财务收支、涉贫资金协查），纠正违规资金16.8万元，上缴财政资金2.8万元，出具审计简情两篇。

## 发展和改革

**【概　况】** 城子河区发展改革局主要职责是拟定并组织实施全区国民经济和社会发展中长期规划和年度计划，研究分析经济形势，提出全区国民经济发展和优化经济结构的目标、政策；负责监测全区宏观经济和社会发展态势，协调解决经济运行中的重大问题；承担全区经济体制改革推进工作；承担规划全区重大建设项目和生产力布局的职责；按规定权限，审批、核准、备案建设项目；推进全区经济结构战略性调整；研究提出区能源发展规划；承办区政府交办的其他事项。2017年，区发改局有行政编制6个。实有行政人员3名，实有事业编制5人，其中，教师分流4人，学校借调1人。龙煤分流2人。内设办公室、发改办、统计局、物价局、大项目办等5个科室。2017年，区发改局深入贯彻落实习近平总书记视察龙江重要讲话精神，紧紧围绕区委、区政府中心工作，在规划编制、经济管理、项目推进、政策资金争取、稳增长促改革等方面，抢抓机遇，奋力作为，较好地完成区委、区政府交办的各项工作任务。

**【经济指标】** 承担的主要经济指标为地区生产总值和固定资产投资。其中，区直地区生产总值实现100918万元，同比增长7%；规模以上工业增加值实现20187万元，同比增长10%；固定资产投资实现157972万元，同比增长15%；一般公共预算收入实现10672万元，同比增长6%；社会消费品零售总额实现139599万元，同比增长8%；城镇居民人均可支配收入20600元，同比增长8%；农村居民人均可支配收入17190元，同比增长8%；外贸进出口总额实现112万美元，同比增长6%。

**【经济形势分析】** 集中精力研究全区经济社会发展思路和政策措施，针对经济运行中的突出矛盾和问题，及时提出有前瞻性、全局性对策建议。坚持在每季度和经济运行的关键月份，召开全区经济运行分析会议，撰写月度、季度和半年经济形势分析报告，为区委、区政府科学决策提供依据。

**【重点项目建设】** 切实履行区重点项目牵头单位

职责，强力推进重点产业项目建设。2017年全年投资5000万元以上的市级重点产业项目5个，其中，续建项目1个，新建项目4个，已全部开复工。规划总投资5.3亿元，2017年计划完成投资3.4亿元。年末完成投资33320万元。项目达产达效后，年销售收入5.55亿元，税金3360万元，安置就业380人。

**【续建新建项目】** 鸡西聚鑫仓储有限公司商贸仓储物流续建项目。总投资2亿元，选址在新兴村。2017年末完成9栋楼的主体、装修及道路修建。2016年完成投资9000万元，2017年完成投资10770万元，累计完成投资19770万元。大连信开集团环保纸浆模塑制品新建项目。总投资8000万元，选址在晨光社区。项目已完成基础工程施工，正在进行厂房主体施工，设备拆除、检修。2017年底完成投资7900万元。

## 市场监督管理

**【概　况】** 鸡西市城子河区市场监督管理局内设机构有行政办公室、人事监察办公室、政策法规办公室、行政许可服务办公室、市场监督管理办公室、食品安全监管办公室、质量标准化计量管理办公室、综合执法办公室（消费者权益保护、12315、12331、12365举报中心）。下设城子河区市场监督管理所、桥北市场监督管理所、正阳市场监督管理所、杏花市场监督管理所、东海市场监督管理所5个市场监督管理所。局机关及直属单位编制共48人，实有36人。

**【食品安全监管】** 2017年，市、区各级领导重视食品安全监管工作，市食品药品监督管理局局长李晓秋、市食品药品监督管理局副局长王生有、区委书记张远民、区长任峰、副区长张丽娟、副区长郭志鹏、区政府党组成员李长波都对食品安全工作进行实地检查；积极开展各类食品监管行动，共出动执法人员3000余人次，检查各类食品生产经营单位2000余户次；积极做好食用农产品抽检工作，抽样品种覆盖食用农产品品种数4个，对辖区流通领域25家单位进行抽检，完成食用农产品监督抽检97批，合格率100%，并通过多种渠道向社会公示；办理鸡西市永红朝鲜族食品加工有限公司超限量使用食品添加剂（苯甲酸钠）生产加工萝卜干制品案等食品安全相关案件3起；开展形式多样的“12331”守护食品药品安全主题日宣传活动，发放食品药品安全宣传手册40余份、“12331”宣传海报30张、食品药品安全小知识传单50余份，接受咨询人员200余人次。

**【商事制度改革】** 持续深入推进商事制度改革工作，为创业降低成本，改善营商环境，降低市场准入，激发市场活力，打下坚实的基础。2017年，全区新增主体635户，同比下降3.64%，期末总户数4577户（其中个体工商户新增630户，同比2016年新增627户，增长0.48%，期末总户数4395户；个人独资企业新增4户，同比2016年新增28户，下降85.71%，期末总户数140户；农民专业合作社新增1户，同比2016年新增9户，下降88.89%，期末总户数42户）。积极推进市场主体年报公示工作，企业、个体工商户、农民专业合作社年报公示率分别为84%、68%、98%。实行企业、个体工商户简易注销，对符合条件的企业、个体工商户简化注销程序。深入落实企业、农民专业合作社“五证合一”（五证：工商营业执照、组织机构代码证、税务登记证、社会保险登记证、统计登记证）和个体工商户“两证整合”（两证：个体营业执照、税务登记证）改革，其中“五证合一”下发62份、“两证整合”下发469份，进一步提高创业、经营的便利化程度，激发市场主体活力。

**【消费维权】** 3月15日，市政府副市长魏丙新、市工商局局长何风义、区委书记张远民及区委、区政府、市工商局、市质监局、市食药局等部门其他领导出席在城子河区兴城广场举行的网络诚信、消费无忧“3·15”宣传活动。围绕2017年“网络诚信、消费无忧”的消费年主题，宣传国家保护消费权益的法律法规和政策，宣讲消费维权知识，展示消费维权工作成果。现场设置优质商品展区、农资商品展区、公用企业展示区、消费维权成果图片展区及假冒伪劣商品展区。参加活动的商户71家，展示家装、家具、建材、食品、汽车等优质商品和服务5大类30余个品种。供水、供热、供电、电信、金融等涉及民生的公用企业现场解答消费者咨询200余人次。现场受理消费投诉5起，即时调解1起，其他4起交相关部门处理。活动当天共发放宣传图册、宣传单2万余份。同时“12315”申诉举报指挥中心实行24小时值班，受理消费者电话投诉1起，网络投诉1起，投诉问题均已得到解决。

**【商标认定】** 2017年，区市场监督管理局开展著名商标认定推荐工作，引导市场主体及时申请注册商标，走访企业、个体户和农村合作社98户，宣传商标法律法规及注册、运用、管理及保护相关知识。建立商标注册培育名录，2017年底录入信息52个。加大对侵犯驰名商标、地理标志、涉外商标、老字号商标专用权查处力度，对有效的注册商标持有人进行走访，开展“双打”（打击侵犯商标知识产权、打击制售假冒伪劣商品）工作，出动执法人员42人次，检查食品生产经营户220户次。

**【市场监督】** 区市场监督管理局根据市工商局的要求和部署，强化对网络市场、无证经营、非法集资广告的监管，推动落实网店实名制，规范网络经营主体的市场准入体系，推进对无照经营的专项治理整顿工作。全面排查清理涉嫌非法集资广告，净化广告环境。2017年，出动执法人员98人次，执法车辆40余次，网上检查网站、网店84个次，正常经营的网站15个，企业12个，个体户3个。检查户外广告4个。2017年，受理投诉5起，均已达成和解。举报受理1起，处理结果为不予立案。以上受理投诉均已上报完毕。直接投诉共受理10余起，均已达成和解。上半年为投诉人挽回经济损失1万余元，有力地保护了消费者的合法权益。

**【质量监督与公平交易】** 区市场监督管理局加强宽进和严管制度相结合，对重点和风险点进行有效防控，营造宽松平等的准入和公平竞争市场环境，保障安全放心的消费环境。省交通厅副厅长张志权、市质监局局长薛允民、市工商局副局长刘长娟、区委书记张远民、区长任峰、副区长李巍重视电线电缆专项整治工作，对城子河区有连物资经销处、城子河区世成物资经销处等电线电缆流通企业现场实地检查。区政府下拨电线电缆专项抽检经费10余万元，切实做好电线电缆专项整治工作，对城子河辖区内的29户电线电缆销售户逐一登记，逐户检查，建立检查档案。2017年，组织抽查抽验13家电线电缆销售户，共49批次。2017年，区市场监督管理局开展“5·20”世界计量日系列宣传活动，接受群众咨询50多人次，服务群众100多人次，派发宣传单100多份，张贴计量宣传画10余张。市质监局局长薛允民出席宣传活动。区市场监督管理局开展地条钢专项联合检查，对辖区所有销售、生产钢铁的企业进行检查。

**【社会信用体系建设】** 区社会信用体系建设办公室认真贯彻落实省、市关于社会信用体系建设工作各项相关文件的部署，全面推进社会信用体系建设的政务诚信、商务诚信、社会诚信、司法公信四个方面工作，加快社会信用体系建设步伐。2017年，根据市委、市政府调整领导小组的文件精神，区委、区政府决定调整城子河区诚信建设工作领导小组成员，确定以区长为组长，常务副区长及副区长为副组长，乡、街道办事处及区直有关部门负责人为成员的领导小组。区诚信办在区政府十二届五次常务会议上作社会信用体系建设工作专题汇报。区委副书记、区长任峰作重要指示。区诚信办根据市政府及市诚信办相关文件要求，制定印发并转发《城子河区人民政府印发城子河区政务诚信建设工作方案的通知》《城子河区推进诚信建设制度2017年度工作安排》等20份诚信相关文件。

**【信用信息公开】** 推进政务诚信建设，开展行政许可和行政处罚信息“双公示”工作。依托“信用黑龙江”信用信息共享平台开展行政许可、行政处罚信息公示。2017年，城子河区公开公示信息5267条（其中统一社会信用代码信息公示4577条，行政许可、行政处罚信息公示690条）。用好“信用鸡西”网站，实现信用信息统一归集、共享。

**【信用监管推荐】** 推进商务诚信建设，通过加大监管力度和诚信教育宣传培训，促进企业完善经营理念，提高商品质量，改善服务水平，提升企业的名誉和品牌知名度。区国税纳税信用等级A级和B级企业占全部注册企业的比例分别为A级0.2%和B级17.7%；区地税纳税信用等级A级和B级企业占全部注册企业的比例分别为A级0.4%和B级33.7%。开展“诚信示范企业”评选推荐活动，帮助诚信示范企业整理规范评选材料及其他相关要件，报送诚信示范企业1家。开展“鸡西市诚信经营餐饮企业”评选推荐活动，报送诚信经营餐饮企业3家。

**【诚信教育活动】** 推进社会诚信建设，采取多种形式，开展诚信教育活动，提高社会公众的诚信意识。区卫生计生局制定《鸡西市城子河区卫生计生系统信用红黑名单发布制度》。2017年，联合区人民法院执结失信206起，其中企业执结60起、个人执结146起。及时更新发布“老赖”信息，加强对失信行为的披露和曝光，对失信被执行人的失信行为采取限制高消费、市场准入、银行限贷等联合司法惩戒措施。在兴城广场举行网络诚信、消费无忧“3·15”宣传活动，开展“12331”食品药品安全主题日宣传活动。开展“5·20”世界计量日系列宣传活动及“6·14”信用记录关爱日宣传活动。

**【诚信宣传活动】** 区社会信用体系建设办公室充分利用网络平台的高效快捷宣传和推进诚信工作，建立微信群和QQ群，将国家及省、市诚信最新的相关信息提供给各成员单位。2017年，共转发诚信相关信息100余条，下发相关电子版文件20余件。各相关单位落实诚信宣传工作，在交通主干道、沿街路面显著位置悬挂、张贴诚信宣传标语，在超市、市场等经营场所张贴宣传条幅，积极营造诚信城子河浓厚舆论氛围。

**【强化队伍建设】** 区市场监督管理局党总支坚定贯彻全面从严治党总要求，紧紧围绕党建中心工作，严格落实党建工作责任制，牢固树立“强党建、促发展”的理念，通过不断强化党总支的政治建设、思想建设、组织建设和作风建设，提升党建工作水平，促进各项工作开展。将学习教育培训与“两学一做”学习教育、作风整顿相结合，引导党员干部树立自主学习意识。2017年，领导班子共集体学习12次、班子成员讲党课2次，党总支书记以廉政教育为主题为全体党员讲党课1次。发挥党员示范作用，通过党员亮身份、亮承诺，加强党员学习教育。根据区委推进“两学一做”学习教育常态化制度化工作要求，区市场监督管理局在6月13日及时召开全局干部职工大会，传达上级会议精神，做出工作动员和部署。

**【党风廉政建设】** 着力加强党风廉政建设。认真落实区委、区纪委党风廉政建设和反腐败工作部署，牢固树立不抓党风廉政建设就是严重失职的意识，以强化主体责任和监督责任为重点，成立作风整顿活动领导小组，主要领导亲自抓，制定《城子河区市场监督管理局作风整顿实施意见》，通过机关作风专项督查、上级检查、领导批评意见、横向比较等渠道，发现不足、认领问题。共发放班子及干部职工征求意见函140份，召开座谈会2次，深入服务对象调研走访征求意见28次，征集到意见建议共15条。

## 动物卫生监督所

**【概　况】** 城子河区动物卫生监督所是根据《关于成立各区动物卫生监督所的通知》于2015年9月18日成立的，为隶属于农林水牧局的副科级非财政补助事业单位。2017年有编制6个，在岗5人（其中高级兽医师1人，兽医师1人，技师1人，初级工2人），退休1人。人员经费由市财政保障，办公经费由区财政解决。

**【产地检疫】** 检疫申报点1个，负责辖区内养殖场产地检疫工作，2017年，共受理申报检疫猪46358头，鸡39792只，牛376头。城子河区畜牧养殖量大，检疫任务重，官方兽医数量不足，是制约产地检疫工作开展质量的主要因素。

**【屠宰检疫】** 在兴盛食品有限公司、区肉食站分别有2名官方兽医驻场检疫，严把入场关、待宰关、同步检疫关和无害化处理关，做好每一个环节记录。2017年，共检疫猪32072头，鸡46199只。对检疫不合格猪查扣10头，在官方兽医监督下做无害化处理。

**【畜禽屠宰监管】** 受农林水牧局委托负责屠宰日常监管工作，定期检查辖区内四家屠宰企业，2017年，检查兴盛屠宰场发现入场未持有产地检疫证明入场生猪问题，下达整改通知书限期整改，2017年末整改已经完成。城子河肉食站及其所属两家分场存在防疫条件不达标以及不符合屠宰场设立条件的问题，已经下达整改通知书，限期整改。

**【养殖场监管】** 城子河区养殖场多，2017年有猪场100余家，牛场2家，鸡场20家。区动物卫生监督所加强养殖环节的监管，监管养殖场负责人，不出售病死畜禽，不使用违禁药物，严格执行休药期，申报产地检疫等制度，完善养殖档案，按规定处理病死动物。设专人负责养殖场病死动物无害化处理监管工作，并做好相应的记录。2017年，共监督病死猪无害化处理99头，羊15只。建立城区检疫申报群，方便养殖场检疫申报。

**【诊疗机构监管】** 城子河区无动物诊疗机构，但是出现兽药店非法诊疗问题，区动物卫生监督所组织执法人员将定期检查和随时抽查相结合，打击非法行医问题。2017年，受理2家兽药店非法诊疗出现医疗事故纠纷，在动物卫生监督所主持协调下得到解决，并责令2家兽药店写下承诺书。

# 城建　环保

## 城乡建设局

【概　况】 区城乡建设局前身为1977年9月设立的城建科，1988年更名为城建局，2001年11月更名为建设环保局，2010年8月更名为城乡建设局。城乡建设局共有办公人员24人（正科1人、副科级3人），其中，行政编制4人、财政预算外10人、收费人员2人、借调教师1人、分流教师1人、企业转岗2人、外聘人员4人。

【党建工作】 认真贯彻落实党建和党风廉政建设工作。以中共十九大精神为引领，结合工作实际，切实转变思想、工作作风，提高工作效率，坚定发展信心，振奋精神，以高昂的干劲不断开创工作新局面。切实担负起全局党风廉政建设第一责任人的责任，将党风廉政建设工作纳入全局全年工作计划，统一部署，建立和实行党风廉政建设责任制，将任务分解到每个科室，做到自己带头，齐抓共管，促进党风廉政建设工作的落实。

区城乡建设局党建学习　　区城建局　提供

【污水处理工程】 城子河区建设日处理能力2万吨污水的污水处理厂一座和城市污水收集管网。将城市污水全部经过污水处理厂处理后排入穆棱河。出水标准达到《城镇污水处理排放标准》的一级A排放标准。自2015年开始，由城子河区城乡建设局牵头组织运行管理，2017年运行正常。城市污水排放量在8000吨/日左右，处理率在80%左右。

【园林建设工程】 结合创建全国文明城市工作对佳和路、政府路、兴城广场绿化带及金三角地区绿化树木进行修剪管护。2017年对千寻孵化厂门前、金三角、滨水颐园西侧、桥北加油站地面进行硬化，同时对全区道路两侧破损路牙石进行更换。加大裸土治理力度，按照区政府要求，对荣华小区东侧进行裸土治理，治理面积为6000平方米，中心路两侧计划治理5000平方米，新路治理3000平方米，7月末治理完毕。

【“两供一业”维修改造工程】 完成“两供一业”（供热、供水、物业管理）供热及供水应急维修改造工作，确保“三矿”居民正常供水与供热，2017年末正在进行供水、供热设计图纸的预算及审核工作，同时办理招投标前期工作。

城子河正阳锅炉房改造工程　　区城建局　提供

【城市排涝工作】 春季对红光桥及其上游进行疏通，案砌护坡，确保安全渡春汛。启动一太堡新城桥强排站，日夜不停抽水，彻底解决内涝问题。对全区排水管网及收水井和观察井进行清理，共清掏全区检查井380座、维修检查井16座、收水井20座、清掏排水管线1800米。按照区委、区政府清河行动实施方案要求，全局清挖白石河3.5公里、清挖排水支线4公里、石砌护坡60米、衬砌道板护坡65米。

【安全生产监督工作】 加强安全工作力度，2017年重点对建筑工地、燃气、供热进行安全检查，对查出的问题能整改的立即整改，不能整改的限期整改，2017年底已整改完毕，确保安全形势的稳定。该局一个月两次对辖区内的燃气企业进行燃气安全生产常规检查，对相关燃气企业的值班值宿、故障记录及相关设备的仪表记录进行查看，并且对实时发现的隐患要求企业立刻整改。上半年两次检查使用天然气、液化石油气和人工煤气等的餐饮场所，依据安全生产、公安消防以及燃气、餐饮行业等有关法律法规、标准规范的规定，对存在燃气使用安全隐患的餐饮场所，责令整改；一时难以整改的，采取停产停业整顿措施，消除安全隐患。

城子河燃气行业安全检查　　区城建局　提供

## 城市执法管理

【概　况】 城子河区城市管理行政执法大队是隶属于城子河区政府的全额拨款事业单位，受城子河区城乡建设局委托，在受委托的范围内，以委托行政机关的名义履行市容环境卫生、城市规划、市容设施三个方面职责，负责全区房屋征收与补偿工作。领导班子有队长（正科级）、副队长（副科级）和征收办主任（副科级）。人员编制1人，2017年有在编人员5人（均不在城管大队编制），财政预算外拨款人员3人（征收办1人），自筹自支人员3人，公益岗位人员28人（征收办12人），分流人员23人（征收办6人）。下设执法办公室、5个执法中队和房屋征收办公室。

【区容区貌治理】 严格控制擅自装修门脸，下发整改通知25份。规范户外牌匾广告、空中悬挂物及条幅整改，取缔53处。户外牌匾达到整齐划一，牌匾广告无破损，取缔和审批牌匾186块。实施街路两侧店面牌匾亮化工程。清理道路两侧摆摊设点、占道经营和各种加工及堆放物料，取缔摆摊和占道经营80余处。集中清理各种低空污染，取缔碳槽23个。全面清理城区主要街路建筑物、各种线杆、公用设施等表面的乱涂、乱画、乱张贴小广告，已清理城市牛皮癣小广告2500余处。

【落实“门前五包”责任】 联合区城乡建设局、环卫处对临街单位、商服业户、居民小区物业公司下发600余份“门前五包”（包区容、包卫生、包亮化、包绿化、包清雪）通知书，确保经营市容环境秩序。

**【治理占道经营和临时市场】** 清理校园周边流动商贩占道。整治各类未经审批商业占道宣传活动。治理城市“四堆八乱”，清理“四堆八乱”40余处。加强对早晚市场的管理，按时经营、按时撤市，确保临时市场经营有序。按照创建全国文明城市要求，大队对“两街三路”周边商户的商品占道、物资占道、加工占道下发整改通知，全部整改完毕。

**【规划管理】** 治理私搭乱建和违法建设。及时拆除新发生的违法建设和各种构建物，重点查处手续不全开工建设行为，截至2017年末，拆除私搭乱建19处。规范建筑施工工地，合理占道施工，标准围挡作业，下发围挡整改通知4份，施工企业已整改完毕。

**【沉陷地征收】** 城子河区采煤沉陷区计划征收25969户，3年时间征收完毕。2015年和2016年共计征收11000余户。2017年末，开设5个征收期，完成征收11000余户。截至12月末，全区已完成征收22000户。还有3969户不同意移迁。

**【建设地征收】** 城子河区花园新区一期2015年6月9日开始征收，计划征收1201户。截至2017年5月30日，已完成征收货币补偿户数347户，产权调换户数825户。2017年11月15日启动回迁安置工作，计划安置825户。截至2017年末，已完成回迁320户。2015年10月12日开始正阳新区、东海新区房屋征收工作。截至2017年5月30日，正阳新区已完成征收户数720户，签订货币补偿协议401户，产权调换319户。正阳新区正在申请市保障办验收。东海新区完成征收705户，签订协议598户，其中产权调换186户，货币补偿412户。东海新区于12月5日启动回迁安置工作，安置户数186户。2015年10月21日开始晨兴家园房屋征收工作，截至2017年5月30日，晨兴家园已完成征收户数672户。2016年7月4日开始城子河区城花居住区三期改造工程。截至2017年5月30日，已签订协议364户。

**【标准化执法】** 贯彻落实中共十八届六中全会精神，根据执法权力清单、责任清单具体规定，进一步理顺执法工作体制机制。强化业务培训工作，注重培训实效，让执法人员都能熟练掌握运用城市管理的法律法规，及时纠正和处理各种违法违规行为，做到文明执法和标准化执法。

**【文明城市创建】** 按照创建全国文明（提名）城市方案部署和任务分解要求，将承担的工作职责细化，做到责任无缺失、管理无漏洞、创建无死角，实现创建工作全覆盖。在主要街路、商业区域、居民小区等重点部位设置宣传台5处，悬挂“创建全国文明城市”宣传条幅6个。

**【“两学一做”学习教育活动】** 党支部以开展“两学一做”学习教育为契机，将学习教育实践活动贯彻始终，共组织集中学习培训12次，发放学习资料200册。通过广泛深入征求群众意见建议，在对照检查、开展批评和解决问题上扎实基础。

**【党风廉政建设】** 制定《城子河区城市管理行政执法大队党风廉政建设及反腐败实施方案》，确定主要领导为党风廉政工作第一责任人，层层签订党风廉政责任书，增强全体执法人员廉洁自律意识，从源头预防和杜绝腐败的产生。认真受理对领导干部与执法队员廉政问题的来信来访，及时掌握了解执法过程中执法队员的行为。实施巡、指、督三位一体运行机制，巡察负责对全队业务进行巡视检查，发现问题及时进行业务督办，从源头防止执法腐败现象的发生。

## 房产管理

**【概　况】** 城子河区房产管理处负责全区房产业的行业管理、房产市场管理、物业管理、住房制度改革、房屋安全管理、商品房屋面积审核、房产监察及住宅室内装饰、装修管理等；负责全区（包括长青乡和永丰朝鲜族乡）房产的产权产籍管理工作，包括房产确认、房屋产权登记、产权转移鉴证及房屋档案资料管理；负责全区房产市场规范管理，包括房产交易、互换、抵押、租赁、经纪机构等中介服务机构的管理；负责全区住房制度改革的日常工作，负责经济适用房、廉租房住房管理、廉租房补贴发放管理工作。2017年，城子河区房产管理处共有正式职工36人，内设办公室、物业管理科、正阳东海所、杏花所、商品房管理科、房屋登记科、乡村管理所等7个职能科所室。2017年，班子成员5名（局长1名、书记1名、1名正科级干部、2名副局长）。

**【开展作风整顿活动】** 认真贯彻落实省委、市委、区委关于加强作风建设的要求，坚持以整治窗口服务突出问题为突破口，以推动党员干部作风转变为主要目标，以再造工作流程为重点，打通服务群众“最后一公里”，树立良好的窗口形象。在区房产管理处所有服务办事窗口，全面推行服务受理零推诿、服务质量零差错、服务方式零距离、服务结果零投诉的“四零”承诺服务。完善“四零”承诺服务配套设备设施，配备沙发、笔、纸、桶装水、一次性纸杯等便民服务用品，提供办事相关表格、填表样式。配合全区房屋征收工作，全处职工加班加点确保房屋征收工作顺利进行。同时，为了方便群众监督和内部考核，党员佩戴党徽、窗口工作人员佩戴胸牌上岗，并将照片和联系方式公之于众。

**【配合全区征收安置】** 2017年，是城子河区启动的建区以来最大规模的采煤沉陷区棚户区拆迁移迁安置工程收官之年，房屋动迁涉及范围广、数量多，占据全市采煤沉陷区棚户区拆迁安置量一半，在全区沉陷区棚户区拆迁移迁安置攻坚战中，房产局作为职能部门，按照区委、区政府统一安排部署，整合全处人力资源，按时完成了2017年计划征期内房屋征收拆迁安置所涉及的查档、确认、换照、灭籍等项工作，按期启动新征期房屋征收涉及的相关工作。2017年，完成征收安置14890户。

**【物业管理】** 以开展创建全国文明城市工作为契机，以“物业提升年”为牵动，以“服务和改善民生”为出发点和落脚点，强化对区域内管辖的物业服务企业跟踪督促。创新工作思维，优化工作方法，房产物业科抽调2人专门负责小区物业环境卫生巡视，常态化检查指导物业公司工作，发现问题现场解决，推动辖区物业企业各项物业服务工作提高水平，推进创建全国文明城市工作顺利开展。通过加派人力、物力开展小区内绿化修剪、道路维护、清理小广告、维修公共设施等工作，对区域内绿化带全面修整，清理小区草坪7000余平方米、修剪小区绿篱树木10万余株、清理小广告1万余张、新增垃圾桶50个、疏通下水堵塞30余处、及时处理老旧楼房外墙皮脱落造成的安全隐患40余处、1200平方米。

**【集中解决已入住未办照难题】** 以专项解决百姓关注历史遗留办照难题为主线，以推进已入住未办照工作为重点，按照全市推进已入住未办照工作的安排部署，积极响应迅速启动推进工作，制定《城子河区解决已入住未验收楼房不能办理房屋产权确认工作实施方案》，抽调专人专项负责该项工作，共排查出已入住未办照项目12个，共计46栋楼，涉及3630户。结合推进工作实际，按照先易后难、分类推进的原则，计划分两批推进，已取得阶段性成果。第一批已初步具备办理产权确认条件的共计3个项目17栋楼1050户。

**【老旧小区改造】** 以“三供一业”维修改造工程为重点，努力改善老旧小区人居环境。2017年，启动总投资1.37亿元“三供一业”维修改造一期工程，共分三期实施。并于9月28日，在完成前期摸底调查和规划设计工作的同时，总投资3322万元，第一期城山矿48栋职工住宅楼维修改造工程启动施工，涉及居民2290户，改造面积16.57

万平方米，共分三个标段。同时，与市政府签状改造2栋老旧小区项目均已开工。2017年末，施工季结束已完成排水3768米、外墙保温34000平方米、外墙粉刷40000平方米，更换单元门80个、单元窗460个、落水管350套。

**【保障性住房建设】** 全面落实住房保障政策，促进民生福祉实现提升，进一步落实廉租住房补贴制度。以加强公租房配租资格复查为重点，强化公租房管理，已完成公租房配租286套，2017年底新增100套。推行廉租房补贴动态管理，新增220户，退出330户，已享受廉租房补贴达2700户。

**【房屋权属确认】** 进一步完善住房保障工作措施，不断加强房产确认、产权登记、产权转移鉴证管理，开设“绿色通道”，急事急办，特事特办，截至2017年末，完成初始登记369件、转移登记4102件、换发不动产确认单2023件、抵押登记157件。在应对经济下行压力情况下，协助实现财政契税、地税和增值税收缴360万元。

## 保障办

**【概　况】** 鸡西市城子河区保障性安居工程建设办公室（以下简称城子河区保障办）职责是负责工程项目前期基本建设手续的办理工作；负责工程项目的建设实施；负责工程项目的建设资金管理工作；承办市政府、区政府交办的其他事项。城子河区保障办领导小组及工作人员均为城子河区各单位抽调人员及社会聘用人员，设主任1职，副主任1职，共计32名工作人员。设3个科室：办公室、财务科、工程科。2017年，城子河区保障办全面贯彻落实市委全会、市委经济工作会议精神，围绕《政府工作报告》所列重点工作及市政府为民办实事工作目标，结合城子河区工作，认真履行城子河区保障办的各项工作职责，突出政府重点工程的实施和推进，攻坚克难，真抓实干，较好地完成了全年的工作目标和重点任务。2017年城子河区基本完成鸡西市采煤沉陷棚户区改造工程建设任务，完成城子河区采煤沉陷棚户区治理工作；筹划并开工建设城市棚户区改造工程晨兴小区项目；城花居住区二期工程进入收尾阶段，城花居住区三期工程正在陆续施工中；城子河矿国有工矿棚户区改造工程进入收尾阶段；配套建设道路工程、路灯工程、绿化工程、给水工程、排水工程、供热工程、燃气工程等市政基础设施，改善城子河区居民生活和居住条件，初步实现绿色环保宜居宜业的建设目标。

**【采沉棚户区建设】** 鸡西采煤沉陷棚户区改造工程城子河区花园新区、东海新区、正阳新区三个项目，用地规划总面积30.34公顷，总建筑面积401189平方米，共建设102栋楼、5834套住宅。花园新区项目规划用地面积20.05公顷，建设规模269656平方米，共计67栋楼，3930套住宅，215套商服，234套车库，项目总投资54172万元，于2015年10月开工建设，2017年10月末竣工并交付使用。东海新区项目规划用地面积4.73公顷，建设规模56471平方米，共计14栋楼，797套住宅，38套商服，42套车库，项目总投资13281万元，于2016年5月开工建设，2017年10月末竣工并交付使用。正阳新区项目规划用地面积5.56公顷，建设规模75062平方米，共计21栋楼，1107套住宅，41套商服，89套车库，项目总投资16067万元，于2016年5月开工建设，截至2017年末，该项目主体工程已施工完毕，小区内道路铺装、绿化工程已进入收尾阶段。

**【城市棚户区建设】** 鸡西市城子河区城市棚户区改造工程晨兴小区，建设内容包括晨兴小区工程以及树英小学工程。项目规划用地总面积9.48公顷，总建筑面积103402.9平方米。其中晨兴小区规划用地7.54公顷，建筑面积95936.9平方米；树英小学规划用地面积1.94公顷，建筑面积7466平方米。安置居民2894户，其中货币化安置1500户，新建住宅1394户、22栋住宅楼。项目总投资45970.45万元。截至2017年末，项目基础土石方工程已施工完毕，待2018年气温转暖继续施工。

**【煤矿棚户区建设】** 城花居住区二期工程建设规模693018平方米，共计23栋楼、2072户住宅。截至2017年末，大部分房建主体及小区配套设施已经完工，并已分期分批竣工交付使用。剩余D区10#、11#、12#、14#、15#共计5栋楼力争在2018年三季度完工，实现城花二期整体竣工交付使用；城花居住区三期工程建设规模64794.72平方米，共计13栋楼、823户住宅。8栋楼主体工程已施工完毕，力争2018年三季度竣工交付使用。1#、2#、3#、4#楼共计4栋楼因动迁原因，暂未开工。

2017年10月31日，市保障办与市质量监督站联合组成验收组对东海新区的工程质量进行实地查验　　区保障办　提供

2017年10月26日，市保障办和市质量监督站组成的验收组对花园新区的工程质量进行实地查验　　区保障办　提供

晨兴小区项目于2017年11月开工建设，截至12月25日，22栋住宅楼、2栋树英小学教学楼基础土石方工程已施工完毕　　区保障办　提供

**【国有工矿棚户区改造】** 城子河矿国有工矿棚户区改造工程建设规模73837平方米，共计13栋楼、1072户住宅。截至2017年末，该项目主体工程已施工完毕，预计2018年三季度竣工交付使用。

区人大代表视察工地　　区保障办　提供

**【配套基础设施项目】** 2017年保障性安居工程配套基础设施项目，建设内容包括道路、给水、排水、供热、燃气、供电工程，项目总投资1.4亿元。截至2017年末，累计完成投资9009万元，累计支付资金6700万元。2017年保障性安居工程配套基础设施项目建设内容包括道路、给水、排水、供热、燃气工程，项目投资1.15亿元。截至2017年末，累计完成投资2639万元，累计支付资金2184万元。

【日常管理】 根据区委、区政府的工作部署和要求，城子河区保障办严格按照国家的法律法规和上级指示精神，进行日常管理工作。要求施工单位在开工前做好施工进度计划，并督促施工单位的人力、财力、物力落实到位，已满足施工要求；认真落实好项目负责人质量终身制，施工前认真组织图纸会审并及时解决问题，严格按照国家相关规定和规范要求进行施工，监督委托的监理单位公平、科学地开展建设工程监理工作；要求各参建单位落实专人负责安全工作，并采用定期和不定期方式组织联检，机械、设备检修合格后方能使用，确保安全正常施工作业；加强项目资金监管，切实保证项目建设资金的合理、合规、依法使用。工程科负责对各项付款事项的数量、质量、进度等情况进行审核，财务室对工程款支付全过程进行监控，并统一调度项目资金。在工程款的实际审核与支付过程中，严格审查各项文件和数据的准确性和真实性，并依次履行各部门审批，做到层层监管、层层把关，确保资金使用得当。

## 环境保护局

【概　况】 区环境保护局为正科级机构，主管全区环境保护工作。负责贯彻执行国家和省、市环境保护的方针政策和法律法规；拟订全区环境保护政策措施和发展规划，并组织实施。监督管理全区环境保护工作，负责监督实施大气、水体、土壤、噪声、固体废物以及重点区域、重点流域的污染防治工作；负责环境监督管理，调查处理环境污染事故，调解处理环境污染纠纷，协调解决生态破坏事件；组织开展全区环境保护执法检查；负责环境安全应急管理，指导协调突发环境事件的应急、预警工作。

【大气污染防治】 大气污染防治综合整治工作。区政府印发《大气污染防治专项行动方案（2016—2018）》和《2017年度城子河区大气污染综合整治工作方案》，明确目标和责任，稳步推进防治工作。燃煤小锅炉淘汰工作。印发《城子河区淘汰城市建成区内10蒸吨/小时及以下燃煤（含型煤）锅炉实施方案和通告》以及《限期拆除城市集中供热管网覆盖区分散燃煤供热锅炉的实施方案》。按照城子河区与市政府签订的《2017年淘汰高污染燃料禁燃区内10蒸吨/小时及以下燃煤（含型煤）小锅炉工作责任状》，全区2017年共上报淘汰燃煤小锅炉总计18台，全部淘汰完毕。

【水污染防治】 区政府出台《水污染防治行动计划实施方案》，聘请专家编制《城子河区水体达标工作方案》。制定下发《城子河区域内流域综合整治方案》，明确责任，治理工作有据可依。域内流域治理。共清理不规范垃圾点18个，治理距河10米以内的旱厕46个，督促18家畜禽养殖专业户安装污染防治设施，对25家涉水工业企业污染防治设施运行情况进行监管，城子河区流域治理工作成效显著。饮用水水源环境保护。到2017年城子河区所有乡村集中式饮用水水源完成保护区划定，采取针对性防范和治理措施保障供水安全。良好湖泊项目。污水处理厂和永丰朝鲜族乡垃圾收运站2个项目已通过省环保厅委托的三方审计机构审查。加油站双层油罐改造。及时对全区加油站下发责令整改通知书，要求其必须在2017年底前完成加油站地下油罐双层罐更新。信息公开。按照相关规定，全面、准确地公开各类环境信息。2017年共公开企业环境信息110家。

【土壤污染防治】 区政府出台《土壤污染防治行动计划实施方案》。配合市局开展土壤污染状况排查工作。共对6家危险企业进行监管，6家企业的危险废物全部由黑龙江云水环境技术服务有限公司转运处理，处理率达100%。

【迎检工作】 落实中央环保督察反馈意见整改和省环保督察工作。中央环保督察反馈意见整改情况二季度督察工作，督察内容为组织推进情况、整改进展情况、信访案件整改情况。城子河区召开专题落实会议，以区委办公室和区政府办公室名义下发整改文件，落实责任，整改推进情况基本完成，有关区环境保护局的信访案件主要是赛龙水泥扬尘事件，已整改落实到位。对于省环保厅督察出的问题该局及时进行整改。

区环保局开会部署工作　　区环保局　提供

**【严格环境执法】** 区政府出台了《城子河区环境监管网格化管理工作实施方案》、《城子河区关于加快推进生态文明建设的实施方案》和《城子河区党政领导干部生态环境损害责任追究实施细则（试行）》，明确责任，依法实施环境监管，严格执行“红黄牌”制度。加强对供热企业排污费收缴工作。从2017年1月1日起，全区水的排污费已经由城子河自来水公司收取。该局主要负责大气排污费的收缴工作。按照全面排查、应收尽收的原则，截至2017年末，总计收取排污费40900元。加大对污水处理厂的监管。城子河区污水处理厂深度处理及污水管网，2015年投入运行。城镇污水处理设施2017年已全面达到一级A排放标准。污泥总量为42吨，全部送至鸡西市宝川垃圾处理厂填埋，城市污泥无害化处理处置率达到100%。环境信访案件处理。及时受理并妥善处理环境信访案件，2017年共处理信访案件近10件，都给予满意的解决。处理率达100%。

**【应对重污染天气预警】** 制定预案，出台《城子河区大气重污染天气应急预案》，完善应急响应机制，设定专人负责应急工作。加强对穆棱河干支流环境综合整治工作。对重点涉气涉水企业坚持定期监察，提高夜查频次，夜查共出动人员近60人次。加大整治力度。区政府出台《畜禽禁养区划定方案》和《依法关闭或搬迁禁养区内规模化畜禽养殖场（小区）、养殖专业户工作方案》。2017年全区未发生重大环境污染事故。

**【防风抑尘网建设】** 经排查，城子河区2017年共查出3家企业需要设置防风抑尘网，经督促3家都采用苫布进行了遮盖。

**【健全重大事项决策机制】** 着力抓好各项制度建设，以完善重大事项行政决策规则和程序为抓手，通过建立健全各项决策机制，使环境行政工作、执法工作决策更具有科学性、民主性、公开性。坚持以合法性审查、集体讨论决定作为重大决策的必经程序，全局的“三重一大”事项均须经过局领导班子会议集体研究讨论决定，并建立起长效监督机制，有效保障重大事项决策的高效和透明。

**【环境保护信息公开公示】** 认真创新政务公开的形式。依托区政府门户网站，推进网上政务公开，设置环保执法栏目，及时公布工作动态、规范性文件、通知公告。向社会公开，为企业和群众提供常年的便利服务，让环保职能部门的运作置于阳光下，防止暗箱操作。强化办事窗口管理，以“规范、便民、廉洁、高效”为宗旨，实行“五个公开”，即公开审批内容、公开办事程序、公开政策依据、公开申报材料、公开承诺时限。

**【网上政务服务工作】** 通过使用区政府网站构建的网上政务中心，将行政许可、行政审批、验收等事项实行网上接待，网上处理，是传统工作方式的重要补充，企业和个人的办理事项和办理结果公开透明，环保行政工作过程也更加快捷。

## 环卫处

【概　况】 鸡西市城子河区环卫处是具有行政职能、全额财政拨款的科级事业单位，主管全区市容环境卫生工作，并负责中心区的清扫保洁、垃圾收集转运、公厕清掏、清运雪、市容车容监察管理工作。设办公室、财务、清扫保洁一队、二队、清运队、市容监察中队、车容监察中队7个单位。2017年，有职工156人，科级干部2人，正科级1人，副科级1人。2017年，环卫设施车辆共有47台（套），日运输能力为280吨。垃圾站点及容器140个，平均日清运垃圾100吨。有水冲式公厕4座，旱厕30座。

区政府主要领导到环卫处视察走访，帮助解决新建车库问题　　许　伟　摄

【街路清扫保洁】 中心区6条街路实施全天保洁，并对主要街路实施夏季人机配合作业模式，即全天人工保洁，重点街路每天机械化洗扫两次，洒水降尘两次，切实提高街路环境卫生质量，中心区机械化清扫率达到62.5%。

【垃圾清运】 根据街路商业户营业时间，科学调整密闭收集班次，督促业户按时按点倾倒垃圾，有效防止垃圾落地造成的二次污染。同时加大对平房区散点、垃圾叉箱的清运管理力度，确保垃圾日产日清，车走地净无死角，真正实现冬季无积存、春季无会战。4月7日开始将生活垃圾进行密闭收集压缩，转运到鸡西市宝川垃圾处理场进行无害化处理，处理率达到90%。

机械化无灰尘洗扫作业，治理低空污染　　许　伟　摄

【公厕管理】 严格做到"四到位"，即责任到位、纠错到位、记录到位、反馈到位。水厕采取全天14小时随时保洁制，对人流量大的旱厕进行清扫，并对旱厕周边杂物进行清理，保证居民如厕环境干净卫生。2017年，共清掏粪便杂物2100余吨。

【冬季清运雪工作】 根据全区实际，完善《城子河区清运雪工作方案》《城子河区暴雪灾害清运冰雪工作应急预案》，在积极检修清运雪设备、贮备物资的基础上，超前准备，与临街单位、行业户签订"清运雪责任状"680份；落实暴雪义务运雪单位责任区域。面对降雪，划分成南北两个区域，人员分成两个作业班次，采取"以雪为令、领导包片、基层包块、管理队员包段"逐级落实责任，做到"三同时"，即发动临街行业户与点撒融雪剂同时，人机配合与梯次作业同时，清运雪车辆边清与边运同时。街路在规定时限内将积雪全部清除干净，保证市民出行安全和交

沿街垃圾收集压缩，转运到市宝川垃圾处理场　　许　伟　摄

通顺畅。2017年，全区机械化清雪率达到65%。2017年春季和2017年冬季，共降雪21场，降雪量33.4毫米，出动人员1650人次，车辆设备1380台次，清运积雪6280立方米。

**【环卫管理工作】** 按照鸡西市“四季行动”，并依照时间节点，城子河区开展春风、夏净、秋扫、冬清活动，有效地推进城乡环境卫生均衡发展。从建立长效管理机制入手，实施“门前五包”责任制，对重点监管路段、重点区域，实施定点管理和即时处罚，突出治理环境卫生“五乱”不文明行为。2017年，共处理三不管垃圾堆40余处；下发限期整改通知单52份；对建筑工地现状进行了全面认真梳理，并采取“提前介入”和“管治结合”等有效措施，严格按照指定的时间、地点、车辆“三指定”原则，加强对建筑残土排放的审批和管理。签订文明运输责任书37份。督促新开工地出入口硬化3处，在城市出入口和关键节点，设立固定检查点，实行定点检查和错时巡查，严格查处运输车辆遗撒泄漏、建筑商砼车辆带泥造脏和私排乱卸等违规行为。2017年，纠正散装货运不文明运输行为340余台次，车辆密闭覆盖率提升至90%以上。

机械化洒水作业，减少路面灰尘　　许　伟　摄

**【环卫“创建全国文明城市”活动】** 按照城子河区创建全国文明城市工作的总体要求，从4月21日开始，在区主要街路、商业区域、居民小区等重点部位悬挂“创建全国文明城市”宣传条幅12个。设立环卫便民服务宣传台，向广大市民发放《爱护环境卫生，争做文明市民倡议书》1000份，做到宣传进社区、进市场、进学校、进工地，有效提高市民“创建全国文明城市”意识。开展“百岗百日”宣传活动。引导市民爱护环境卫生的同时，及时制止破坏环境卫生的不文明行为。以“爱护环境卫生，共建文明城市”为主题，关爱环卫工人、爱护环境卫生，摒弃破坏环境卫生的不文明陋习，引导市民尊重环卫工人劳动成果，树立“人人参与创建全国文明城市”的责任和意识。

**【“两学一做”学习教育活动】** 按照全区“两学一做”学习教育工作安排，环卫处支部研究制定《“两学一做”学习教育实施方案》和《“两学一做”学习计划》，结合实际，按时间、分阶段精心组织党员干部开展好学习教育。支部书记带头讲党课，党员领导干部以普通党员身份参加党支部集中学习、集中研讨、党课等学习教育。党支部书记讲党课2次，专题研讨5次。以读党章学党章、习近平总书记系列重要讲话为主线，时刻提醒全单位党员干部依法从政。

设立环卫便民服务宣传台，发放传单倡导共建美好家园　　许　伟　摄

## 采煤沉陷安置办公室

**【概　况】** 城子河区采煤沉陷安置办公室成立于2015年8月。采煤沉陷棚户区改造搬迁安置领导

小组，组长由区委书记张远民、区人大常委会主任别怀龙、区长任峰、区政协主席尚浪英担任，区人大常委会副主任柴寿山（后期区工会主席邹本强）担任区采煤沉陷安置办公室主任。成员单位有房产局、区征收办、各办事处、长青乡和永丰朝鲜族乡等部门。具体安置工作设立政策咨询组、登记抽号组、协议审核组、财务结算组、综合工作组、安全保卫组等小组，相关工作人员最多时达70多人，各组成员各司其职，协同合作，共同推进采沉安置工作的有序开展。

**【征收安置工作】** 重点解决城子河区采沉区危重片区居民实际生活困难，保障采沉区居民的生命财产安全。城子河区全区上下从各机关单位抽调精干人员百余人于2015年7月开始进行逐户调查登记，并开展后续工作，全区采煤沉陷区棚户区改造户数共25969户（占全市采沉区户数三分之一以上），其中城子河办事处5645户，城西办事处7007户，正阳办事处4057户，杏花办事处2679户，东海办事处3160户，长青乡2531户，永丰乡890户。采沉区的安置房源覆盖面较广，既有市内新建房源，又有城子河区新建，还有政府采购房源，约有20个小区，居民可按自己意愿进行地域位置的选择。征收安置工作于2015年8月正式开始，共集中开展13个征期，采沉区居民均按个人意愿安置到比较理想的小区。

采煤沉陷安置办领导布置工作任务　　区档案馆　提供

**【政策宣传广泛及时】** 政策咨询分两步走，一是在各办事处（社区）、长青乡和永丰朝鲜族乡（村）有工作人员对所辖居民进行政策宣传，二是安置办配专人向居民讲解宣传安置相关政策及办理流程，并向居民发放便民手册，极大地方便了采沉区居民进行征收安置手续的办理。

**【抽取楼号公正有序】** 抽楼安置现场，全体安置办人员全员上阵，登记抽取楼号组人员按居民意愿及相关比例分配好房源，安置现场，居民按先抽顺序号再抽楼号的流程进行抽取，每批次抽楼现场都由区公证处、纪检委、居民代表全程监督。

公正严谨地抽取楼号现场　　区采沉安置办　提供

**【协议审核程序严格】** 安置办协议审核组所有工作人员严格按照签订协议所需要的材料逐户进行核对再签。产权人本人需带齐房产灭籍单、房照确认单复印件、房屋征收验收单、房屋征收调查登记表、评估报告、身份证户原件及复印件等材料排队进行签订。

安置办工作人员为居民签协议　　区采沉安置办　提供

**【财务结算严谨细致】** 财务组人员为居民办理房屋结算手续，并每日把居民上交的钱款核对准确后及时存入银行，做到严谨安全。同时，财务组还负责发放居民货币补偿款，以及居民转换楼房后的剩余房款。及时与市保障办和区保障办沟通协调，保证居民的补偿款顺利及时发放。

**【综合报审规范严密】** 综合报审组是安置办所有程序中最后一步，工作人员将居民全套档案材料复印多份，并逐户录入电子档案后，组卷上报上级部门进行审核。该项工作已进入收尾阶段，截至 2017 年末，已安置居民 24800 余户，已支付资金 88150 余万元。

# 财　税

## 财　政

【概　况】鸡西市城子河区财政局为区政府工作部门。主要职能是根据全区经济和社会发展战略，拟定全区财政发展战略，参与制定全区各项经济政策；负责组织指导全区财政工作；编制区级年度预决算草案并组织执行等。局机关行政编制9个。设8个内设机构：办公室、预算科、机关财务科、会计管理科、农业财务科、国有资产管理及企业财务科、国库集中收付科、政府采购办。2017年，区财政局在区委、区政府的正确领导下，以“转型发展兴区富民”为目标，积极应对经济下行压力，不断优化经济结构，持续改善民生，促进社会事业健康发展，圆满完成全年工作任务。全区一般公共预算收入完成1.06亿元，同比增长6%。全区一般公共预算支出完成4.3亿元，同比增长12.6%。

【增收节支成效明显】围绕年初一般公共预算收入预期目标落实任务，会同税务部门、非税征管部门全力以赴，积极挖潜增收。加强对重点企业、重点行业和棚改项目等重点税源的监控，努力促进应收尽收。2017年，全区一般公共预算收入实现1.06亿元，比2016年增长6%，超预算5个百分点。重点纳税企业财税贡献率进一步提高，纳税100万元以上的企业24户，比上年增加8户，实现全口径税收6612万元，增收2270万元，占工商税收收入比重为56%。同时，大力压缩一般性支出，全力保重点支出，2017年全年一般性支出压缩5%，严控“三公”经费，2017年全年“三公”经费支出同比下降10%，较好地控制在预算范围之内，将厉行节约的规定落到实处。

【争取政策扶持】坚持把对上争取作为实现借力发展的突破口，认真研究国家、省政策导向，用足用好政策，主动与各部门加强工作配合，共同争取上级资金和政策支持。2017年，累计争取到位上级专项资金11600万元，为全区经济社会事业发展提供有力支撑。

【民生保障能力增强】坚持保基本、兜底线，统筹安排，量力而行，扎实细致地做好民生托底工作，2017年全年民生投入3.37亿元，占财政总支出的77.8%，为民生实事提供财力保障，提升人民群众的获得感、幸福感。优先保障工资、运转支出。积极筹措资金2亿元，确保工资发放和机构运转。筹集资金800余万元，调整机关事业单位离退休人员基本养老金，兑现公安干警执勤岗位津贴、法定工作日之外加班补贴和机关事业单位职工住宅供热费补贴，住房公积金扣缴比例已上调至7%。支持民生重点工程建设。筹措资金4800万元，大力支持棚户区改造等基础设施项目建设，改善矿区群众生活环境。加快美丽乡村建设，投入资金680万元，完成鸡虎高速沿线村屯改造项目、提升农村居民生活品质。支持做好医疗和社会保障工作。全面实施城市公立医院综合改革，取消药品加成，让利百姓18.3万元。投资60余万元，为区医院增设医疗设施设备，改善就医条件。积极兑现提标政策，城乡居民基本医疗保险财政补助和个人缴费标准均提高30元，分别达到每人每年450元和180元；城乡居民养老保险基础养老金人均提高10元，达到每人每月80元；基本公共卫生服务经费人均财政补助标准提高5元，达到每人每年50元。发挥民生保障兜底作用，投入资金4620万元，发放城乡低保、优抚、临时救助等，切实保障困难群体基本生活。支持教育事业发展。投资1800万元的杏花学校教学楼和综合楼投入使用。投资160余万元，完成正阳、晨兴等学校基础设施改造。投入资金560万元，落实城乡义务教育学生“两免一补”政策，落实各项教育资助政策，加强扶贫助学。支持农业提质增效。积极筹措资金495万元，倾心落实国家强农惠农政策，及时发放各类惠农补贴，深入开展一事一议财政奖补工作，整合用好涉农资金，推动提高全区农业综合生产能力，促进农民持续增收。

区财政局局长丁武（左二），深入长青乡调研南北灌渠疏通工程工作进展情况　　区财政局　提供

**【深化改革添动力增活力】** 围绕重点改革任务，准确把握改革的重点难点和时间节点，采取有力措施，抓好改革任务落实。推进预算管理制度改革。进一步清理挤压存量资金空间，盘活沉淀资金服务经济发展大局。完成预算执行系统与同级人大联网，为同级人大对预算执行全过程监督提供平台。严格落实预决算信息公开，通过政府网站公开财政预决算报告及“三公”经费情况说明，自觉接受人大、政协和社会各界监督。推进税收体制改革。打破企业隶属关系，进一步明确市、区税收分享比例，在保障全区既得利益基本不变的前提下，做好前期各项收支数据的测算等基础工作，确保全市市区税收分享改革全面实行。继续完善财政各项改革工作。完成各预算单位U8记账软件的安装，使全区各预算单位告别手工记账的历史，全面实行了会计电算化。推进公务卡制度改革，减少现金支出，提高公务支出的透明度。进一步加强财政专项资金管理，提高专项资金使用效益。完善行政事业单位资产管理制度，严格履行资产处置审批程序，继续推进非办公类资产清理处置工作，将闲置资产尽快市场化配置到生产领域。

## 国家税务

**【概　况】** 鸡西市城子河区国家税务局内设机构有办公室、政策法规科、征收管理科、人事教育科、监察室、办税服务厅、税源管理一科、税源管理二科、永丰税务所、长青税务所10个，级别为正股级。全局干部职工28人。2017年，在市局和区委、区政府的正确领导下，在区局班子成员的全力配合及全体干部职工的共同努力下，城子河区国税局以中共十八大、十九大等会议精神为指导，紧紧围绕区局总体工作部署，结合区局工作实际，团结和带领全局干部职工创新实干，狠抓落实，以工匠精神扭住关键、精准发力，较好地完成各项工作任务，推动新时代国税事业的新发展、新跨越。

**【组织收入】** 2017年，城子河区国税局在工作中始终坚持以组织收入为中心，加大对税源的精细化、科学化管理，保证税收任务的完成和收入的及时、足额入库，严格执行“依法征税、应收尽收、坚决不收过头税、防止越权减免税”的组织收入原则，认真贯彻各项税收政策落到实处。定期走访纳税人，采取与企业法人、财务人员座谈等形式，了解企业实际经营情况。从实际工作出发，经常性地深入重点税源企业进行实地调研，为企业送去最新的税收政策，切实维护纳税人的合法权益。截止到2017年12月末，累计完成全口径税收7771万元，同比增长69.85%，增收3196万元。

**【税源管理】** 开展福利企业资格备案工作，对享受促进残疾人就业优惠政策的企业进行资格备案，及时对辖区内4户企业即征即退手续进行审核审批。严格增值税减免税的税收管理，确保税收政策贯彻落实到位，2017年全年共受理流转税减免备案、审批26户；加强企业所得税征收管理，对纳税人依申请核定征收企业所得税112户，占全局所得税企业比例的29%；加强纳税评估力度，2017年，共对27户纳税人进行纳税评估，评估入库增值税198万元，滞纳金35万元，调减留抵税额95万元，使纳税评估工作得到有序开展，增强税收执法的刚性。

**【便民办税】** 2017年，城子河区国税局以践行“六零”（服务受理零推诿；服务方式零距离；服务质量零差错；服务结果零投诉；服务项目零收费；政策服务零折扣）服务承诺为突破口，努力叫响“新城区、馨税收、心服务”的服务品牌，实现纳税服务工作提质增效，赢得纳税人的点赞。办税服务厅被确定为“六零”服务创建试点单位，不断完善办税厅的建设，调配窗口功能，增设咨询服务岗，积极拓宽纳税服务渠道。在市局的统一部署下推行“一窗通办”模式，推广自助办税系统、电子税务局等服务平台，满足纳税人的网上办税需求。定期开展纳税辅导培训，对辖区内小规模纳税人的纳税申报和“营改增”的建安企业、房产企业进行纳税辅导，规范企业申报表的填写和增值税发票的开具。自2017年9月电子税务局推广以来，已举办6期电子税务局应用操作培训班，就涉税流程进行详细讲解，有效地拓展纳税服务措施，方便纳税人。截至2017年底，一般纳税人申报率达到99%，总体申报率达到97%，真正实现了让纳税人多走“网路”、少跑“马路”。2017年，城子河区国税局办税服务厅先后被黑龙江省妇联，鸡西市委、市政府授予省“巾帼文明岗”称号和“文明行业示范窗口”称号。与邮局签订代开发票及委托代征协议。加快推进区国税局“互联网+政务服务”工作，实现互联网与国税服务的深入融合和创新发展，进一步提升国税政务服务标准化、网络化、智慧化水平，实现办税服务全覆盖。按照方便纳税、降低成本的原则，减少纳税人来回多头跑，节约时间和成本，提升办事效率，助力办税最多跑一次。

**【国地税合作】** 按照省局、市局要求，认真落实《国家税务局、地方税务局合作工作规范（3.0版）》中内容，在37项基本合作事项中，已开展了16项；14项创新合作事项中，涉及该局的工作已开展1项，双方2017年协同处理纳税人信息共7936条。另外，两局除通过互设窗口，互派人员，优化服务，为纳税人提供更便捷、优质的纳税服务外，2017年成功推出“一窗一人一机双系统”办税模式，通过国地税合作，堵塞征管漏洞，纳税人一次申报可办两家业务，不但避免了纳税人办税多头跑，而且解决了长期存在的漏征漏管问题，促进了纳税服务深度融合。

**【党建工作】** 以学习贯彻中共十九大精神为统领，以强化党的建设为牵动，驰而不息推进党风廉政建设，推动全面从严治党向纵深发展。全面落实党建工作责任，坚持以上率下，层层传导压力，强化党组书记“第一责任人”和党组成员“一岗双责”意识，做到明责知责履责尽责。通过签订党风廉政建设责任书、述职述廉等方式，逐级落实管党治党责任；夯实党建工作基础，严格按照市局要求推行党建办实体化运作，配齐配强党务干部。通过参加培训、志愿服务、爱心捐助等活动，提升党员干部的政治理论水平，不断为党建工作注入活力动力；规范党内生活，严格按照“三会一课”制度的要求，每季度开展1次党课学习、3次中心组讨论。采取中心组学习、支部学习、个人自学、结对帮学等多种方式，强化政治理论学习，规范党内组织生活，激发党员干部的政治学习热情。充分发挥关键少数的带头作用，党组成员始终坚持理论学习带头、遵守纪律带头、责任落实带头的工作作风，发挥班子的“头雁效应”，以少数带动多数，以个人带动全局，形成良好的工作、学习氛围。

**【廉政建设】** 推动党风廉政建设常态化，注重廉政学习，2017年全年组织干部专题学习5次，学习《中国共产党章程》《中国共产党廉洁自律准则》《中国共产党党内监督条例》等内容。为发挥警示作用，以国税系统违法违纪案件和中央、省、市纪委通报的49起各类违法违纪案件为反面典型，组织干部深入讨论和对照检查。观看《正风肃纪在行动》《反腐警示录》等专题片，以案说法。开展形式多样的教育活动，通过“廉政图书角”和“走廊文化”的形式，使全体干部受到廉政教育和启示，进一步坚定以实际行动推进党风廉政建设的信心和决心。

**【队伍建设】** 加强干部学习和培训工作，定期组织学习政治理论知识，开展学习交流，用习近平总书记系列重要讲话精神武装头脑、指导实践。建立学习型机关，大力开展教育培训工作。按照“干什么学什么，缺什么补什么”的要求，制定学习计划，落实学习任务，使全体干部实现工作学习化、学习工作化。定期组织全体干部认真学习税法和相关法律法规，不断提高国税干部依法办事、依法行政、依法管理的意识和水平。以志愿活动为纽带，密切联系群众。2017年全年多次开展慰问孤寡老人、贫困居民、留守儿童以及清扫垃圾等社会公益活动，积极响应区委、区政府“精准扶贫”的工作号召，与四户村民结成帮扶对子，经常送去米面粮油等生活必需品。通过一系列活动的开展，增强了党员的宗旨意识，增强了党组织的凝聚力和向心力，获得了群众的好评，树立了国税干部的良好形象。

## 地方税务

**【概　况】** 鸡西市城子河区地方税务局于1994年9月成立，在职干部30人。2017年有9个内设机构：办公室、办税服务厅、管理一股、管理二股、管理三股、稽查股、法规股（监察室）、社保股、信息股。负责辖区内476户企业和1768户个体工商户的企业所得税、个人所得税、资源税、城镇土地使用税、城市维护建设税、印花税、土地增值税、房产税、车船使用税、烟叶税、耕地占用税、契税等税种和企业基本养老保险费、失业保险费、教育费附加、地方教育附加、文化事业建设费、工会经费、残疾人就业保障基金的征收管理工作及二手房交易代征增值税工作。

2017年，城子河区地方税务局在区委、区政府及市局的正确领导下，坚持用铁的纪律建设队伍、铁的措施依法治税，以组织税费收入为中心，规范税收管理，优化税收环境，全面从严治党，加强队伍建设，各项工作取得超出预期的成绩。2017年全年累计组织税费收入7451万元，为全区经济社会发展做出积极贡献。

**【组织收入】** 2017年，全局上下充分发扬“上下一心、勇于担当、顾全大局、善打硬仗”的优良传统，主动出击，积极挖潜，扎实有效地开展组织税收收入工作。2017年全年共实现税费收入7451万元，同比增长1.7%，增收128万元。其中，实现税收收入5416万元，养老保险1468万元。

**【依法治税】** 坚持依法征税、应收尽收的原则，做好税收进度协调，提高组织收入工作的主动性和针对性，保证税收收入的均衡、足额入库，进一步严肃征收纪律，规范征收秩序，加强日常监督、检查，抓好申报、征收、入库、减免等各环节的管理工作。全面落实各项税收优惠政策，紧紧围绕上级战略部署，精心组织各项税收宣传活动，通过报纸、广播、电视、网络等多种平台发布各项税收优惠政策，营造良好的依法治税环境，提升不同群体纳税人依法纳税意识，切实减轻纳税人负担，2017年全年减免税收1035万元。

**【税费征管】** 加强“两业”税收管理，深化国地税合作，加强源头控税，与国税定期交换企业开具增值税发票信息进行比对，以便堵塞征管漏洞；与国税协同规范“两业”项目补开发票流程，明确发票开具要求，有效防止发票重复开具，加强信息传递和综合运用。夯实征管基础，加大欠税回收力度，加大日常巡查检查力度，及时督促纳税人申报缴税，避免发生新欠。对欠税大户企业情况进行分析，剖析欠税企业还欠能力，及时掌握欠税人资金变动等相关信息，加强跟踪管控。按照还欠能力进行分类，对内落实到管理员，对外落实到企业，采取领导包保等方式保证清欠工作深入开展。特别是对于小煤矿和棚改欠税，该局加大与财政、公安部门配合，对欠税时间长、欠税数额大，无还款态度的老赖企业，强化“三个一批”等措施进行清缴，逐户清理、逐笔落实催缴陈欠。依法开展回收，严格按照规定制作使用文书、履行程序、行使权力，强化风险意识。认真贯彻落实“两简并、两再造”工作，全面梳理办税事项，按照省、市局工作流程岗责的再造和调整，对全局岗责进行重新维护，对办税资料、办税环节进行减并，使纳税人获得感不断增强。认真做好环境保护税开征前的调研测算、征管数据交接、纳税人的核实和辅导培训工作，为2018年环保税的开征打好基础。加强基本养老保险费征缴管理，结合实际完善税费同征同管同查制度，真正做到税费同步；认真做好费源调查、分析和监控，筛选应参保未参保企业数据，配合人社部门及社保经办机构开展扩面参保工作；加强巡查，强化企业日常申报管理；核实2016年陈欠费款，严格落实欠费管理责任制，抓好欠费清缴，分析费源潜力，加大调查力度，将重点费源企业纳入日常监控，促进基本养老保险费增收。

**【税务稽查】** 深化案源管理和定向稽查制度，瞄准拉动税收增长的重点税源和重点行业，合理统筹稽查力量，按照“两随机，一公开”制度，加大稽查力度，发挥稽查促收促管作用，深入查处恶意偷逃税款案件，认真实施“黑名单”制度，严厉惩治发票违法犯罪活动，为纳税人营造公平公正的税收环境。2017年，稽查查补入库税款308万元，滞纳金罚款153万元。

**【纳税服务】** 全面落实“六零”承诺服务办税服务厅规范化建设工作，完善硬件基础，完善区域划分，整改标识规范，在办税服务厅规范化建设中，设24小时办税服务机，为纳税人提供办税绿色通道；实施延时办税服务以及跨区域通办等“十项办税便利措施”。办税服务厅全面实行“一窗一人一机”综合服务窗口，与区国税局开展通办事项合作。深入贯彻落实“放管服”工作要求，在办税服务厅设电子税务局体验区，设专人负责辅导纳税人操作，让纳税办税多走“网路”少走“马路”，让纳税人拥有更多获得感和体验感。

**【党建工作】** 积极落实党建工作责任制，狠抓党员教育管理，以提高党员干部素质为根本，夯实基础，探索方法，全面提升党建水平。深入学习贯彻落实中共十九大精神，结合“两学一做”学习教育常态化制度化和作风整顿工作，不断创新方式、强化措施，增强党员党性意识、为人民服务意识和勇于开拓、无私奉献的意识；认真落实全面从严治党要求，严格执行党内组织生活制度，从严规范“三会一课”制度运行，开展党建工作，使党建工作更加规范，抓出实效。

**【地税文化】** 培育和践行社会主义核心价值观，开展干部思想动态调研，成立“微笑”志愿服务队，在全区开展各类涉税咨询、税法宣传、扶危济困、救济孤寡、义务清雪、文明节俭等有意义的志愿活动；组织干部参加全系统“喜迎十九大 歌颂祖国美 共筑地税梦”文艺演出、“建党96周年”主题演讲活动，积极开展篮球、乒乓球、象棋比赛以及征文、摄影、书画等活动，在增强归属感和荣誉感同时，为创建和谐、诚信的纳税环境起到了积极的推动作用。

# 金　融

## 中国建设银行股份有限公司鸡西城子河支行

**【概　况】** 中国建设银行股份有限公司鸡西城子河支行始建于1987年12月份，隶属于中国建设银行鸡西分行，地处城子河区新路中段，营业面积519.7平方米，2017年有员工10人，其中6名共产党员，员工平均年龄32岁，城子河支行多年来坚持以精神文明建设为动力，发挥团队中优秀党员和年轻业务骨干的带头作用，紧抓“存款、客户和中收”业务主线，体现“以人为本”的经营理念，积极开拓市场，多项业务指标都走在鸡西分行系统和城子河区域同业的前列。

**【经济指标】** 截至2017年末，建行鸡西分行城子河支行一般存款时点余额为50357万元，比年初新增3573万元，增幅7.64%，完成全年新增计划2900万元的123.21%，全行排名第六，其中：对公存款9847万元，比年初新增-1237万元，增幅-11.16%，完成全年新增计划600万元的206.17%；个人存款40510万元，比年初新增4810万元，增幅13.47%，完成全年新增计划2300万元的209.13%，全行排名第一。日均余额为50828万元，比年初新增8945万元，增幅21.36%，完成全年新增计划3235万元的276.51%，全行排名第三，其中：对公存款12409万元，比年初新增4131万元，增幅49.9%，完成全年新增计划535万元的772.15%，全行排名第四；个人存款38419万元，比年初新增4815万元，增幅14.33%，完成全年新增计划2700万元的178.33%，全行排名第三。

**【中间业务】** 2017年，建行鸡西分行城子河支行在继续抓好传统结算账户类产品收入的同时，积极拓展中间业务收入渠道，努力提升产品销售能力。个人金融条线不断做大银行理财产品、贵金属、信用卡分期、健康龙卡、代理保险、电子银行、房改金融业务规模，努力提升产品销售能力和中间业务收入水平。截至2017年末，实现中间业务净收入264万元，完成全年计划227万元的116.30%，比上年同期增加105万元。

**【存款业务】** 2017年，在城子河区政府的大力支持下，经过多年与城子河区棚改办的长期协商和跟进营销，城子河区棚改办同意在与国开行签署合作协议以后，将建筑施工单位的账户开立在建行进行核算，哈尔滨金阳公路工程有限公司第二标段项目部于4月7日在该行开立临时账户，沉淀资金2842万元，为该行对公存款做出积极的贡献。并利用“存款四宝”吸收存款，营销个人优质代发客户的沉淀资金，促进对公经营性资金承接，提升资金体内循环率。个人存款稳定增长，全流量资金吸纳能力不断增强。个人业务重点强化代发工资、代理缴费、商户关联存款、CTS存款转化、理财产品、聚财宝、大额存单等产品的吸存作用，实现个人存款稳步增长。截至12月末，个人存款比年初新增4810万元，居分行18个网点第一位。

【信贷业务】 2017年，建行鸡西分行城子河支行深度融入地方经济建设，大力发展资产业务，2017年全年根据省市行要求，切实加大对小企业快贷的营销力度，抓住机遇，加快业务转型，打造城子河区同业特色业务，抢占优质市场份额。2017年全年发放小微快贷9笔，金额达450万元。

【电子银行业务】 突出移动优先战略，积极为客户做好渠道应用服务，推动电子银行业务实现快速发展。构建专项营销活动的全渠道宣传场景，增强拉动作用。通过网点宣传和《鸡西日报》等主流媒体宣传，有效推动“手机缴费赢大奖”“建行e路惠　笔笔赚话费”等活动的深入开展，持续扩大电子银行渠道客户规模。城子河支行针对旺季营销对各个指标的考核和自身发展的要求，从全年经营目标的大方向入手，布局城子河区的地域市场竞争，明确必须快速发展电子银行业务，减轻柜面人员压力，释放出时间和精力更好为客户提供优质服务，同时利用城子河区代发工资业务在建行的优势，全力发展电子银行业务，第一时间抢占市场占得先机，采取积极有效的营销措施，推进“云平台”项目的开展。从2017年4月份开始与城子河区委组织部联合开展手机银行缴纳党费的活动，首先对全区组织部相关人员培训云平台代收党费。该行相关人员分批到城子河区相关单位上门安装云平台代收党费软件并现场签约建行相关产品。全区21个党组织已有69个党（总）支部实现全面电子渠道缴纳党费，此业务开创鸡西行用“云平台”缴纳党费先河，培养了客户用建行手机银行缴纳党费的好习惯，进一步加深与代发工资单位的紧密联系。

【信用卡业务】 建行鸡西分行积极与影院、餐厅、加油站等商家合作，开展“畅享季清凉夏天1元冰爽”“10元观影优惠”“1元洗车8折加油”等多种形式的刷信用卡优惠赠礼活动，促进信用卡业务的快速发展。

【资金结算业务】 建行鸡西分行以对公资金结算产品作为服务客户的有效途径，积极覆盖客户需求，拉动对公结算产品销售快速增长。截至2017年末，该行开办公司类结算账户82户，全行排名第四，其中基本账户60户。实现对公账户代发工资新增1200人。

【信息技术保障】 信息技术管理和服务保障能力不断增强，保障全行各类信息系统安全稳定运行。安装安全客户端、企业应用商店，对30多台（套）网点终端进行更换，保证网点新一代员工渠道系统的安全稳定运行。完成总行和省、市分行项目的推广、应用版本变更，升级完成电子银行演示平板电脑和手机的升级安装工作；完成企业网安全客户端安装、升级；完成城子河区委组织部代收党费等悦易收平台的上线工作和新一代员工渠道录音录像系统上线。

【案件防控与基础管理工作】 2017年，建行鸡西分行城子河支行从严治党、从严治行，全面落实第一责任人职责和一岗双责，案件防控工作和基础管理得到加强。不断强化主体责任。制定加强基层党支部建设工作要点、“两个责任”落实考核要点、党支部主体责任考核方案、党风廉政建设党委主体责任检查考核要点等6项制度和办法。不断强化“一岗双责”。党委成员能够认真履行“一岗双责”，坚持党建工作与业务工作相互融合，相互促进。以“平安建行”创建活动常态化为主线，突出“防抢劫、防盗窃、防诈骗、防涉枪、防安全责任事故”五个重点，全面落实安全管理责任制，加强案件防查和安全生产管理，实现全年无“四类”案件、无安全责任事故发生。

【党建队伍建设】 城子河支行党支部是鸡西分行党支部活动阵地示范点，为更好开展基层党支部工作，为业务转型发展鼓劲加油，助力向前，城子河支行定期组织召开党支部会议，学习《中国共产党章程》和习近平总书记系列重要讲话精神，认真贯彻总行和省、市分行党委关于加强基层党建工作、加强基层党支部阵地建设的有关要求，创新教育和活动形式，深入推进“两学一做”学习教育常态化制度化，积极与市分行办公室党支部、纪检监查党支部、市府支行党支部结对共建，积极组织理想信念学习教育、员工警示教育及合规教育等联学活动，持续推进党组织建设，提升党员和员工队伍活力，促使团队凝聚力不断提升。

## 中国工商银行鸡西城子河支行

**【概　况】** 2017年，中国工商银行鸡西城子河支行按照省市行年初行长工作会议总体部署及各专业工作具体安排，结合该行区域经济实际情况，各项工作以稳存增存为经营基础、以各项代理业务为拓展中收突破口、以大力清收不良贷款作为提质增效的重点、以全面推动经营转型为核心、以提高网点服务能力作为同业竞争的关键、以做好党建和内控案防工作方面为保障，全力落实并做好“六方面”核心工作。对各项经营工作任务进行全面部署和精心组织，重点在措施落实和执行力上狠下功夫。截至2017年末，工商银行鸡西城子河支行在职人员25人。其中，营业室14人，后台配备人员11人。

工行鸡西城子河支行组织青年志愿者参与普及金融知识，保障财产安全“3 · 15”志愿活动　　工商银行城子河支行　提供

**【经营指标】** 截至2017年末，储蓄存款时点余额40598万元，较年初减少561万元，日均余额41124万元，较年初增加1992万元。对公存款时点余额2774万元，较年初减少433万元，其中，公司存款时点余额1988万元，位列外区行第3位；对公存款日均余额4272万元，较上年增加2475万元，其中，公司存款日均余额4082万元，较年初增加2382万元，完成计划2165%，位列外区行第1位。个人贷款年末时点余额3371万元较年初增加47万元；2017年个贷累放713万元，两项指标均位列外区行第1位。实物金销售0.13公斤，位列全辖32个营业网点第6位。中间业务收入81万元，比同期减少11万元，增幅位列外区行第1位。净利润218万元，比同期减少87万元。

支行行长关艳（前排右三）带领员工参加城子河区精神文明办组织的环保志愿活动，负责新路街道周边的垃圾清理

工商银行城子河支行　提供

**【参与赛事】** 2017年6月17日，在鸡西分行举办的第四届羽毛球比赛中，城子河支行获得女双冠军。2017年9月，在鸡西分行举办的职工台球和第五届乒乓球比赛中，也都取得优异成绩。

## 黑龙江鸡西农村商业银行股份有限公司城子河支行

**【概　况】** 黑龙江鸡西农村商业银行股份有限公

司（以下简称鸡西农商银行）是经中国银监会批准，在原鸡西市区农村信用合作联社基础上改制组建的具有独立法人资格的地方性金融机构，2015 年 5 月 29 日挂牌开业，注册资本 5 亿元，是鸡西市唯一一家总部在鸡西的金融机构。同时原城子河信用社变更为黑龙江鸡西农村商业银行股份有限公司城子河支行，城子河支行内设 2 个部门：综合信贷部、综合业务部，下辖 3 个储蓄所。2017 年有从业人员 31 人。成立了一支集营销、推介、服务等为一体的专业化营销团队，实现资源、队伍、产品和客户的整合，强化业务宣传力度，进一步提高业务服务质量，增强业务发展的可持续性和稳定性，进一步实现增量创收，同时不断改进金融服务，注重发挥地方性金融机构支持地方经济发展的积极作用，实现“农民增收、企业增效、银行增盈和政府满意”的“四赢”局面，为促进城子河地区经济社会又好又快发展做出了积极贡献。

**【经营指标】** 截至 2017 年末，各项贷款余额 14718 万元，当年累计投放 30101 万元，较年初增加 3191 万元，票据贴现 16 笔，累计金额 3188 万元，较年初增加 3186 万元，各项存款余额 96013 万元，较年初增加 9170 万元。

**【金融服务】** 强化五项举措，全面提升金融服务水平。开展“商赢时贷”“民易贷”等贷款品种。提高贷款便利程度，简化贷款手续，降低贷款利率，落实惠农政策。推行贷款“五公开”（公开持证对象、公开授信额度、公开利率、公开年审及包片人、公开信息补登），实行阳光办贷和贷款公开服务承诺制。丰富“信贷＋保险”金融服务产品种类，有效提高客户抗风险能力。改善农村结算环境，城子河支行农村自助服务站稳定运行，为农村地区的金融服务提供便捷条件。累计发行鹤卡银行卡 1.7 万张，布设自助设备 5 台、POS 机 22 台，实现了城乡现代化金融服务全覆盖。

**【精神文明建设】** 2017 年城子河支行持续深入开展精神文明建设工作，组织集中学习《员工职业道德标准》，并开展了职业道德警示教育活动，切实提高员工合规经营意识。组织开展员工健康查体活动，切实保障员工的身体健康。

**【服务管理】** 2017 年城子河支行继续开展“四零服务”，要求员工在服务中做到服务受理零推诿、服务方式零距离、服务质量零差错、服务结果零投诉，建立周学习制度，细化服务管理流程，通过组织网点员工利用晨会时间，积极开展集中学习网点标准化流程管理规范、开展服务检查等活动，切实提高员工服务水平。同时注重网点安全保卫意识培训，完善安全管理制度，落实安全保卫工作领导常态化管理，落实安防责任制，构建安全防范网络体系，实行标准化管理，全国掌握网点安防工作情况，定期举行安全保卫培训和防暴防火流程演练。

## 中国农业银行鸡西分行城子河支行

**【概　况】** 2017 年，中国农业银行鸡西分行城子河支行按照城子河区政府相关部署，积极履行社会责任，践行“面向三农，服务城乡”的企业使命，把服务“三农”作为改革发展的永恒主题，契合地方经济建设，优化资源配置，支持区域经济转型。城子河支行设立 2 个部室，客户部、综合管理部。营业网点为 2 个，其中，营业室 1 个，分理处 1 个。

**【存贷款余额】** 各项存款日均余额 2.99 亿元，同比下降 756 万元，四行日均余额市场份额排名第 3 位。各项贷款日均占用 7077 万元，同比多增 2239 万元，各项贷款余额同业市场份额较年初上升 0.55 个百分点。

**【中间业务】** 剔除委托资产处置收入，实现中间业务收入 146 万元，同比下降 3 万元，降幅 2.1%，完成市行计划的 72.51%。

**【利润指标】** 实现拨备前利润 147 万元，同比下降 1 万元，降幅 0.68%，完成市行计划的 73.5%，拨备后利润57万元，同比下降49万元，降幅46.23%，完成市行计划的31%。

**【客户建设】** 个人折效客户数1110户，客户贡献度3.7，同比上升115户；法人折效现金管理客户净增10户，完成市行计划的70%。有效收单商户净增6户，完成市行计划的100%。企业电子银行活跃客户净增52户，完成市行计划的90%。累计向黑龙江巨田能源有限公司、黑龙江珠江能源开发有限公司、鸡西英辅煤炭销售有限公司等法人客户投放实体贷款1.1亿元。个人贷款累计新增户数25户，累计投放310万元，主要发放质押贷款、房抵贷经营、房抵贷消费、助业贷款等。

**【网点渠道建设】** 营业室、金三角分理处均完成网点文明标准化建设，支行将加强网点文明服务在线监控、现场检查力度，持续抓好网点文明标准化建设工作。2017年，营业室新上线1台超级柜台自助设备，减轻柜台压力，便于客户办理业务。

**【党建和队伍建设】** 在全行开展“两学一做”“两个办法”学习教育，组织开展党员承诺践诺、读书月、“岗位建功争做标兵”、演讲比赛等活动，参加市分行党建专题讲座，达到学习教育有内容、有步骤、有效果。2017年全年组织两次支行党支部书记党建工作述职，发展新党员1名，加大支行间党员干部交流力度，交流使用干部3人，严格按程序选聘3名副股级干部，为干部队伍注入新活力，激发全行经营动力。

**【价值创造】** 2017年，支行营业支出583万元，同比多支25万元。代理保险收入29万元，同比少收10万元。对私理财日均增量4201万元。2017年全年累计投放农户贷款35万元，均为有效担保。

**【风险防控】** 围绕着向风险和案防宣战，加大不良贷款清收压降力度，实现“双降”目标，不良贷款余额18万元，较年初下降4万元，不良率为0.84，较年初下降0.18个百分点。严格防范电信诈骗风险，成功堵截2起电信诈骗。

**【“两个从严”】** 深入开展巡视对表对标整改工作，问题整改率及整改措施落实达到100%。认真开展“两加强，两遏制”回头看、“知法守法敬法”警示教育，提高全行依法合规经营意识。围绕着“责任清单”，层层推进党风廉政建设责任落实，开展了“四风”问题整治情况“回头看”工作。2017年全年查处各类责任人4人次，其中，经济处理加通报批评1人，通报批评2人次，批评教育1人。

# 邮　政

## 中国邮政集团公司城子河区分公司

**【概　况】** 中国邮政集团公司城子河区分公司（以下简称邮政城子河分公司）2017年有职工75人，邮政营业网点7处，其中代理金融网点6处，承担邮政普遍服务业务，提供邮务类业务（包括函件、包裹、报刊、集邮、机要通信、电子商务等）、金融类业务（包括邮政储蓄、代理保险、汇兑、储蓄中间业务等），可以满足社会各界和广大客户多层次、多样化的用邮需求。

**【党建工作】** 2017年，邮政城子河分公司党支部贯彻党的路线、方针、政策和上级党组织的工作要求，围绕中心，服务大局，建立党支部负总责，支部书记带头抓，分管支局长、客户经理、金融管理员具体抓，一级抓一级，层层抓落实的党建工作责任制，发现问题，及时整改。2017年，支部成立党员服务队，实行党员分片包干负责制，开展横向到过，纵向到底的网点学习、宣传及业务督导，把党建工作与经营任务结合起来。重视党员发展工作，培养优秀分子加入到党员队伍中，提高支部的战斗力。

**【履责服务工作】** 邮政城子河分公司以服务地方为已任，履行普遍服务和特殊服务职责，开展邮政服务“三农”、服务中小企业工作，在促进城子河区经济和社会发展、保障公民基本通信权利、服务和谐社会等方面发挥作用。

**【经济指标】** 2017年，邮政城子河分公司的邮政行业整体保持较快发展势头，推进行业结构调整，总体运行呈平稳增长，辖区邮政各项业务收入稳步提升。2017年，完成邮政业务总收入2735.13万元，同比增长15.63%。其中，邮务类业务完成233.82万元，比同期下降1.24%，代理金融业务完成2398.07万元，比同期增长16.93%，快递业务完成73.31万元，同比增长34.83%，商品销售收入完成19.17万元，同比增长48.11%，其他业务收入完成10.76万元，同比增长3.16%。

**【基础服务工作】** 2017年，邮政城子河分公司加强营业员服务用语的使用，工作人员履行各项服务职责。对分公司邮政营业专厅进行改造，邮政营业厅面积扩大一倍，成为独立的营业厅，改变和邮储银行共用一个营业厅的拥挤现象。2017年，速递业务快速发展，进出口邮件量加大，通过改扩建工作场地，使邮件接发环节更加安全、合理。对新区平房动迁网点重新选址装修，新区支局营业环境得到改善。邮政服务基础设施的改善，不仅方便用户，也使邮政分公司对外整体形象得到提升。邮政城子河分公司开展“用户是亲人”的评比活动，树立典型，营造氛围，调动职工的工作热情，提升区分公司整体服务水平。

**【安全工作】** 邮政城子河分公司执行收寄验视、实名收寄，落实应急管理制度，推动企业安全生产达标、落实主体责任，积极配合公安、国家安全、安监等部门开展寄递渠道信息安全、反恐、禁毒、打击侵权假冒、“扫黄打非”等方面工作，深入开展行业安全生产大检查，巩固行业安全基础，保证重要节日、重点时期、重大活动和业务旺季期间行业生产安全。组织开展邮政行业消防安全演练。2017 年，邮政城子河分公司未出现安全生产事故，全年实现安全平稳运行。

# 综合管理

## 民 政

**【概　况】** 鸡西市城子河区民政局主要担负着社会救助和社会福利、基层民主政治建设、服务军队和国防建设、管理专项社会事务四大职能。具体负责城乡最低生活保障、救灾救济、城乡社区建设、优待抚恤、婚姻登记、殡葬管理、行政区划、收养登记、慈善捐赠、民间组织管理、地名管理、社会福利事业和基层政权建设等项重要职责。鸡西市城子河区民政局机关编制4人。全局共有科级干部3名，其中正科级2名，副科级1名。领导职数设局长1职，副局长1职，科员2职。局机关内设6个科室（包括办公室兼民间组织管理、社会福利社会事务办公室，双拥办兼基层政权和社区建设、区划地名办公室，财务室，救灾救济办，低保办，婚姻登记处）。2017年，鸡西市城子河区民政工作的总体要求和目标是全面贯彻落实中共十八大和十八届三中、四中、五中、六中全会以及省市相关工作会议精神，坚决落实区委、区政府和市民政局关于民政工作的安排，牢固树立“民政为民、民政爱民”的工作理念，积极推动城子河区民政事业改革创新，进一步提升民政管理服务水平，深入推进党风廉政建设，奋力开创民政工作新局面。

**【低保标准调整】** 2017年，鸡西市城子河区民政局社会救助水平实现新提高。继续提高社会救助标准。城子河区本级城市低保标准由每人每月500元提高到530元，农村低保标准由每人每年3500元提高到3720元，全区2017年为9118名城乡低保对象发放低保金4231.41万元。农村特困人员集中供养标准由每人每年6200元提高到6720元，分散供养标准由每人每年4300元提高到4704元，全区2017年为975名特困人员发放救助资金51.97万元。全区2017年共为231人次发放农村医疗救助资金36.61万元。

**【救灾救济】** 鸡西市城子河区民政局扎实开展“救急难”工作。建立健全了主动发现机制、快速救助机制和社会力量参与机制，为因特殊性原因造成生活出现暂时性困难的家庭予以救助，发放临时救助金100.53万元；为720名受灾群众发放救灾款物共计20万元，切实保障其基本生活。支持龙煤改制，对龙煤困难职工给予及时救助，其中符合救助条件的及时纳入低保，做到应保尽保，有效保障困难职工生活，维护社会稳定。

**【基层政权和社区工作】** 2017年是第十一届村民委员会换届选举之年，全区共有13个村民委员会完成了选举，一次性选举成功率达到100%，新当选的村民委员会干部42人（其中主任13人、副主任1人、委员28人）。为确保选举工作顺利进行，区民政局提前深入各乡了解和掌握村委会班子的基本情况、广大党员群众对选举工作的意见建议等，制定《城子河区第十一届村民委员会换届选举工作方案》。2017年城子河区继续建设了3个城市标准化社区，区财政累计投入资金667.8万元。

**【双拥优抚】** 2017年，城子河区深入开展双拥工作。不断加强军地双拥共建，积极探索具有地方特色的双拥工作新路子，持续深入开展“双拥十项”活动。全面落实优抚政策。取消抚恤补助城乡差别，实现了抚恤补助城乡一体化，2017年全年共为150名优抚对象发放各类补助资金177.9万元。

**【社会福利】** 鸡西市城子河区民政局建立健全养老服务机制。制定出台《城子河区开展养老院服务质量建设专项行动实施方案》，为推进养老服务业发展提供制度保障。社会福利事业稳步推进。2017年，为全区2337名残疾人累计发放“两项”补贴资金279.59万元，为32名孤儿发放基本生活费26.88万元。

## 人力资源和社会保障

**【概　况】** 城子河区人力资源和社会保障局主要承担全区就业、社会保障、工资分配、人才工作、人事管理、工资福利、劳动关系和公共服务等方面民生工作任务。共有干部职工44人（在职科级干部9人），其中局机关22人，局属单位22人，直属事业单位4个。

**【公务员年度考核】** 认真做好公务员年度考核工作。根据上级统一安排，结合城子河区实际，会同区委组织部印发《关于做好2017年全区公务员年度考核工作的通知》。工作中认真执行考核规定，严把优秀比例，全区公务员（参照公务员管理事业人员）参加考核247人，其中优秀等次42人，称职等次204人，未定等次1人。圆满完成全区公务员考录工作。坚持国家公务员公开考录制度，2017年全区共考录公务员（参照公务员管理事业人员）3名。

**【人事管理】** 不断加强公务员管理工作。按照相关程序，对全区2017年录用的3名公务员进行试用期满考察，考察合格后，及时办理任职定级手续。严格执行相关政策规定。严格按照公务员登记的范围、对象、条件和程序，在规定的行政编制限额内，认真做好公务员登记备案工作。严格考核政策，扎实做好年度考核备案工作。2017年全区事业单位工作人员（含机关工勤）参加考核人数为247人，考核结果为优秀等次37人，合格等次205人，不合格等次4人，不定等次1人。进一步完善人员聘用管理制度，严格聘用手续审核备案，加强人员聘用数据库建设，规范事业单位人员聘用合同管理工作。全区事业单位人员全部签订并及时续签聘用合同，有4人签订长期合同，聘为管理岗位。

城子河区城镇转移就业职工孵化基地暨大学生（青年）创业孵化园区挂牌启动仪式在城子河区金三角千寻孵化基地举行

孙兆捷　摄

**【就业创业服务】** 2017年，全面实施“创业精准脱贫、就业精准援助、定向精准培训、基层平台精准服务、专项资金精准发力、龙煤分流人员精准安置”等六大工程，多举措拓宽就业渠道，全方位提供就业岗位，大力气推进全民创业，在全市率先完成龙煤鸡西矿业集团两批分流人员转岗接收安置任务。依托金三角开发区集散区优势，建成千寻孵化器电子产业园1个，为10名创业者发放创业担保贷款72万元。就业服务工作稳步推进，各项就业政策宣传力度大，覆盖面广。公共就业服务活动进展有序，规模大、效果好，就业服务实现常态化。农村富余劳动力转移任务提前超额完成。在全区范围内先后开展“就业援助月”“春风行动”“民营企业招聘周”等公共就业专项服务活动。联合乡镇街道举办“失地农民工专场招聘会”“就业困难人员专场招聘会”。日常工作做到对用工企业以及求职群众免费服务到位、跟踪服务到位、信息发布到位，除了求职登记、职业介绍等日常服务外，还将招聘活动常态化，坚持周四招聘会不间断并实现制度化管理，建立专门台账，为企业用工、求职人员择业提供便利的平台。2017年，已先后组织举办各类专场招聘会10余场次，发布招聘岗位2819条，先后为6116人提供了就业服务，3196人与用工单位达成就业意向。全区城镇新增就业3898人，完成全年目标任务的111%，城镇累计新就业人员4915人，完成全年目标任务的126%，失业人员再就业人数4860人，完成全年目标任务的151%，城镇登记失业率控制在4.02%以内，困难人员实现再就业人数1386人，完成全年目标任务的173%。求职登记完成6116人，成功就业3196人，共转移农村富余劳动力1298人。发放社保补贴5177人，共计1030余万元。办理就失业登记证810人。金三角地区创建孵化基地，解决创业人员场地、失业人员就业、用工单位招工等问题。

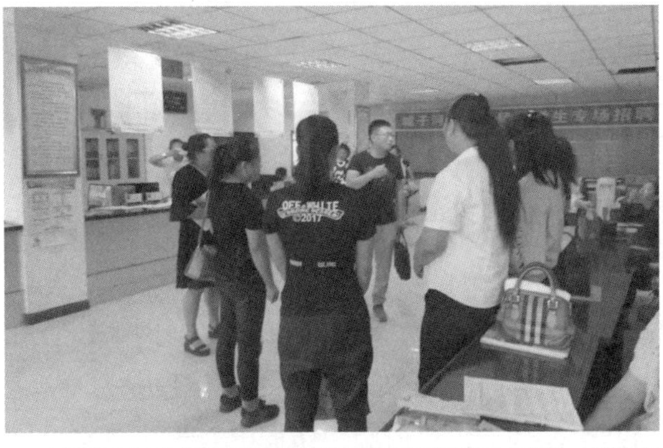

城子河区人力资源和社会保障局在就业局服务大厅举办大学生专场招聘会　　区人社局　提供

**【养老保险】** 主要包括机关事业单位社会基本养老保险、企业职工社会基本养老保险以及城乡居民社会养老保险、基本医疗保险等。2017年，城子河区居民养老保险符合参保人数7318人，已参保人数7207人，参保率98.5%。应缴费人数4131人，已缴费3227人，缴费率为78%。缴费金额218.4700万元。为更好地方便和服务农村居民，与区农行每年组织两次进村入户收取保费，为农村提供极大的方便，定期对农村居民宣传养老保险的新政策，做到宣传政策无死角，把党和国家的惠民政策落到实处，群众得到实惠。全区城镇居民医疗保险参保总人数为38724人，征缴基金358万元，区新农合参保人数13790人，征缴基金248万元，全面完成市局下达的各项任务目标。对区事业、行政共111个单位进行信息采集，帮助其录入机关养老保险系统，为机关事业养老保险上线做好准备工作。为1381名符合条件的机关事业单位退休人员调整养老金待遇，社会化发放率继续稳定在100%。全区城乡居民养老保险参保人数7318人。基础养老金标准提高，由每人每月60元提高至80元，待遇领取人每年可领取不低于960元的养老金。

城子河区城乡居民基本医疗保险征缴宣传活动在城子河区兴城广场举行　　区人社局　提供

**【医疗保险】** 城乡居民医疗保险整合以来，顺利完成基金、人员、财务划转，工作效率进一步提高。2017 年，共审核社区居民药费 1791 人次，共发放药费 1005355740 元，审核新农合药费 1224 人，报销金额 3435230 元，其中域外报销 182 人，报销金额 733408 元，本地报销 1042 人，报销金额 2701822 元。家庭账户报销 4216 人，报销金额 258435 元，门诊统筹报销 10650 人，报销金额 518634 元。

**【人才队伍建设】** 结合全区人才队伍的现状和人才资源开发的实践，从战略和全局的高度来抓，实施人才强区战略。建立城子河区人才市场，大力引进人才，树立人力资源开发投入是收益最大投入的观念。加强中青年学者，技术骨干和高新技术人才的培养、引进与使用。开辟人才引进“绿色通道”，引进区急需的各类人才。对引进高层次人才实行“特事特办”，提供优质高效服务。采取“走出去、引进来”的办法，组织好省内省外，高校集中地区的人才招聘活动。要做好专业技术人才的继续教育。以改善知识结构，增加创新能力，提高综合素质为目标，分类分层次进行以新理论、新知识、新技术、新信息、新技能、新方法为主要内容的培训，强化专业技术人员的素质和能力建设。

**【人事制度改革】** 2017 年，人社局新录用公务员 3 人，实现公务员的科学管理，为 66 名公务员审批兑现奖励经费 55600 元，公务员培训增设社会实践内容。完善专业技术人员职（执）业资格考试制度，营造公平、公正的考试环境。

**【工资收入分配】** 及时完成机关事业单位基本工资、艰苦边远地区津贴、县以下机关职务与职级并行制度、区直机关及参公单位公务交通补贴、机关事业单位住房提租补贴、年终一次性奖金、供热补贴、人民警察等衔津贴、乡镇工作补贴、中小学班主任津贴、特殊岗位津贴等调标、待遇的落实等项工作。

城子河区人社局积极参加志愿者服务活动　　区人社局　提供

**【劳动和社会保障监察】** 人力资源和社会保障部门对用人单位和劳动者遵守劳动保障法律、法规的情况进行监督检查，发现违法行为，依法采取措施予以制止。主要方式有日常巡查、举报投诉专查、专项检查、书面材料审查等。积极开展企业员工工资清欠工作，确保社会稳定。高度重视企业员工工资清欠工作，按照早安排、早部署、早发现、早消除的原则深入基层企业一线进行专项检查，2017 年，主动监察单位 324 户，依法下达《劳动保障监察调查询问通知书》222 份；下达《劳动保障监察行政处罚事先告知书》180 份、下达《劳动保障监察行政处罚决定》33 份、下达《劳动保障监察行政处理决定书》4 份；劳动合同备案 300 人；共为 687 名工人追回工资约 3547 万元，确保社会稳定。2017 年全年共接待各类投诉、举报案件 32 件，立案 9 件，结案 9 件，结案率 100%。用人单位执行《中华人民共和国劳动合同法》情况取得明显的效果。审查用人单位报送的书面材料 200 份，涉及劳动者 1000 人。备案劳动合同 1000 人。

**【优化发展环境】** 在全区实施“互联网 + 公共就业服务信息化平台管理系统”网络化办公。缩短创业担保贷款审核时限，协调财政担保公司和经办银行，由 15 个工作日减到 7 个工作日。

【**大众创业　万众创新**】积极推进“大众创业，万众创新”。通过建立创业孵化基地（园）吸纳创业，加大小额担保贷款力度扶持创业，开展创业培训工作促进创业，落实创业优惠政策扶持创业等措施，有力地推动“大众创业　万众创新”进展。全区共建立1处创业孵化基地（园），2017年全年新创办个体工商户709户、各类企业162家，共发放小额担保贷款10笔72万元。

城子河区人力资源和社会保障局工作人员在兴城广场宣传就业和社会保障政策　　区人社局　提供

城子河区人力资源和社会保障局主动深入基层宣传就业和社会保障政策　　区人社局　提供

## 国土资源

【**概　况**】城子河国土资源局主要承担着全区土地和矿产资源的开发利用管理职能。2017年，城子河国土资源局共有在职干部职工24人，其中科级干部2名，一般干部13名，技师7名，工人2名。内设机构10个，包括财务、国土监察、地籍、不动产登记大厅、土地利用、矿产资源管理、耕地保护、规划、收费、乡村土地管理10个股所。2017年，城子河国土资源局紧紧围绕区委、区政府“转型发展、兴市富民”这一中心，突出“夯实基础业务”“提升管理队伍素质”两条主线，强化“发展环境”、“资源保障”和“群众权益”三个重点，全面加强土地管理，不断规范全市矿产资源开发利用秩序，扎实开展了“两学一做”学习教育和中共十九大精神的学习教育，积极转变工作作风，坚决贯彻落实国家及省、市有关政策，坚持依法行政，进一步加大各项管理工作力度并取得了良好业绩。

【**宣传管理**】城子河国土资源局依法行政水平不断提高。创新国土资源法律法规宣传形式，在“6·25”全国土地日加大宣传力度，单位领导带头走上街头和村镇，摆放咨询台，发放宣传单，耐心为群众讲解有关土地的法律知识，特别是不动产登记的相关知识，让群众对新生事物不动产登记有了认知和了解，对不动产登记工作的开展很有帮助。

【**矿产资源管理**】辖区内2017年受理采矿权延续资料甲类矿山企业3处，乙类矿山企业3处，上报率达100%。新立采矿权1处，上报率达100%。辖区内所有矿山符合矿山资源总体规划，能够做到合理利用、合理开发。辖区内所有的矿山企业编制了矿产资源开发利用方案，都已经省厅批复。

【**执法监察**】不断加强日常执法巡查，重点清理打击全区范围内的非法用地用矿行为，扎实开展动态巡查工作，对全辖区范围进行不定期巡查，巡查次数110余次。土地卫片执法检查工作取得实质性进展，矿产卫片执法检查工作按照要求取得良好成果。对辖区范围内的砂场情况进行了摸底清查，有效保护和合理利用河沙资源，提升河道生态环境，进一步规范河沙资源开采秩序。

【**党风廉政建设**】城子河国土资源局2017年开展了“能力建设年”和“基础业务建设年”活动，定于每周五下午组织业务学习和政治学习活动，全员参加。深入开展“两学一做”学习教育和中共十九大精神的学习，严格落实党风廉政建设，有效遏制了不作为和乱作为现象的发生。

**【不动产登记】** 不动产登记工作取得了突破性进展。率先在全市揭牌成立不动产登记办公室，并颁发全区第一本不动产登记权利证书。开发建设了不动产登记平台并加强登记大厅软硬件建设，积极研究探索解决不动产登记历史遗留难点问题，保证了不动产登记工作健康平稳运行。自成立以来，累计颁发不动产权证书、出具不动产登记证明 2270 本。另外，为解决群众办理不动产登记的实际困难，对有特殊情况的如卧病在床、行动不便的群众总上门登记 15 次；对有事外出或临时归来办理不动产登记的可提前预约登记，共 7 次。

## 金三角经济开发管理委员会

**【概　况】** 鸡西市金三角经济开发管理委员会，宗旨和业务范围为开发区域内业户的经济建设服务，为城子河区人民政府负责金三角地区的行政事务管理、经济开发、规划、物业管理。核定事业编制 11 个，其中在职编制 9 个。

**【旧货市场】** 鸡西市金三角物资城始建于 1992 年，占地面积 2.5 万平方米，仿古二层楼建筑 7000 平方米，总投资 1200 万元，是经黑龙江省政府批准，鸡西市政府立项，鸡西市物资总公司主办的集物资交易与信息咨询于一体的综合性生产资料交易市场。2017 年有经营业户 90 户，就业人员 180 余人。主要经营废旧金属材料、小型旧机电产品、旧货、水暖器材、橡胶制品、家用电器、其他机械设备及电子产品。

**【物流行业】** 金三角开发区 2017 年有金三角配货中心和分散物流配货站 16 家，主要配送生活用品、家具、装饰装潢材料等物品，发往哈尔滨、沈阳、北京等地。2017 年到货车辆 5000 多台次，到货量达 15 万吨。

**【矿山配件】** 2017 年，金三角经济开发区经营装载机业户有卡特旗下山工、厦工、龙工、大宇、柳工、明宇、山宇、鲁宇、理工和经营矿山配件、机械设备等业户 100 余户。

**【汽车销售】** 金三角开发区汽车销售市场是全市集中销售汽车的两大区域之一，2017 年有各类汽车销售业户 32 户，销售模式为 4S 店和二级销售，其中，4S 店有 3 户，二级销售有 29 户。主要经营五菱、北汽威望、江淮、吉利、长安商用、一汽奔腾、陆风、比亚迪、东风风行、奇瑞、野马、众泰等品牌，销售较好的国产汽车品牌有微面型，五菱、北汽威望、小康；轿车型，比亚迪、吉利。

**【电子商务】** 2017 年有电商 12 家，其中，千寻创业孵化器电子商务平台是 2017 年引进的电商企业，得到区委、区政府的大力扶持，实现较快发展。千寻创业孵化器入孵企业达 37 户，主要销售中药、农产品、土特产品等，实现销售收入 100 万元。

2017 年 5 月 19 日，鸡西市第三届小微购物节暨小微企业商会城子河分会在金三角开发区揭牌　　金三角管委会　提供

**【家具行业】** 2017 年有销售家具业户 17 户，主要经营喜德来、金佰利、红苹果、顾家家具、宏达家居等品牌。

**【消防工作】** 安全工作常抓不懈，配合消防安全部门对开发区域的业户，特别是易燃易爆场所和人员聚集场所进行全面排查和整治。按照区安监局要求，对开发区域内的经营业户实行安全生产日上报制度，并对区域内的个体私营业户安全生产实施网格化管理，配制了专职安全监管员，使开发区的安全工作更加规范。

区长任峰（左一）到金三角开发区现场指导工作

金三角管委会　提供

**【企业服务网信息化】** 为了更好地为中小企业做好服务工作，便于中小企业及时、快捷、准确地发布产品信息，创建电子商务平台，该平台与天猫网、京东网建立良好的合作关系，与生鲜网、本来生活网、顺丰物流等企业合作，将地方特色产品经过资源整合、制定推广方案，有效地实现线上服务带动实体服务。引入“淘客系统”“微信小程序”构建信息化服务大平台，基本形成以信息化平台为手段，以服务队伍为后盾的信息化服务模式。

**【基层党组织建设工作】** 开发区管委会党总支在全体党员干部中开展“转作风、促发展”活动和“两学一做”学习教育，坚持问题导向，在工作中发现问题，在解决问题中促进工作，提高党员驾驭经济、管理市场的水平。强化党员的服务意识，做到一切服务于居民和业户，为业户排忧解难。

# 教　育

## 教育局

**【概　况】** 截至2017年末，全区共有中小学9所，其中，区属小学4所，初级中学1所，九年一贯制学校3所，民办学校1所。区属8所中小学2017年有学生2728名，其中，初中869名，小学1859名。在岗教职工749名。共有幼儿园23所，其中，公办幼儿园2所，民办园21所，其中普惠性民办幼儿园21所。2017年，全区教育紧紧围绕市教育局和区委、区政府的总体部署，继续以“强化德育工作，落实立德树人”为根本任务，推进课程改革，努力提高人才培养质量。

**【教育教学】** 加强社会主义核心价值观教育，并与“养成·体验·实践”德育模式结合起来。开展首届“书香校园”评选活动，评选出“书香教师”9名，“书香班级”3个，“书香家庭”8个，“书香学子”7人。开展第六届好习惯评选活动，评选出17名示范生、8个示范班、1个市级示范校。全面提高教育教学质量，推进“十三五”课题研究工作，共征集省市级科研成果及“十三五”课题的阶段性成果120项。组织课堂教学改革展示及春、秋两季教学开放月活动，确立24个主题，展示课226节，教师听课人数960余人次，接待家长920余人次。举办城子河区第二届教师微课制作、工会优质课、第九届中小学教师课堂教学竞赛；组织教师参加小学教师命题大赛、幼儿教师素养大赛和小学生快乐阅读大赛等。承办全市聚焦核心素养、打造有效课堂——城子河区课堂教学改革展示活动。完善职业教育，参加2017年在鸡西举办的黑龙江省“全民终身学习活动周”，展示了城子河区民间微雕、根雕、标本制作、书法、国画等新成果，推进全民终身学习。学前教育稳步发展。每年度对全区民办幼儿园进行年度评估，同时开展学前教育宣传月和幼儿教师技能竞赛等活动，规范办学行为，推动学前教育发展。规范民办教育发展，加强民办学校的监督和管理，对民办学校办学水平进行评估。

**【艺体素养培养】** 举办城子河区艺体素养大赛，参加鸡西市音乐学科教学大赛，提升教师的艺体素养，“阳光体育”活动在各校积极开展。组织参加鸡西市青少年科技创新大赛，有24名学生荣获市级奖励，并代表鸡西市参加全国小学生科技创新大赛，获国家级比赛一等奖。举办“艺术童趣　美丽童心少儿才艺大赛”、“爱满校园”第四届校园集市实践活动、《辉煌与梦想》主题读书演讲等活动，丰富校园文化生活。

**【依法治校】** 依托制度建设，提高管理效能，全面落实依法行政、依法治教、依法治校。有2所学校荣获鸡西市依法治校示范学校称号，1所学校荣获鸡西市民主法治学校称号，2所学校在全国青少年学生法治知识网络大赛中荣获组织奖等。

**【信息技术广泛应用】** 教育信息化应用广泛，课堂教学彰显活力。完成2016—2017年度“一师一优课，一课一名师”工作，全区教师累计晒课101节，经过逐级评审、推荐，共有16人获得市级、省级和部级优课奖励。按照《关于开展全市教育信息化示范学校创建活动的通知》及《鸡西市教育信息化示范学校评估标准（试行）》文件要求，全区认真评估，各校信息化工作不断推进，晨兴中学通过鸡西市教育信息化示范校验收，并获得“鸡西市教育信息化示范校”称号。

**【队伍建设】** 教师队伍专业水平实现新提升。启动“中国好老师”公益行动计划，争做“四有”（有理想信念、有道德情操、有扎实学识、有仁爱之心）好老师、“做有工匠精神的教师”、“中小学教师心理健康教育”系列活动。正阳学校正式成为“中国好老师”公益行动计划基地学校，6所小学为项目校。贯彻落实习总书记系列重要讲话精神，广泛宣传教师高尚品德和无私奉献精神，践行“立德树人，从我做起”的理念。开展城子河区第四届中小学学科带头人和骨干教师评选工作，评选出中小学学科带头人7名，骨干教师42名。组织8名中小学校校长参加全国校长能力提升研修班，提升中小学校校长管理水平和领导能力。组织全区小学25名教师参加第三届冰城之春“乐学课堂”小学语文、数学教学观摩研讨会培训学习，落实核心素养，提高课堂教学质量。召开中小学班主任工作经验交流会，各学校领导、教师160余人参加活动，促进班主任队伍专业化发展。

2017年9月5日，区教育局联合区纪检委召开师德师风整顿会

区教育局　提供

**【行风建设】** 办学管理水平实现新提升。规范招生工作，对中小学“阳光分班”进行专项督导。完成中小学学校章程的制定，对全区校外办班补课情况进行集中检查，杜绝学校利用假期违规补课的现象。扎实推进“两学一做”学习教育常态化制度化，认真贯彻落实中共十九大精神。各级党代表、宣讲员及基层党支部书记走入基层宣讲中共十九大精神作报告近50次。开展“巡讲龙江——绿荫行动活动”家长会10场，由家庭教育专家给家长授课。落实省、市资助政策，联合妇联、团委、工会等部门，资助贫困学生和幼儿220人，资助金额12万元。

2017年7月8日，区教育局严格把关育才中学招生工作

区教育局　提供

**【安全教育】** 坚持开展学校安全隐患自检自查和边查边改工作，推进校园风险防控与隐患排查治理双重机制建设。召开学校安全与维稳工作会议，开展“安全月”活动。举办“交通安全伴我行”“消防安全知识讲座”等培训活动。举行应急疏散演练50多次，开展安全常识教育200余次，印发《中小学安全教育知识读本》4000册。联合消防、交警、城市执法、市场监督管理局、卫生计生局等相关部门开展食品卫生大检查、校园周边专项调研等活动，全力保障校园安全。

## 城子河小学

**【概　况】** 2017年，城子河小学在区委、区政府和市、区教育局的大力支持与扶植下，围绕区教育局的工作部署，以立足该校实际、发挥学校优势、凸显学校特色为目标，努力将学校办成学生向往、家长放心、社会声誉好的小学。2017 年度，学校承担各类教育教学活动 10 余次，迎接省、市、区各项检查近 20 余次。学校先后获得“市级民主法治学校”“区级优秀志愿服务三等奖”“区级教学质量优胜奖”“区级语文教师素养大赛优秀组织奖”等荣誉。2017 年，城子河小学有事业编制 102 名，有高级教师 19 人，一级教师 63 人，二级教师 5 人。

**【队伍建设】** “抓好班子，带好队伍，管好学生”是城子河小学的治校理念。该校领导班子实行分工负责，集体合作。做到有事谁主管谁负责，实行领导问责制。同时增强六种意识，即强化大局意识、强化率先垂范的意识、强化团结的意识、强化服务意识、强化问题意识、强化质量意识。强调班子成员做事讲勤、说话讲精、成绩讲实。

**【教学研究工作】** 城子河小学在教师常规管理方面重在强化教师要善于自我管理，注重推进信息化建设，引领教师学习先进的希沃课堂助手软件。带领教师通过理论培训、集体备课平台，教师间互研、互帮等手段，将信息化融入课堂教学中，提升教师信息技术应用能力，提高学生的学习兴趣。以“科研促教”推动成果转化是城子河小学“十三五”科研工作的主导思想。让课题融入课堂教学，让科研为教育教学质量的提高服务。组织“培养学生良好学习习惯”的教师论坛活动，教师将课题研究与教学实践有机结合起来。组织骨干教师、学科带头人开展课堂教学展示活动，发挥其引领作用。

**【学生教育工作】** 围绕善本教育工作思路，本着乐学、善思的工作主旨，城子河小学带领教师开展促进学生发展的学生活动。举行第二届“最会学习好学生”颁奖典礼，让学生在走红毯的过程中体验成长。组织开展学生阅读能力单项测试活动，举行“善于思考　趣味数学”竞赛、“百词竞赛”，开展“善于写作能力检测”活动、读书汇报会活动、数学应用能力测试等活动。让学生在活动中逐步养成良好学习习惯，不断提升学习品质。

城子河小学第二届最会学习好学生颁奖典礼现场

城子河小学　提供

**【取得成绩】** 城子河小学任巧云等 3 位教师被评为市级骨干教师；教师仲雨艳被评为市级学科带头人；于丽霞等 5 位教师在全区课堂教学改革展示中做展示课。4 名教师在城子河区第九届课堂教学大赛中获一等奖；3 名教师在“一师一优课　一课一名师”评选活动中获区级优课奖。教师姜瑜在中国语文朗读大赛中，获国家级、市级优秀奖。吕金禧等 10 名学生在第十八届全国中小学电脑制作活动中获省级二等奖。魏爱辉、李艳霞两位教师获省级电脑制作活动指导奖。城子河小学的两名学生参加全市快乐阅读比赛，学生王巍涵获得优秀作文奖。

**【打造优雅校园环境】** 城子河小学将“三风一训”（教风、学风、校风、校训）展现在教学楼显眼之处，体现学校为学生一生奠基服务的办学思想。创建学校风采宣传栏，凸显出学校的特色文化。LED 显示屏根据开展的活动以及各节日，实时更新。在楼梯口和楼梯间有温馨提示语，在每个楼层善本教育宣传栏、楼内立柱上有情趣提示，在花坛绿化带安装环保警示牌，电子班牌展现自己班级的特色。

**【德育培训工作】** 城子河小学利用教师大会时间，对教师进行社会主义核心价值观和做传递正能量、有工匠精神的教师的培训，教师写出培训心得体会。组织教师参加市教育局安排的德育专题培训。通过师德教育系列活动，树立师德先进典型，传递正能量，减少违规违纪现象的发生。

**【德育特色活动】** 城子河小学开展“向善厚德”德育特色活动。通过开展“日行一善积善成德、周记一善体验成德、月述一善感恩成德、季献一善公益成德”系列活动，培养学生良好的道德品质，增强学生的社会责任感。学校大队部成立环保志愿小组，环保志愿小组定期到长青社区清扫环境卫生。每月开展“向善厚德美德少年、好习惯示范生”的评选活动、雏鹰争章活动、德育实践体验活动等，表彰“优秀值周生”“优秀环保小卫士”“优秀实践活动小能手”等。学校大队部每周一开展主题升旗仪式。每班每月开展“月述一善”主题德育活动课，学生讲述自己当月亲身经历善行，讲述爱心善行方面故事。组织全校少先队员举行“我是向上向善好队员”主题新队员入队仪式，开展毕业生颁奖典礼活动。城子河小学与新疆博塔莫因两所小学结成“手拉手”小伙伴，互通书信，交流学习和生活情况，增进各族少年儿童间的了解、感情和友谊。

城子河小学参加黑龙江省首届青少年合唱比赛

城子河小学　提供

**【安全教育工作】** 城子河小学发挥安全教育课和安全活动课的教育主阵地的作用，增强学生的安全意识。根据鸡西市区教育局的要求，在五年级开展毒品预防教育。针对城子河小学紧邻公路这一实际情况，邀请城子河交警大队为城子河小学的学生上“交通安全体验课”，讲解交通安全知识。每月组织一次包括火灾、地震方面的应急疏散演练。

**【培训工作】** 注重加强教师的研修培训，2017年，先后组织教师外出听课学习达60余人次，促进教师业务能力提升。围绕核心素养内容、围绕部编版语文教材的编写意图及使用建议等内容组织校本培训达20余次，使教师的理论素养得到提升。

**【党建工作】** 加强党建工作，为教育教学工作助力。学校党支部全面贯彻中共十八大、十九大精神，以习近平新时代中国特色社会主义思想为指导，不忘初心。提高教师履职能力，为立德树人提供坚强的政治保证。切实落实“三会一课”制度，认真开展组织生活会，民主评议党员，丰富党组织活动，使“两学一做”学习教育常态化。贯彻执行民主集中制原则，进一步落实党风廉政建设。

鸡西市第二届小学生阅读大赛决赛赛场

城子河小学　提供

**【工作亮点】** 依托乡村少年宫项目，开展艺体教育活动。2017年9月，成立了校园足球、合唱、舞蹈、二胡等阳光社团，每周活动两次，活动时间中午12点至下午1点。阳光合唱社团在全区“爱我中华唱响红歌”比赛中获得一等奖，在全省首届青少年合唱比赛中获三等奖。足球社团在全区冰雪活动中表现出色，并代表城子河区参加全市雪地足球比赛。社团的学生们参加鸡西市第十届少儿才艺大赛，展示了校园阳光社团的成果。

## 晨兴中学

**【概　况】** 城子河区晨兴中学坐落在城子河区花园委，创建于1976年，占地面积67065平方米，建筑面积13282平方米。教师编制人数169人，在岗人数161人；有14个教学班，学生人数553人。功能室总数19个，其中，图书室1个，阅览室1个，生理化实验室各1个，微课制作教室2个，录播教室1个，计算机教室2个，多媒体教室1个，书画教室3个，音乐教室2个，舞蹈教室1个，医务室1个，电子备课室1个，电子阅览室1个，多功能会议室1个。

**【德育工作】** 强化养成，凸显活动，推进德育工作实现新跨越。认真落实立德树人，丰富养成体验实践德育模式内涵。重视养成，强化行为规范。细化量化考核、值周评比。加强习惯养成教育。开展班主任经验交流、论坛和培训等活动20次。1个班级和1名班主任获得市级好习惯示范班、班主任称号，4名学生获市级好习惯师范生称号，2名学生获省级美德少年提名。承办区德育现场会。评选10名校书香教师，17个书香班级、文明班级及书香家庭。突出重点，抓好主题教育活动。开展网络祭奠、南京大屠杀公祭日、志愿者服务等活动18次1450人次。资助65名学生3700元。承办“四有”好老师论坛活动，开展做传递正能量和工匠精神教师主题教育实践活动，撰写心得280篇、读书笔记80本、制作精美书签160张。晨兴中学获市文明校园标兵称号和区优秀志愿服务活动一等奖。

区领导视察学校工作　　晨兴中学　提供

**【优化教学模式】** 强化教法，促进“模式引领平台”发展。强化模式引领，13名教师在全校课堂教学改革展示课活动中出课，2名教师参加区级展示。细化常规，推进“教学练兵平台”建设。开展课改展示、骨干引领课等教学练兵活动，2017年共有18名教师被评为市、区级学科带头人和骨干教师。58名教师参加“一师一优课，一课一名师”录课和课改展示课活动，17名教师课程获评区级优秀课程，1名教师课程获评国家级优秀课程。开展家长开放日8次，听课家长350人次。创办特色，开展丰富的社团活动。特色社团活动丰富多彩，乒乓球基点校迎接了市验收，开设了米兰文学社和《启航报》。

**【教学信息化工作】** 2017年该校积极参加全市校际合作共同体活动，与市第九中学开展信息化互动活动2次，参与教师13人次。建立并完善学校“教学资源库”，上传课件、教学设计1734节；设置各班级云空间二维码，实现云空间建设工作精细化、透明化、公开化；完善教师、家长、学生云空间建设；设置录播课堂二维码及平台建设，利用微信学科教研群，实现课堂教学在线听评课等。信息化工作力求做到更新理念、全员参与。顺利通过市信息化示范校验收，2名教师进行信息化与课堂教学融合展示。

**【中考及招生】** 定期召开毕业班和测评分析会

议，开展晨兴大讲堂、备战中考百日誓师大会、青春梦想晨兴启航2017年度毕业季暨校园艺术节活动，辅助微信、QQ讲解，教师敬业奉献，成绩喜人。700分以上7人，600分以上34人，580分以上44人，超额完成配额指标。全员参与，制定招生方案，细化策略、落实跟进，取得突破性成果，招收新生143人。

**【培训工作】** 注重培训，推进“专业研修平台”发展。健全培训制度，举行培训及研讨活动13次1135人次，推选3名教师参加市大赛，36篇论文获奖。

**【党建工作】** 强化基础，注重落实，推进党建工作跃上新台阶。党建工作实施过程中，实现“四抓四推进”。一是抓落实，推进机制建设。制订支部工作计划和分解表，健全书记负总责，齐抓共管的工作机制。二是抓学习，推进理论提高。采取多形式学习60余次，撰写心得114篇，个人笔记2万余字。三是抓活动，推进基础夯实。坚持三会一课制度，召开会议24次和专题党课4次。开展中共十九大主题党日等专项活动19次。四是抓廉政，推进正气树立。加强一准则三条例和纠“四风”学习，开展专项整治6次，签订承诺书618人次。

全体教职员工观看中共十九大开幕式　　晨兴中学　提供

**【研培工作亮点】** 取长补短，促进“教研讨论平台”创建。教研活动实现经常化、专题化和系列化。重视期中、期末考试质量分析会。开展书香溢校园，快乐读书行、百词竞赛、趣味数学手抄报和推广普通话宣传周活动。积极参与，推动“课题研究平台”提高。落实课题研究工作，撰写论文67篇，24名教师申报市级课题5项。17名教师参与市级课题研究。

**【校园安全】** 强化预防，注重保障，推进安保工作取得新效果。开展安全教育月和安全生产月活动4次1426人次。举行告别网吧、网络竞赛、主题班会、禁毒书画作品展等专题活动37次。开展法治专题讲座3次，发放传单3984份。开展应急疏散演练13次，开展饮食卫生和安全专项整治6次，整改5条，拆除隐患房屋1187平方米。投入165万元新建警务室、大门。争取神内良一教育基金图书7840本，微课室1个、电子图书阅览终端1套。

## 东海学校

**【概　况】** 东海学校隶属城子河区教育局，是一所九年一贯制公办学校。2017年东海学校占地面积26144平方米，校舍面积7702平方米，校园绿化面积3055平方米，运动场地12170平方米。2017年，中小学共开设13个教学班，在校学生共计324人，有事业编制85人，在岗人员73人，其中硕士学历1人，本科学历54人，教师学历达标率100%。高级教师14人，一级教师25人。市级骨干教师2人，区级骨干教师6人。学校设施齐全，有物理实验室、化学实验室、生物实验室、科学实验室、语言学习室、综合实践活动室、计算机网络教室、多功能会议室、音体美活动室、多媒体教室、图书室、教师阅览室、电子备课室、卫生保健室等专用教室。学校内每间教室均设有网络，实现上网教学。每班装有一套现代化电子白板设备，均达到省级标准化学校要求。

**【优化教学管理制度】** 修订《日常教学管理制度》，制定《教师劳动纪律考核制度》，使学校教学管理工作有章可循，有规可依。进一步加强日常查课力度，坚决杜绝丢课、空课现象，建立推门听课制度。强化备课质量，要求教师做到“四落实”，即落实知识结构，落实能力发展，落实教法实施和落实学法指导，利用教研活动日共同研讨课堂教学方法。重作业的评价与批改，要求全体任课教师做到“四精四必”，即精讲、精练、精批、精评，作业有发必收、有收必改、有错必纠、有练必评。

**【细化工作措施】** 认真落实教学基本要求，不断提高课堂教学效益。狠抓教学成绩，及时做好考试后的成绩分析。强化集体备课，积极推行“集体备课，资源共享，课后反思”的集体备课制度。教科研做到有准备、有主题、有质量，坚持理论与实践相结合，在深层次上开展教学研究、教改试验。全力保障各学年的教学工作，校领导利用午课时间深入班级，为授课教师和学生拍照，捕捉课堂的精彩片段，及时关注师生的思想动态，为师生加油鼓劲。

**【队伍建设】** 把师德师风建设作为学校工作重点，成立师德师风专项整治领导小组。通过开展“做正能量教师”和“做工匠型教师”的系列活动，加强师德师风建设，提升教师素养。组织全体师生进行“我是中华文明的代言人”朗读比赛和硬笔书法比赛。开展东海学校“倡导绿色课堂，小组合作提效”课堂教学大赛，推动课堂教学改革。开展新聘教师汇报课活动。该校教师编排的节目在城子河区“快乐阅读”比赛中，获城子河区第一名，并代表城子河区参加鸡西市第二届小学生阅读大赛，充分展示师生的综合素质和精神风貌。李焕、王连丽等4位教师代表该校参加区级微课比赛分别获得二等奖，孙丽荣等教师代表该校参加区级工会优质课比赛获得二等奖，古丽等教师参加区教研展示课均取得优异成绩。2017年度外派教师参加各种培训500多人次，为教师提供交流学习机会，开阔视野，提高教师专业素质。

参加城子河区第二届小学生快乐阅读大赛　　东海学校　提供

**【德育工作】** 围绕“奠基学生绿色人生，实现学生可持续发展”的理念，狠抓常规，重视习惯养成，提升德育内涵。狠抓班级晨检、午检及课间管理，实行班主任月例会制度。切实开展“做正能量教师”和“做工匠型教师”系列活动，加强师德师风建设。着重培养勤学、诚信、节俭、文明、讲卫生的良好习惯；培养学习有计划、学会自我管理、自觉遵守校纪、社会公德的好习惯。开展纪念“一二·九运动”励志歌曲班班唱等活动，丰富学生的校园文化生活，营造校园积极向上的文化氛围。

纪念“一二·九运动”励志歌曲班班唱活动　东海学校　提供

**【安全工作】** 狠抓学校的安全管理，充分利用校讯通、班级微信群等多种形式，宣传安全知识，实现安全工作的家校联合。严格实行安全管理日报告制度，同时加强网络安全管理，确保校园网络安全。2017 年度，全校上下齐心协力，学校安全管理实现零事故的目标。

参加全区课堂大赛　　东海学校　提供

【幼教管理】 组织幼儿园教师进行业务、政治和安全培训。对保教质量进行周抽查，月考核。人人树立为孩子服务的意识。组织开展“春夏秋冬”主题墙设计、“礼仪宝宝”、“感恩节”、“趣味运动”等主题活动，进行整理床铺比赛，锻炼幼儿生活技能。本着开放、透明、互动的理念，通过家长开放日、伙食委员会、家长微信群等形式，形成良性的家园共建体系。

幼儿园趣味运动会　　东海学校　提供

## 立新小学

【概　况】 城子河区立新小学始建于 1949 年。2004 年之前归属于城子河矿划归为鸡西矿业集团教育中心管理。2005 年 12 月 30 日，整建制划归城子河区政府管理，称城子河立新小学。2007 年 2 月 26 日与城子河区第十四中学合并，迁入新校址——城子河区花园委，称城子河区立新学校。学校设中、小学部，小学部学生 665 人，教职工 72 人。2008 年 9 月 1 日，中学部合并到春晖中学，小学部独立，称城子河区立新小学。校园占地面积 22000 平方米，生均占地面积 162.96 平方米。校舍建筑面积 7175 平方米。图书室藏书 4435 册，生均 33.85 册。2017 年有 4 个教学班，在编教师 36 人。高级教师 5 人，一级教师 23 人。按照省标准化小学办学条件配备教学仪器设备，开通智慧课堂网络化教学平台，实现班班通、人人通，小班化教学保证每名孩子受到关爱。学校以“促稳定、谋发展”为目标，坚持以提升教育教学质量为中心，强化教育教学管理，努力践行社会主义核心价值观，扎实稳步地开展学校各项工作。

组织党员学习中共十九大文件精神　　立新小学　提供

【贯彻落实中共十九大精神】 立新小学把贯彻落实中共十九大精神作为首要政治任务。召开党支部会议、理论中心组学习会议，传达学习，做出安排，推进贯彻落实。支部书记在支部上主题党课，带领党员重温入党誓词，推动学习中共十九大精神覆盖到每个党员。积极按照上级党委要求，组织学习答题测试，党员定期上交学习心得体会。召开3次支部会议，安排部署落实学习中共十九大精神与中央及省、市、区的重要会议精神和“两学一做”学习教育常态化制度化等工作。

**【党支部建设和党员建设】** 2017年，立新小学不断加强党支部建设和党员建设，强化支部政治功能，打造坚强战斗堡垒。坚持以上率下，提高党建重点工作规范运行。定期开展“主题党日”等活动，以讲党课、看纪实片和谈感受等形式面对面交流，围绕党建责任清单和任务清单查摆问题，改正问题。

**【“纪实制”管理】** 立新小学按照上级党委推行基层党建工作“纪实制”管理办法，留存上报支部党建活动和重大事项活动影像和文字资料。2017年，立新小学党支部在“基层党建纪实管理微信群”上传信息5条、图片20余张，促进“两学一做”学习教育深入开展，及时召开民主生活会和组织生活会，组织老党员为新党员佩戴党徽、赠送书面寄语活动。

**【培养学生行为习惯】** 立新小学班级内周周有目标，学生月月有评价，促进学生培养良好的品质与行为习惯的养成。立新小学组织各年级开展争做“好习惯”示范生活动。通过评选活动，激励引导学生自我约束、自我规范个人行为，塑造文明形象。

**【校园文化建设】** 开展“弘扬楼廊文化，展现校园风采”活动，在学校显著位置张贴弘扬中国传统文化的宣传画和宣传标语，每班评选出一名优秀解说员为师生进行讲解。学生增长知识，开阔视野，感受传统文化的魅力，激发他们对传统文化的浓厚兴趣，对宣传和弘扬中华传统文化起到有力地推动作用。

**【促进学生全面成长】** 开展纪念中国人民抗日战争暨世界反法西斯战争胜利72周年活动。通过活动的开展学习，使学生感悟中国传统文化的博大精深，增强学生民族文化自信和价值观自信。举行《爱我中华　唱响红歌》大合唱比赛，开展“感恩你我，与爱同行”、“宪法日”、纪念“一二·九运动”和“南京大屠杀纪念日”等活动。通过有针对性的主题教育活动，弘扬社会主义核心价值观，激发学生“勿忘国耻、圆梦中华”的愿望。开展古诗吟唱诵读活动，提升学校学国学诵经典的育人功能，促进学生全面成长。

古诗吟唱比赛　　立新小学　提供

学生参加城子河区第二届小学生快乐阅读大赛

立新小学　提供

**【教学工作】** 立新小学教学工作坚持以教学质量为核心，以教学常规管理为切入点，强化教学工作。规范教学秩序、强化教学常规管理。执行教学“五认真”，教师做到认真备课、认真上课、认真布置批改作业，认真辅导学生，教导处做到认真检查。强化教学过程每个环节的实效。开展教师结对子活动，通过示范引领、听课、评课，反馈教学情况，促进新老教师共同进步。骨干教师每月上一节示范课。执行“减负”规定，教师树立“四十分钟质量意识”，利用课堂教学平台和优质教育资源提高教学质量。开发和利用教学资源，把科学、语言、综合、音乐、美术、微机等课程进入活动室上课作为教学管理常态来抓。图书室、阅览室、微课室、心理咨询室随时对师生开放。

**【师德工作】** 学校紧紧围绕“四有”好老师主题教育活动，提升教师的知识内涵和文化品位。要求教师在平时的教学工作中时时严格要求自己，时时自我反省，做学生的表率。开展“做传递正能量的教师”和“做有工匠精神的教师”学习活动，举行学习活动启动仪式，利用每周四、周五下午时间组织教师观看影像资料，书写自学笔记，心得体会，教师杨静秋代表该校参加教育局组织的“做传递正能量教师”演讲汇报活动，获得好评。传达学习了《黑龙江省中小学教师违反职业道德行为处理办法实施细则》，通过学习，使全体教师对职业道德有一个全新的认识，加强教师队伍建设，提高师德水平和业务能力，进一步增强教师教书育人的荣誉感和责任感。

**【安全工作】** 学校安全工作以校园安全共担当、和谐生活同分享为工作目标，努力为学校教育教学工作提供安全保障。完善安全管理长效机制，与教师签订安全管理责任状，加强校园封闭管理、安全巡查、卫生安全管理。强化校园安全隐患排查整改工作，完善物防，重视技防，强化人防，细化管理模式，防患于未然。重视师生安全法律法规教育。开展安全教育周活动，通过多种途径，对师生进行安全知识和技能教育。邀请城子河区交警队，为全校学生上交通安全课。开展校园应急疏散消防演练、防震自救自护演练活动。

爱我中华合唱比赛　　立新小学　提供

## 树英小学

**【概　况】** 鸡西市城子河区树英小学坐落于城子河区花园社区新合委，始建于1983年，原名城子河矿新区小学，1999年改制为企办民助小学，更名为城子河矿树英小学，隶属于城子河煤矿。2004年12月正式归属城子河区政府，更名为鸡西市城子河区树英小学。2012年9月，学校通过省级标准化合格小学验收，晋升为省级标准化合格小学。2016年10月验收为国家义务教育均衡发展合格小学。

**【党建工作】** 校党支部按照2017年区教育局党建及党风廉政建设工作的要求，重点围绕思想建党，制度建党，认真落实“两学一做”学习教育活动要求，开展系列党建工作，提高领导班子的核心力、凝聚力和战斗力。召开“做传递正能量的党员教师”专题组织生活会。2名党员教师参加区教育局组织的做传递正能量的教师论坛活动。根据市、局党日和党建活动的方案要求，组织党员教师开展“‘四有’好老师”和“亮身份、做表率”活动。结合“模范党员示范优秀支部领航”党建活动要求，开展党员教学风采、党员教师演讲等一系列教育教学竞赛活动，发挥党员先锋模范作用。开展做有工匠精神的教师启动仪式大会。学校党政班子高度重视创建全国文明城市工作，按要求开展系列工作，加大宣传力度，召开“巡讲龙江绿荫行动”家庭教育报告会，收到良好的效果。结合党员先锋服务月的要求，学校开展关爱留守儿童和金秋助学活动。

树英小学代表鸡西市参加全省青少年合唱大赛

树英小学　提供

**【养成教育活动】** 树英小学将养成教育与值周工作结合，完善值周评比制度，培训值周生上岗，发挥校园小主人作用，组织学生对室内外卫生每日一小扫，每周五一大。开展“劳动最光荣，我爱劳动”的主题班队活动。坚持每天上好大课间，逐步培养学生行为习惯。为加强学生的安全教育意识，开展“教育安全日”知识竞赛和消防演练活动。

**【培养爱国意识】** 树英小学加强社会主义核心价值体系建设和中华优秀传统文化教育。结合重大纪念日，开展“五四爱国运动”主题队会、清明节组织网上祭英烈、“革命英烈永垂不朽”主题班会等活动。组织“我是班级小主人”演讲比赛。开展纪念中国人民抗日战争胜利系列活动，如观看抗战电影、写观后感等活动。开展纪念“一二・九运动”大合唱比赛。

树英小学参加全区大合唱比赛　　树英小学　提供

**【明确职责意识】** 树英小学组织学生收看《开学第一课》节目并写出观后感，在学校宣传栏张贴展示。召开“新学期新气象”主题班会和尊师敬师班队会。10月13日，少先队建队日召开“我是光荣的少先队员”主题队会等系列活动。健全大队委组织机构，开展树英小学少先队大队部委员竞选活动。

**【常规教学管理】** 树英小学教育教学工作严抓常规管理，保证顺畅有序，执行课程计划。学校致力于新课程实践与研究，在教学管理与改革中进行探索与实践。教师江璐执教的“有余数的除法”在城子河区小学数学核心素养研讨活动中展示，教师杨士莲、汝晓霞、韩雪梅在区级课件大赛和工会优质课评选中获奖。开展“一师一优课，一课一名师”活动，全体教师参与，上传12节“一师一优课”，均获得市、区级奖励。组织学生参加城子河区快乐阅读比赛，参与学生均获奖。

**【家校结合】** 树英小学把家长作为学校教学工作管理的助手，教学开放月期间，以“吟诵古诗，阅读经典”为主题，组织学生汇报展示，师生集体共读经典，共赏美文。通过快乐诵读活动的开展，既陶冶学生的情操，发展个性，又提高学生的道德修养水平。借助“教学开放月”平台，拉近家长与老师的距离，增进彼此了解。

**【教师培训】** 加大教师的培训力度，2017年，学校共派教师30余人次参加省、市、区教研活动。强化教师的基本功培训，学期末组织教师展示粉笔字和简笔画，使教师们明确努力的方向。教学管理人员深入班级听课百余节，教导主任对教师的教案、听课笔记、学生作业进行检查，发现问题，及时给予指导。组织师生硬笔书法、绘画、手工比赛，师生展示作品达百余份。

**【校本教研活动】** 树英小学开展校本教研活动，结合实际开发校本课教材。一二年级主要以字词句为主，三、四、五年级主要以阅读训练为突破口，对学生进行强化训练。组织开展1—5年级语文基础知识竞赛、汉字听写大赛、百题速算等活动，提高学生的综合能力。

**【课题研究】** 课题研究与校本研修紧密结合，相互促进。"十三五"期间，学校组织4个课题组开展课题研究。各课题组开展课题课竞赛活动，每月的月末展示4个课题组的研究进度和成果，每个课题组选出1名教师作课题汇报课展示，多种活动并举，促进课题的研究开展。

**【丰富课余活动】** 树英小学保证学生阳光体育活动一小时，丰富学生的大课间活动，拓宽学生的课余文化生活。学校先后举行拔河比赛、跳绳比赛，召开以"我运动、我健康、我快乐"为主题的运动会，学生在比赛中得到快乐。12月20日，树英小学与晨兴中学共同举办"百万青少年上冰雪"跳绳、踢毽子比赛，培养学生体验冰雪文化的魅力。

**【安全工作】** 学校始终把安全工作列为学校的头等大事，坚持"预防为主，防治结合"的方针，实现党政同责、一岗双责、齐抓共管的良好工作局面，积极开展各类安全教育活动，落实各项防卫措施，使创安工作得到全面、深入、有效地开展。积极开展各类安全教育活动，2017年3—9月安全教育月期间，开展丰富多彩的活动。以"校园安全"为专题的手抄报活动、校园安全知识竞赛、"交通安全伴我行"、"校园安全"等主题的安全班会，2017年清明节假前开展森林防火教育，并下发600余份宣传单。4月28日，该校联合城子河税务局开展"税收宣传进学校"活动。2017年6月安全生产月，组织全校教师进行消防安全培训并组织5节安全消防展示课。按照区教育局要求每月开展应急知识培训及演练活动，学校定期开展法治宣传教育活动，区公安分局到校进行防拐骗宣传。9—12月开展禁毒教育工作，通过一系列安全活动的开展，加强学生的安全认识，提高师生的安全意识。

## 杏花学校

**【概　况】** 杏花学校由原杏花一小、杏花学校和杏花中学三所学校整合后组建，是一所立足矿山，小学、初中为一体的完全学校。学校有幼儿园3个班级、小学部5个班级、初中部5个班级，共有学生343人。学校占地61410平方米，校舍建筑面积9686.27平方米，新建的两栋教学楼，拥有现代化的理化生实验室和智慧课堂教室，微机室、音乐教室、美术教室、体育训练室、多媒体教室、舞蹈室、版画室等一应俱全。每个教学班都配备白板教学系统。学校有图书室和阅览室，2017年有藏书14440册，人均达41.1册，定时向师生开放。学校2017年有教职员工145人，男教师40人，女教师105人。大专以上学历者33人，本科以上学历者109人，其中高级教师33人，一级教师66人，初级教师44人。

**【校园文化】** 杏花学校高度重视校园文化建设。形成健康的校园文化，即"齐心、尚德、自律、尽责"的学校精神；"本真教育"的办学理念；"立本求真，日新致远"的校训；"修身、和谐、求实、创新"的校风；"爱生、严谨、博学、善导"的教风；"乐学、好问、诚信、恒远"的学风。大力推行"三位一体"德育模式，即课程育人，以德统学，以学养德；活动育人，以德立行，以行示德；环境育人，以德润心，以心修德。通过开展足球、版画特色课程，举办"校园集市"等特色活动、创设育人环境，走出一条独具特色的德育之路。在开齐开全国家三级课程的基础上，学校后还开设美术、舞蹈、合唱、口风琴、书法、版画、足球等学校社团，促进学生的全面发展。

区教育局领导参加学校操场建设　　杏花学校　提供

**【教育科研】** 杏花学校始终将教育科研工作作为重点工作来抓，“科研兴校”“科研兴教”已成为学校领导和每一位教师的实际行动。学校在“十二五”期间完成了20项市级课题的结题工作；“十三五”期间申请市级课题共8项，已结题6项，2项课题正在研究中。题为《中小学生养成教育的策略研究》的“十三五”课题，校长战英为主研人，全校教师全员参与，成立“课题研究工作领导小组”，召开养成教育课题工作专题会议，有效地推动学校课题研究工作不断向前发展，营造浓厚的教科研氛围，各课题组丰富多彩的养成教育活动，促使学生形成良好的行为习惯。

**【思想政治建设】** 学校党支部不断加强班子思想政治建设，提升师德水平。成立师德师风领导小组。开展争做“四有”（有理想信念、有道德情操、有扎实学识、有仁爱之心）好老师和做工匠精神的教师主题实践活动。2名教师获市、区师德先进个人称号。

**【注重专业发展】** 学校以师能为切入点，注重教师专业化发展，提升业务能力。组织教师参加各级各类培训学习活动。2017年，组织教师外出培训200多人次。利用业务学习时间开展“三通两平台”（三通：网络校校通、资源班班通、空间人人通；两平台：教育资源服务平台、教育管理服务平台）培训。组建教师空间85个，上传资源库资源量达到95G。组织教师参加各类比赛活动。2017年，杏花学校16名教师参加市、区级课堂大赛、优质课大赛，3名教师参加区级微课的评比，11名教师参加“一师一优课”的评比，为城子河区教师作示范课12节。

**【加强民主建设】** 12月29日，杏花学校召开教职工代表大会。组织全体教师分组讨论《学校工作报告》《学校财务工作报告》《提案解答报告》《劳动纪律考核制度》《教师职务评聘方案》，最后投票通过。实现全体教师统一思想，凝聚力量的宗旨，提升团队意识。

**【关心教师生活】** 杏花学校领导定期看望慰问生活有困难的教师和患病的教师，为他们送去帮扶资金及米、面、油等生活用品。开展丰富的教师活动。成立瑜伽、乒乓球、健美操、太极拳、肚皮舞、书法和版画7个社团。12月，举办“情浓校兴畅新年”社团展示和“包饺子”比赛系列活动。

杏花学校召开教职工代表大会　　杏花学校　提供

**【班主任队伍建设】** 杏花学校定期召开班主任工作会议，每学期组织班主任外出培训学习，提升班主任的管理水平。2017年，11位教师获区级优秀班主任称号，1名教师获市级“好习惯示范班班主任”称号。杏花学校从学校的实际出发，确定“杏花学校养成教育策略研究”的研究课题。校长为主研人，课题组成员为全校班主任和学科教师。

**【特色班级文化建设】** 杏花学校坚持育人为本，德育为先，培育和践行社会主义核心价值观，为每个学生的终身发展奠基。创设健康和谐的育人环境，各班级按照学校统一要求，以“实用、高雅”为原则，进行适合班情的班级文化建设，和谐统一，各有特色，各有亮点。

**【德育活动】** 按照国家对重大节日活动要求，开展清明节、劳动节、教师节、国庆节等重大节日纪念活动，以演讲、征文、主题班会、手抄报、黑板报、志愿者劳动等形式对学生进行爱国主义和传统美德教育。5月，举办“青春飞扬”趣味运动会和跳绳比赛。6月，举行自理能力和家务劳动比赛。9月，组织全校队列广播操比赛和第四届“校园集市”大型主题实践活动。10月，百余名家长参加家风、家教宣讲活动和“爱我中华唱响红歌”合唱比赛。12月，开展古诗词诵读比赛。

鸡西市体育局向杏花学校捐赠足球仪式　　杏花学校　提供

**【开展特色教学】** 杏花学校开展初中部“学讲练评”四段教学法和小学部“灵动课堂”的探索和研究，取得良好的教学效果。组织开展各类多彩的特色教学活动，使教师在课程改革中有更好的展示平台。美术教师对全校师生进行“校本版画”的辅导，已出炉师生的第一批作品，在学校显著位置展览。成立杏花学校足球队，体育教师利用大课间和中午时间对学生进行“校本足球”训练，在区教育局组织的足球比赛中取得良好成绩。

**【深化教学活动】** 杏花学校落实六步备课方式，组织教师集体备课。组织骨干教师上示范课、研讨课、模式推广课、各类实验课等，全体教师参与活动，取长补短，提高课堂教学趣味性和实效性。开展英语手抄报展、化学装置图展、语文诵读竞赛、数学口算比赛等活动，提高学生的综合素质。组织书法、美术、口风琴、舞蹈、足球等学生社团活动。1月10日，小学部开展教学成果汇报活动，把学校的新面貌及教师和学生的成长过程展示给家长。

**【安全工作】** 杏花学校实行安全管理“一岗双责”，提出安全工作“五负责”(谁的岗位谁负责、谁的学生谁负责、谁的课堂谁负责、谁组织活动谁负责、谁留学生谁负责)。逐层落实责任，建立安全管理网络。安全管理更加到位。学校成立安全工作领导小组，签订责任书，人人承担责任。加强设施设备检查，及时排除隐患，不断完善安全制度。制作警示板5块，警戒线围挡400米。安全教育更加深入。学校一方面通过安全知识讲座、安全标语警示、班级板报、学生手抄报、主题班队会和广播站等，加强宣传教育的力度。同时定期开展安全演练，强化学生避险意识。

## 永胜小学

**【概　况】** 城子河区永胜小学始建于1950年，原名二太保小学，根据驻地命名，1958年更名为永胜小学，沿用至今，是一所城市小学。校园总面积12226平方米，生均111.2平方米。校舍面积1517平方米，生均13.89平方米。教学及辅助用房1210平方米，生均11平方米。操场面积4898平方米，有200米环形跑道，100米直跑道，篮球场、排球场各1个。学校有较规范的微机室、多媒体教室，体育、音美专用教室，教室全部安装了多媒体设备。教师备课办公、课堂教学都能采用多媒体设备，实现了信息化教学和管理。学校2017年有教师27人，在岗教师19人，其中本科学历13人，大专学历6人，专任教师队伍中有高级教师5人，中级教师14人。

课堂教学比赛　　永胜小学　提供

志愿服务工作受到区政府表彰　　永胜小学　提供

**【党建工作】** 继续开展“两学一做”学习教育。通过主题学习、专题研讨、上好党课、组织党员开展民主评议等，将“两学一做”学习教育常态化制度化。做到尽好责、抓到位、见实效。为纪念建党九十六周年开展主题党日活动。在党员中开展“亮身份，做表率”党建主题实践活动。召开组织生活会，以“严”“实”精神深入整顿“五个坏作风”，全体党员开展个人评议、党员互评、民主测评。10月18日，教师收看了中共十九大开幕式，认真学习中共十九大报告。利用党员微信群和共产党员公众号等平台，宣传党的政策法规，学习先进典型人物。

**【师德建设】** 开展争做“四有”好老师主题教育实践活动。通过集中学习、分散自学等形式，提高学习的实效性。组织教师围绕如何做“四有好老师”等主题开展专题研讨，撰写学习体会。通过学习教育活动不断增强教师自身履行职责的能力和服务水平。围绕“做传递正能量的教师”和“做有工匠精神的教师”开展学习教育活动，加强教师职业道德建设，落实立德树人根本任务。定期组织教师集中收看光盘，教师每周自学并认真做笔记，每月撰写心得体会，组织专题论坛，教师不断学习，不断提升。教师王俊波在区“做传递正能量教师”论坛活动中作经验交流。通过系列学习教育活动的开展树立新风、弘扬正气。教师王俊波被评为市中小学师德标兵，教师张艳玲被评为市好习惯示范班主任，教师仇春萍获区级师德先进个人称号。

**【德育工作】** 利用重大节日、纪念日开展主题教育活动。清明节大队部组织开展“网上祭英烈”活动，各中队开展“缅怀先烈”“英雄在我们心中”等主题活动。助残日各班开展关爱残疾人主题班队会。开展纪念“九一八”爱国主义主题教育活动。12月9日，开展勿忘国耻主题中队会和演讲比赛等主题教育活动。开展法治教育和诚信教育。12月1日，邀请城子河区公安分局崔明为全校学生做法治讲座。使孩子们了解法律常识，知道如何提高自我保护能力。开展12月4日宪法日主题教育活动，学生收看“第二届全国学生‘学宪法讲宪法’活动团体总决赛”，学唱歌曲《宪法伴我们成长》。开展诚信教育，张贴诚信教育宣传画。组织开展“辉煌与梦想”主题读书、演讲、征文活动，参加区少儿才艺大赛。组织开展青年志愿者活动。依托少先队大队部，开展系列志愿服务活动。组织师生培训，青年教师参加区青年志愿者活动。

**【培训工作】** 永胜小学组织教师参加未成年人心理健康沙盘游戏治疗技术公益培训活动，学科教师参加市教育学院和区教育局组织的学科教研、培训活动。校长和骨干教师参加市教育学院组织的“中华文化与当代教育”培训班学习。通过各级培训，提高管理者和教师的专业能力和素养。

**【教学工作】** 4月12日，永胜小学参加城子河区课堂教学改革展示。区教育局领导及各校领导、老师40余人到校听课指导。4月和10月，开展以“开放　交流　共育”为主题的教学开放月活动。进行家长调查问卷，展示学生作业，促进学校教育、家庭教育的融合，形成未成年人教育合力。9月份市教育学院数学、语文、英语等学科教研员在小学部主任王勤涛的带领下对永胜小学的学科教学进行调研。永胜小学的三位教师在语文、数学和英语方面进行课堂教学展示，促进教师课堂教学水平的提升。永胜小学组织教师参加区工会优质课评比活动，教师宫志华获区工会优质课二等奖。组织教师参加全市学科教学骨干教师评比活动，教师仇春萍、王俊波被评为市级骨干教师。组织教师参加一师一优课晒课活动，3位教师在国家教育云平台晒课，教师仇春萍课程获省级优课称号。

**【阅读朗读活动】** 永胜小学开展书香校园及快乐阅读活动。制定快乐阅读活动方案，开展系列快乐阅读活动。在每节语文课前根据学生的年龄特点开展一分钟讲故事、一分钟演讲、一分钟读书分享等活动。利用中午和自习课时间，以班为单位轮流到图书室读书阅览。组织学生参加城子河区快乐阅读竞赛，获集体二等奖。五年级学生王艺儒在区快乐阅读竞赛中被选拔为市快乐阅读竞赛的选手，在市级快乐阅读竞赛中获奖。组织学生参加市妇联开展的优秀新童谣征集和评选活动，有3篇童谣获奖。教师仇春萍在2017年中国语文朗读大赛鸡西赛区（成人组）的比赛中获优秀奖，五年级学生冯俊菲被评为鸡西赛区（学生组）优秀朗读者。

参加市教育学院调研活动　　　　永胜小学　提供

**【校园安全、体育卫生工作】** 加强日常安全管理和安全教育。全校师生进行消防知识学习。定期进行消防、抗震疏散演练。积极组织师生开展冬季冰雪活动，开展了踢毽子比赛，切实增强学生体质，弘扬冰雪文化。坚持晨检工作，加大春秋两季传染病防控宣传力度。

## 正阳学校

**【概　况】** 正阳学校创建于1963年，校园占地面积约43363平方米，校舍面积4120平方米，2017年有理、化、生实验室及语言学习室、科学实验室、综合实践室和音、体、美教室与微课室、APPLE教室、多媒体教室各1个，微机室2个，图书室1个，心理室5个。中小学部2017年有教学班15个，其中，中学部7个，小学部8个。中学部2017年有学生185人，小学部学生210人，全校2017年有学生395人。城子河区正阳学校为全额拨款事业单位，2017年有事业编制98名，在岗人员79人，副高级专业技术人员15人，中级专业技术人员37人。学校内设机构有办公室、中小学教导处、政教处、总务处、财务室、团支部、少先大队部。

**【党建工作】** 以活动为载体，把“爱”注入党员、注入普通群众心中。“两学一做”学习教育、“五比五提高”、“一帮一带一”活动，发挥党员“爱”的模范作用。2017年上党课6次，中心组学习33次，党员集中学习8次，党小组讨论8次。青年教师李银凤参加全区“教师正能量”宣讲，

党建活动　　正阳学校　提供

参加区课堂教学展示会　　正阳学校　提供

教师原春玲、杨剑红、王秀艳参加全区读书演讲活动，均取得较好成绩。

**【课堂教学改革】** 在全市“课堂教学改革”展示活动中，正阳学校的“研、讲、思”三环教研模式分别以语文、数学、综合三个团队进行现场授课、反思、研课，教师整体参与率达到一半以上。正阳学校数学团队承办城子河区小学数学三环教研模式展示活动。教师张伟在鸡西市“聚集核心素养，优化课堂教学”教学研讨会上作展示课。教师刘宝娟参加鸡西市“聚集核心素养，推进课堂教学”观摩会，其课堂教学被作为优选课进行观摩。教师王玉尧参加市音乐学科教学大赛，获二等奖。

**【参与活动】** 正阳学校支部书记李朝霞在“中国好老师”舞台上，获“平台贡献奖”。学生刘正彤在“第十三届中国少年科学院小院士课题研究成果全国展示交流活动”中，被评为“中国少年科学院小院士”，指导教师顾艳平被评为全国优秀科技教师。正阳学校开展“数学计算竞赛”活动，举办正阳学校首届“夯实汉字基础，提升语文素养”规范汉字听写大赛。举行“科研成果评选”“校级教学设计大赛”“作业布置与批改”等评比活动。

**【师德工作】** 以重大节日、纪念日为载体，对学生进行爱的教育，组织教师节“献给老师的歌”活动，国庆节“热爱祖国”的诗歌朗诵，12月9日举行“勿忘国耻，振兴中华”演讲。养成教育做到日日抓，周周选，月月评。以班级为单位开展“爱劳动”“讲礼仪”“爱环境”的“争章”活动。读书社组织假期读书汇报，共读一本书，好书推荐，精彩分享，妙笔生花等活动。“家校共建”活动中，开展家庭教育讲座，家长与学生共同诵读《朱子家训》，携手孔子学堂走访慰问贫困、单亲家庭，通过活动，让学生感受爱，理解爱。

**【培训工作】** 学校组织“名师工程”“蓝青工程”团队培训、信息技术培训、课题培训、教育教学能力培训。外出培训以骨干教师为主体，教师张伟、刘宝娟分别到哈尔滨学习。多次派教师到鸡西市、密山市、虎林市进行教师进修，组织教师到外区学校进行各种学习，先后近百人次。网络在线培训以云空间为载体，由专业教师定期上传相应学习内容，其他老师随时查阅学习。

**【心理健康特色工作】** 学校共建立3个心理沙龙团队，每周至少进行1次团体活动，定期为家长、老师、学生进行心理健康辅导。“沙盘活动”“情绪宣泄”“意向对话”“个案咨询”，各种活动、辅导及专业训练，见证着教师提升，学生成长。

# 卫生　计划生育

## 卫　生

**【概　况】** 辖区内有公立医院1所，社区卫生服务中心5所，民营医院5所，乡镇卫生院1所，村卫生所20所，个体诊所20所。卫生机构拥有卫生技术人员383人，执业（含助理）医师243人，实有床位数521张。2017年，医疗机构总诊疗70869人次。财政对基层医疗机构资金投入208.4万元。其中，国家基本药物补助80.7万元，基层医疗绩效工资127.7万元。城子河区卫生和计划生育局编制数4人，疾病预防控制中心编制数3人，卫生监督所编制数6人，下设爱国卫生运动委员会办公室、卫生计生监督综合执法局。

宣传教育条幅　　区卫生和计划生育局　提供

宣传教育图板　　区卫生和计划生育局　提供

**【监督执法工作】** 城子河区卫生和计划生育局执行《公共场所卫生管理条例》流程，规范办证程序，先申请检测，检测合格报告后方可受理办证及复核。2017年，为17处公共场所办理卫生许可证。加强日常监督检查，强化监管，查处违法行为，按照“双随机一公开”要求，完成抽检任务。重点对经营单位的卫生许可证持证、亮证情况、从业人员健康管理及个人卫生情况、卫生管理制度、公共场所通风情况和公共用品用具清洗

5月10日，城子河区卫生计生系统“健康鸡西”主题活动现场
区卫生和计划生育局　提供

消毒设施配置情况、用品用具消毒情况进行监督检查。2017年，共监督检查公共场所经营单位67家，181户次，监督覆盖率达100%。对城子河区的公共场所新领取卫生许可证满一年的经营单位参照卫生监督量化分级评分表进行审查。

5月10日，区卫生和计划生育局组织义诊活动

区卫生和计划生育局　提供

**【免疫规划接种】** 区卫生和计划生育局落实免疫规划接种，开展8个月至6周岁的重点人群麻疹查漏补种工作，下发实施方案。2017年，摸底排查漏补种人数为零。开展脊髓灰质炎查漏补种工作，第一轮补种IPV8人，OPV24人。开展儿童接种率调查，对120名儿童的基础疫苗接种情况进行调查，接种率98.4%。开展入托入学接种证查验，对学校、托幼机构人员举办入托入学接种证查验培训，补种、补证率达100%。规范二类疫苗购进管理，参与省级二类疫苗采购平台组织的活动，按照规定履行采购手续，签订疫苗采购合同。开展异常反应处置工作，2017年，共报告疑似预防接种异常反应25例。完成城子河区传染病及突发公共卫生事件报告和处理管理工作。开展出血热疫苗接种工作，2017年，下发1920支，接种率达到95%以上。

**【疫情信息报告】** 区卫生和计划生育局健全疫情信息报告网络。2017年，城子河区共有5家乡级以上综合医疗机构，网络直报率100%。健全相关制度，完善应急报告制度及预案，组织开展城子河区卫生系统应急技能竞赛。加强传染病主动监测，督促医疗机构加强对手足口病、麻疹、风疹、腮腺炎的排查和诊治。强化医疗机构慢病报告机制。2017年，城子河区5家医疗机构均达到网络直报。开展地方病防控工作。2017年，对城子河区13例布鲁氏菌病患者进行流行病学调查，对患者的发病时间、就诊时间及性别等进行分析，提供免费疫苗，扑杀病畜，防治结合。

**【慢性病管理】** 2017年，区卫生和计划生育局通过省级慢性病综合示范区验收。在辖区开展健康学校、健康小屋、健康主题公园、健康步道等支持性健康环境建设工作。加强慢性病规范化管理，2017年，共进行4次定期随访。落实肺结核患者健康管理服务。2017年，对城子河区69位肺结核患者进行建档管理，督促患者到结核病定点医疗机构进行结核病检查。疾病预防控制中心工作人员每周对患者进行电话随访，了解患者是否前去就诊和诊断情况，督促其及时就医，管理率达100%。

**【监测排查工作】** 开展水碘监测。2017年，对城子河区的21个末梢水进行采样并送到市疾控中心进行水中碘含量的测定，完成300户碘盐监测。开展重性精神疾病患者管理督导工作，及时更新国家精神卫生系统的患者信息，提高重性精神卫生患者的管理率。按照区委政法委的要求，落实“以奖代补”政策。指导社区卫生服务中心对辖区内的在管精神卫生疾病患者进行排查，确定3级以上患者名单，按政策要求落实补贴。

**【健康宣传活动】** 2017年，开展健康龙江行“走基层，惠百姓”健康巡讲，200余人听取讲座，聘请区内知名内科、外科、中医科医生为老百姓进行义诊咨询，共义诊100余人，免费测血糖60余人。参加全市举办的“健康生活方式日”活动，在兴城广场举行“三减三健（减油、减盐、减糖；健康口腔、健康体重、健康骨骼）、迈向健康”的主题宣传活动。组织社区卫生服务中心、乡卫生院、村卫生所开展结核病防治日、计划免疫日、碘缺乏病日、爱牙日、高血压日、糖尿病日、艾滋病防治日等宣传咨询活动，发放健康教育资料10余种，5万余份。进行艾滋病高危场所干预工作，发放宣传品100余件，安全套50个，免费咨询检测322人次。

## 计划生育

**【概　况】** 妇幼保健计划生育服务中心是城子河区卫生和计划生育局下设机构，编制数6人。2017年，城子河区妇幼保健计划生育服务中心以“服务大局、服务妇女儿童、服务基层患者”为宗旨，落实计划生育和妇幼保健政策，坚持治防结合，提升妇幼保健服务能力。

**【妇幼保健工作】** 城子河区妇幼保健计划生育服务中心提高儿童系统管理率。2017年，7岁以下儿童保健管理2714人，儿童系统管理率达到97.13%。加大重大公共管理项目工作力度。2017年初，下发《农村孕产妇免费增补叶酸实施方案》《三病阻断实施方案》。2017年，农村孕产妇住院分娩补助27人，做到应补尽补。规范辖区托幼园所的培训和管理，提高基层妇幼保健人员的业务能力和服务水平。开展关爱女孩行动，强化社会性别平等的宣传倡导，出生性别比达到正常值。建立流动人口信息档案库，为流动儿童免费接种疫苗38人，预防接种率达到100%。

**【计划生育服务工作】** 2017年，城子河区出生人口300人，生育水平和变动态势平稳。完成二孩生育政策的改革宣传工作。启动优生促进工程，开展免费孕前优生健康检查54对，把住出生缺陷预防关口。做好围产期保健工作，提高孕产妇系统管理率，降低孕产妇死亡率。开展“生育关怀”和“幸福工程”活动，奖励扶助人数320人，特别扶助人数320人。落实计划生育特扶家庭就医绿色通道工作，医疗优先卡已经启用。利用中秋节和春节等传统节日走访慰问失独家庭。依托“7·11”世界人口日和“5·29”计生协会会员活动日，开展大型人口计生社会宣传活动，发放宣传单300余张，设立药具发放台、政策法律咨询台，现场接受群众咨询200余人次。

# 文化　体育

## 文　化

**【概　况】** 城子河区文化体育局（以下简称区文体局）为区政府职能部门，主要职责是贯彻党和国家以及省、市关于文化艺术、新闻出版工作的方针、政策和法律、法规，研究草拟全区文化艺术、新闻出版工作的政策并监督执行。内设办公室，下辖区文化馆，设局长1人（教育局局长兼），副局长1人，工作人员2人。

**【文艺演出】** 2017年，区文体局为丰富人民群众节日文化生活，组织节日期间一系列文化演出活动。在元旦、春节、元宵节、"五一"劳动节、"七一"建党节期间组织文化演出活动40场次。演出队伍深入到了矿、社区、乡村、广场，为人民群众无偿演出。具有代表性的节目有《红灯记》选段、歌曲《好日子》等。6月28日，区委、区政府在区兴城广场举办"欢庆七一喜迎十九大"文艺演出活动，现场观众2000余人观看演出。

**【文化馆建设】** 区文化馆是城子河区综合性文化中心，建筑面积1500平方米，内设声乐室、器乐室、图书室、舞蹈室、棋牌室、多功能厅。区文化馆贯彻落实《中华人民共和国公共文化服务保障法》，免费对群众开放。2017年，区文化馆接待群众5000余人。举办专题学习培训班3次，培训人员90人次。举办各类展览12场次，参观人数超过3000人。加强文艺后备人才的培养，文化馆组织开展声乐、器乐、舞蹈免费培训活动，200余人参加培训。

**【文化站建设】** 城子河区有乡级文化站2个、村级文化活动室20个、农家书屋13个。为丰富城子河区人民群众的业余文化生活，区文体局加强文化站（中心）建设，向上级主管部门申请补助，对城子河区13个农家书屋的图书进行补充更新，总计补充图书1000余册。

8月8日，区文体局在兴城广场举办健身操、广场舞展示活动

区文体局　提供

社区文化演出　　区文体局　提供

【文化市场管理】 为保证全国“两会”期间城子河区文化市场安全稳定，区文体局对全区文化市场进行集中检查，严查各类违规经营行为。出动执法人员40人次，检查各类经营场所20家，下发整改通知书4份。狠抓文化市场“扫黄打非”工作，制定《城子河区2017年度扫黄打非工作方案》，打击出版物市场违法经营活动。重点推进“扫黄打非”进基层工作的开展，全区“扫黄打非”工作站已实现全覆盖。开展“清源”“固边”“净网”“护苗”“秋风”专项行动，收缴盗版书刊100余册、光盘40余张。加强文化市场安全工作监管。2017年初，区文体局制定《城子河区文化市场安全生产专项整治工作方案》，与经营业主签订“安全生产责任书”。每月定期对文化经营单位进行安全检查，确保城子河区文化市场安全稳定。2017年，城子河区文化市场未发生火灾等安全事故。加强文化经营场所行政审批工作，制定审批“首问负责制”“一次性告知制”“限时办结制”制度，简化审批环节与审批时限，将行政审批全部纳入网上办理。

2017年城子河区“扫黄打非”工作展示图板

区文体局 提供

11月15日，城子河街道办事处“扫黄打非”联络站授牌仪式

区文体局 提供

## 档案与地方志

【概 况】 城子河区档案局（地方志办公室）主要职责是对全区档案、史志工作实行统筹规划，宏观管理，负责档案、地方志行政执法监督，接收、保管档案和地方志资料并提供利用，编辑档案史料、《城子河区志》和《城子河年鉴》等。编制1人，内设机构有办公室、档案业务指导科、档案管理编研科、档案征集科、史志业务指导科、史志编辑科。

【思想政治建设】 认真学习领会中共十九大全会报告精神，习近平总书记系列重要讲话，特别是针对黑龙江省发表的两次重要讲话精神，市、区委全会精神，深刻把握《关于新形势下党内政治生活的若干准则》和《中国共产党党内监督条例》的具体要求。政治意识、大局意识，特别是核心意识、看齐意识进一步增强，自觉在思想上政治上行动上同与习近平同志为核心的党中央保持高度一致。能够结合档案、志办工作的实际，贯彻落实区委、区政府的工作部署。严格执行党的纪律，严守党的政治纪律和政治规矩，班子精诚团结、民主决策、敢于担当。严格执行中央“八项规定”和省委、市委“九项规定”，积极践行党的宗旨，讲修养、讲道德、讲诚信、讲廉耻，以领导干部的表率作用带动全局工作，形成风清气正的良好工作氛围。认真履职尽责，“为党管档、为国守史、为民服务”的能力进一步增强。

【档案接收保管工作】 提高服务效能，方便查阅利用档案。对机关文书档案和电子目录及时归档入库，完整、准确地纳入规范化管理程序。接收完成2014年、2015年、2016年度三个年度的四大班子及纪检机关文书档案。整理好区委常委会议记录及各类文件426件，区人大文件509件，区政府会议纪要及各类文件834件，区政协文件83件，区纪检委文件72卷129件。中共城子河区第十三次党代会的材料汇编2卷，电子会议记录及照片影像资料光碟10个。提高档案安全性与利用性，为整年的查档服务工作奠定了坚实基础。

**【指导规范建档加大征集工作】** 先后积极深入到15家有关单位部门走访调研，在建档立卷、收集保管等方面提出规范性指导意见。对1230卷的新型农村合作医疗档案、1310卷的城镇居民医疗档案、25卷的水利档案进行规范指导，已经达到接收进馆要求。全力推行由单一的机关文书档案向专业服务民生领域转变。

**【档案查阅接待工作】** 城子河区档案局紧紧围绕区委、区政府的中心工作，发挥服务职能作用，认真做好接待、登记、查阅档案工作。积极配合信访工作，协助相关部门工作人员查档。2017年，共接待查阅利用档案175人次，提供档案542卷次。配合信访、法院调查，省安全工作检查复印材料289页。

**【档案“一法一例”宣传活动】** 为吸引更多人关注档案、走进档案、了解档案、增强档案意识，进一步推进城子河区档案事业发展。利用“6·9”国际档案日组织档案干部采取集中或自学形式认真学习《中华人民共和国档案法》《黑龙江省档案管理条例》等法律法规。积极开展“档案——我们共同的记忆”征文活动，选送市级征文6篇。悬挂宣传条幅2条，印发档案法规宣传单750份，解答群众咨询310人次。

**【档案工作实现新创举】** 实现项目建设档案规范整理。随着全区近年建设项目增多，相关档案材料复杂多样，杂乱无序，大大影响日常使用和后期的项目验收，在有关专家指导下整理出花园、东海、正阳、杏花等国有工矿棚护区改造建设项目档案200多卷。为后续存档建立标杆作用。积极举办社区档案规范培训班。5个办事处19个社区参加，从存档范围到如何整理进行详细讲解。从而改变全区社区档案杂乱散的局面，实现了城子河区社区档案向规范化发展。优化档案事业发展环境。在区委、区政府高度重视下，拨款近40000元，购置了打印机、纸张、档案盒、打孔机、灭火器等设备，以及后续更换档案密集架等大大改善了保管档案的条件。为档案安全保管起到至关重要的作用。积极向区政府网站投稿宣传档案工作。2017年全年上报信息22条。使全区档案意识有所增强，有利于档案工作的开展。

**【积极开展农村土地确权登记颁证档案管理相关工作】** 积极协调省市档案局订购标准档案盒，设计样板，大大减轻基层压力，又先后与区农林水牧局联合深入到基层单位指导调研农村土地确权登记档案工作。举办集中业务培训2次，上门服务5次。

**【业务培训和政治教育学习情况】** 积极学习省、市十二次党代会精神，充分认识深刻领会省十二次党代会的重要意义，履职尽责做好党代会精神的贯彻落实，充当实际践行者。协同区农口单位积极参加阿城培训班，学习农村土地确权登记颁证档案管理相关业务。认真领会学习有关“‘两学一做’学习教育常态化制度化”和区委书记张远民的有关讲话。大力开展整顿机关作风活动。以“严”“实”精神、“五个坏作风”为主题持续深入整顿，发现许多方面存在不足，需认真加以改善和提高。积极深入学习中共十九大报告精神，为城区发展助力加瓦。

**【地方志工作】** 完成志书的初稿编纂工作，较为完整记述了从1985年到2005年全区政治、经济、文化、建设等各方面的发展历程。积极主动上报省、市两级年鉴资料，从未漏报或不报。充分展示城子河区经济社会的各项成绩。

鸡西市地方志办公室有关领导及专家到城子河区进行二轮区志初审评议　　区档案局　提供

## 体　育

**【体育场地建设】** 2017年，区文体局加大公共体育场地建设力度，改善群众健身条件。申请农民体育健身路径工程3套，全民健身城市路径工程4套，已全部安装到位。

**【群众基层组织】** 区文体局发展群众体育基层组织。2017年，群众健身站扩大到13个，社会体育指导员100余人。组织成立城子河区旗袍队，定期在兴城广场演出。开展“赏冰乐雪”系列活动，参与群众1000余人。举办有氧健身操、健身可乐球、太极拳展示活动6次，培训三级社会体育指导员50人。

全民健身活动　　区文体局　提供

12月20日，赏冰乐雪系列活动之绿水青山是金山银山启动仪式现场　　区文体局　提供

12月19日，区文体局在晨兴中学举行全区雪地足球表演比赛　　区文体局　提供

12月19日，区文体局在晨兴中学举行全区踢毽子比赛　　区文体局　提供

**【体育经营场所管理】** 区文体局加强危险性体育场所行政审批工作，执行危险性体育经营场所审批规定，公开审批流程。收到经营单位的申请后，区文体局组织工作人员对经营场所实地考核，符合条件的上报市体育局检查验收。每月定期组织执法人员对体育经营场所监督检查，打击体育经营市场各类违法经营活动。2017年，共出动执法人员120人次，检查体育经营场所80余家次，无违法经营活动发生。加强体育经营场所安全监管，2017年，体育经营单位未发生火灾等安全事故。

# 区乡镇及办事处

## 长青乡

【概　况】长青乡2017年辖6个行政村，33个自然屯，人口1.15万。全乡林地面积12677亩，各村8975亩，林场3702亩。耕地面积24184亩，其中水田2490亩，大田（玉米、大豆）21694亩。为著名的近郊农业乡，盛产水稻、玉米、大豆、蔬菜、菌类、坚果、山野菜等。有大岭湖、新阳湖景区和原生态休闲旅游度假带，以绿色原生态为主要景观，北山南水，天然氧吧，为松、柏、杨、柞等木材主要产地。长青乡地处鸡西市城子河区穆棱河北岸8公里处，位于完达山与张广财岭接合部余端，属丘陵和半丘陵地带，地形北高南低，全乡总面积97平方公里。区位优越，交通便利，距鸡西市区5.7公里，距兴凯湖机场13.1公里，距城子河区政府1.7公里。受西伯利亚冷空气和季风影响，春季干燥而多风，夏季温暖而短促，秋季降温霜冻早，冬季寒冷而漫长。气温年平均温度3.5℃，夏季日照时间16小时，冬季日照时间为9小时。无霜期平均为138天到145天，冰冻期为180天，冰冻深度为1.5—2米。年降雨量520—550毫米之间。

【经济工作】2017年，全口径财政收入837.14万元，一般公共预算完成293万元，同比增长18.62%。农村经济总收入1.8亿元，同比增长4.6%，农村人均纯收入达到16695元，同比增长8%。

【引资项目】投资3000万元的成鑫机械加工项目，2017年该项目已利税70多万元；投资100万元的大禹建设有限公司，已利税10余万元；投资200万元的昌驰电力经销已实现利税；投资350余万元新阳村新阳湖生态旅游观光项目，已完成二期建设，该项目被省旅游委评为省级村镇旅游示范点。投资60万元的向阳村鲜食玉米冷藏库一期项目已完成，预存储鲜食玉米45万棒。城东村出资入股的永红辣菜厂项目已签订合作协议，为增加村积累奠定基础。

【农　业】2017年，深入推进农业供给侧结构性改革，围绕调结构、调品种、调品质，调减玉米种植面积500亩，增加经济作物种植面积500亩，推广农业“三减”示范基地1100亩。申请“北粮青乡”农产品品牌，补齐线上销售短板。进一步优化种植结构，全乡种植桑树140亩，地栽木耳20万袋、平菇5万袋，种植白鲜皮500亩、丹参30亩。推进畜牧业标准化、规模化养殖，家禽饲养量42万只，生猪饲养量7.53万头，羊饲养量0.72万只，黄牛饲养量2.8万头。创建省级标准化养猪场1个。全乡畜牧业产值收入实现7734万元，同比增长10%。完成农村土地确权工作，全乡实测土地面积33390亩，确认家庭承包面积21500亩。转移劳动力3018人。脱贫攻坚精准识别贫困户6户9人，落实包保责任，一户一策，扎实推进帮扶措施。全面推行河长制，设立乡村河长实现巡河常态化。加快美丽乡村建设，出动车辆300余次，处理日常垃圾5000余吨。种植花卉500余株，清理边沟3300延米。完成35户分布式能源建设任务。

**【城市建设】** 加大采煤沉陷区棚户区居民征收安置力度，全乡2584户采煤沉陷户纳入征收范围，已征收2011户，安置1919户。新建和平村一公里路和红卫五组桥一座，解决农民运粮难问题。

**【民生和社会保障】** 社会救助体系进一步完善，核定787户、1203人纳入农村低保范围。共发放农村低保、优抚、大病救助等资金240.52万元。全乡共参合6441人，参合金额135.19万元，参合率达98%。新农保参保3514人，60周岁以上1523人，参保率99%。发放耕地地力补贴148.97万元，大豆补贴36.71万元，玉米补贴214.1万元，退耕还林补贴7.32万元，农机补贴2.73万元。发放计划生育各项补助资金6.26万元。兑现机关在职人员职务、职级、乡镇补贴工资，提高机关事业单位在职人员住房公积金标准，兑现在职人员、预算外人员及退休人员的供热补贴，全额发放第十三个月工资。

**【社会各项事业】** 2017年，长青乡在党的领导下，坚持中国特色社会主义发展方向，以农业"二十字方针"为指引，"转型发展兴乡富民"的发展思路又掀起新的高潮。全乡坚持"一村一品"发展战略，党委、人大和政府在招商引资上项目等方面主动作为，形成以杂粮杂豆、木耳种植、北药和鲜食玉米等经济作物种植为主的特色近郊农业格局。农业品牌"北粮青乡"为所有农产品线上营销提供平台，产品以黄豆、黑豆、红小豆、绿豆和木耳等农产品为主并逐步扩大产品种类。以绿色健康为理念，完成有机和富硒地块认证工作，全乡有机证土地面积1280亩，全乡富硒试验田面积50亩。冷库和多功能储藏窖建设开启全乡返季果蔬销售新历史。新阳生态湖的建设为该乡近郊旅游发展注入了活力。

**【安全稳定】** 按照省、市、区安全生产工作要求，深入开展安全生产大检查，全乡安全形势持续稳定。进一步落实煤矿五级联保制度，加大采煤沉陷区非法煤井排查力度，对排查出的安全隐患按程序上报相关部门。积极化解信访矛盾，圆满完成了中共十九大和省党代会等时期信访稳定工作任务。2017年，共接待来信来访48件，结案率达98%。

**【政府自身建设】** 深入开展"两学一做"学习教育和机关作风专项整顿工作，政府班子政治纪律与政治规矩不断增强。加强法治政府建设，自觉接受乡人大法律监督和民主监督，办理人大代表意见建议6件，办复率和满意率达到100%。认真贯彻落实中央八项规定，厉行勤俭节约，"三公"经费同比下降10%。

## 永丰朝鲜族乡

**【概　况】** 永丰朝鲜族乡成立于1996年11月，是从原长青乡划分出来的一个以朝鲜族为主的少数民族乡，西邻滴道区，北邻长青乡，东邻鸡东县，南邻鸡冠区。位于穆棱河北岸冲积平原，总面积78平方公里。户籍人口11077人，常住人口10859人，农业人口8488人，有耕地面积15440亩，其中水田9908亩，菜田2108亩，旱田3424亩。养鱼水面积1287亩，下辖7个行政村，40个自然屯，其中朝鲜族村3个，朝鲜族人口2914人，约占总人口的30%。拥有国家级无公害水稻和无公害蔬菜两大基地，年产无公害优质水稻500万公斤，无公害蔬菜1500万公斤，鲜鱼产量50万公斤。

**【经济工作】** 2017年，乡直地区生产总值实现2.3亿元，同比增长3%；一般公共预算收入实现

7370 万元，同比增长 22.8%；农村居民人均可支配收入 1.75 万元，同比增长 7%。

【引资项目】坚持以经济建设中心不动摇，以招商引资和项目建设为抓手，2017 年全乡共有 9 个项目建设落成，总投资 3000 万元。对上争取资金 254 万元，开发建设丰安朝鲜族特色村寨项目。洽谈中项目有 2 个，总投资 1.05 亿元。

【农　业】耕地面积 15439.41 亩，人均 1.6 亩，林地 252 亩。粮食作物以水稻为主，2017 年，发展鸭稻面积 600 亩、鱼稻面积 200 亩、富硒米 60 亩。2017 年，全乡总播面积 15695 亩。机械化整地水平达到 100%，水稻机械化播种水平达到 91%，旱田机械化播种水平达到 903.4%。水田机械化收货水平达到 92%，旱田机械化收货水平达到 80%。全乡已发展农机大户 15 户，2017 年未发生农机事故，保障全乡的安全生产。

【民生和社会保障】2017 年永丰朝鲜族乡农村最低生活保障户数 543 户，人数 918 人，支出 258791 元，农村五保户集中供养 13 人。截至 2017 年末，全乡新农合参保人数共 6964 人，参合率达到 98%。

【社会各项事业】永丰朝鲜族乡卫生院污水处理系统及辅助设施改造全面完成，疾病防控和医疗卫生服务能力进一步提升。乡、村（社区）医疗卫生服务网络逐步健全。

【安全稳定】严格落实“党政同责、一岗双责、失职追责”的要求，落实安全监管网络化管理。积极化解矛盾纠纷，加大依法治访力度。组织专人对危险化学品、烟花爆竹、消防安全、非法盗采小井口、人员聚集场所等共检查 46 次，连续 11 年无重大事故发生，为全区发展做出积极贡献。

【环境治理】至 2017 年底，乡村累计投入资金 500 万元，统一鸡虎高速沿线村屯 723 户房屋屋顶和外墙；拨付政府专项补助资金 17.5 万元，鼓励农户建设农村太阳能卫浴一体化 35 户，取消农村旱厕，改善人居环境质量；争取一事一议财政奖补资金 55 万元，为丰安村建设排水沟 1200 延米，安装太阳能路灯 60 盏；投入 16 万元，清运农村生活垃圾 11000 余立方米；结合全市“创建全国文明城市”工作，组织 100 余人次，重点对区中心大街平交道口、高速辅路以及各村主要街道及渠道内杂物、杂草、“四堆八乱”进行清理；取消非规范垃圾点 2 处，改建花池 1 处，新建丰安村、新华村垃圾池 2 处；完成征收安置采煤沉陷区危房户 321 户；普查上报城中村棚户区农房 1135 户。

## 正阳街道办事处

【概　况】正阳街道办事处位于城子河区东南位置，东、南与鸡东县毗邻，西、北与城子河区长青乡相邻，辖区总面积 18.58 平方公里。总户数 8860 户，总人口 19360 人。正阳街道办事处下辖 1 个社区，4 个居委会。办事处有工作人员 5 人，其中主任 1 名（正科级）、副主任 2 名（副科级）、武装部长 1 名（副科级），科员 1 人。办事处内设机构劳动保障所，司法所长 1 名（副科级）、科员 1 名。正阳社区有工作人员 15 人（其中兼职 3 人、居民选举 12 人），正阳社区另有残疾人协理员 18 名。

正阳街道办事处党组织架构为党工委，下设机关支部及正阳社区党委（下设道东、道西、新兴、东太 4 个居委会党支部）。有党群志愿服务队 30 人。正阳街道办事处是城子河区政府的派出机构，主要职能是负责辖区内的民政、司法、武装、社会治安综合治理等工作。

【党建工作】正阳街道办事处全面加强领导班子学习、服务、创新意识的建设，全面推进“两学一做”学习教育常态化制度化。党工委利用“固定课堂”深入开展学习中共十九大精神、习近平总书记系列重要讲话等思想政治学习活动，利用“市民课堂”为居民宣传党的惠民政策及卫生防疫知识。5 月 15 日，正阳街道办事处设立公众号，利用公众号宣传普法、安全及党工委学习会议精神。6月9日，党员干部深入学习区委书记张远民专题讲座。7月1日，举办庆“七一”主题活动。7月20日，党工委深入开展学习廖洪波先进事迹。8月11日，关工委积极开展“五老”进社区活动。9月29日，党工委组织喜迎十九大文艺演出。

**【民政工作】** 在民生工作方面，发挥各居委会党员先锋岗作用，率先垂范做好各项难点工作，在国有工矿棚户区（采沉区）房屋改造工作中党员发挥大量的作用，积极帮助征收安置人员做好政策解答，帮助老弱病残党员和群众解决租房和搬家难问题，党员先锋岗共帮助群众解决难点问题50余件。办事处党工委制定党员下基层工作制度，各党组织负责人带领党员积极深入到辖区调研了解情况，做好民生工作，2017年以来为43户困难居民办理低保，为68户低收入群众办理临时救济，为10名困难大学生办理教育救助，为45户无住房的居民办理廉租住房租赁补贴，为220户困难居民发放大礼包。党工委与正阳矿党委、正阳医院、正阳学校开展公共驻主共建活动，为群众解决供热、供水、环境卫生、医疗卫生等方面的困难60余件。

**【司法和信访维稳工作】** 成立社会治安综合治理工作领导小组，组长由办事处主任担任，副组长由办事处副主任担任，各社区主任为成员，各社区也成立相应的组织机构。领导小组经常与正阳公安派出所、司法所沟通协调，对社会治安工作中的一些重大疑难问题，及时研究对策和措施，把矛盾或问题解决在萌芽状态。组建4支义务巡逻队，共有联防队员40名，负责日常和重大节日的社会治安管理工作，及时处理来信、来访，定时上报信访信息。

**【计划生育工作】** 2017年，为居民免费发放避孕药具3000只。截至2017年8月份，新增计生特服人员7户10人。

**【武装工作】** 正阳街道办事处武装部负责办事处辖区内青少年国防教育和为部队输送兵源、抢险救灾及兵役登记工作，组建民兵队伍。每年春季对民兵进行一次训练，应急小分队积极参加全区抗洪抢险和救灾工作。5—7月开展征兵宣传活动，发放宣传单100余份。

**【安全工作】** 认真贯彻落实区委安全生产工作会议和文件精神，正阳街道办事处和区公安分局组织6次排查非法盗采资源、消防安全工作的巡查，共检查辖区内个体经营用户10户。在安全宣传日，办事处利用公示板、微信公众号、发放宣传单100余份进行安全、普法知识的宣传。

**【优化发展环境整治工作】** 按照区委街道办实施方案，2017年9月7日，社区干部、党员、群众30余人在正阳主街路周边和社区党群活动大院开展卫生大清扫活动。

正阳街道办事处党工委召开推进“两学一做”学习教育常态化制度化暨作风整顿工作会议　　正阳街道办事处　提供

2017年7月1日，正阳街道办事处党工委组织迎庆“七一”主题活动　　正阳街道办事处　提供

2017 年 8 月 11 日，正阳街道办事处关工委积极开展“五老”进社区活动　　正阳街道办事处　提供

2017 年 9 月 29 日，正阳街道办事处党工委举办喜迎十九大文艺演出活动　　正阳街道办事处　提供

2017 年 12 月 14 日，正阳街道办事处利用“固定课堂”开展中共十九大精神宣讲　　正阳街道办事处　提供

## 东海街道办事处

**【概　况】** 东海街道办事处辖区总面积 33 平方公里，实有常住户 6508 户，人口数 15602 人，户籍户 5998 户 14911 人；一个社区（东海社区）2 个居委会（向阳居委会、中心居委会）10 个委（向阳一委、向阳二委、向阳三委、向阳四委、向阳五委、中心委、跃进委、东山委、曙光委、前进委）。人员编制，公务员 3 人，正科级 1 人，副科级 2 人。事业编 2 人，事业副科级 1 人。东海街道办事处包括计生办、信访办、民政办、司法所、安全办、政府办公室、党建办公室、妇联和劳动就业保障所。

**【党建工作】** 东海街道党工委所属党支部 3 个（机关支部、向阳党支部、中心党支部），党员 108 人，其中，流动党员 62 人。东海街道党工委全面加强学习型、服务型、创新型班子建设和干部队伍建设。结合“两学一做”学习教育常态化制度化，重点完成以下几点：一是加强班子建设和干部队伍建设。认真开展“三会一课”活动，使党员干部的整体素质提高，指导工作会议 30 余次，督导检查 30 余次，主持专题党建工作会议 6 次，聘请区委宣传部部长刘成到东海街道党工委指导学习 2 次。二是加强基层服务型党组织建设。三是做到“两学一做”学习教育常态化制度化。为贯彻落实开展“喜迎十九大，爱心满龙江”志愿服务集中活动季的安排部署，东海街道办事处党工委组织党员志愿者举行“喜迎十九大，助创文明城，爱心满城区”的红色七月一系列活动，一是党支部召开“两学一做”专题生活会，二是组织开展“金秋助学”圆梦活动，三是“两学一做”便民活动一条街活动等项活动。

**【招商引资】** 投资完成注册资金 510 万元的鸡西和谦有机农业发展有限公司。投资注册资金 500 万元的鸡西果然有机农业发展有限公司。投资注册资金 1000 万元的鸡西桂龙有机农业发展有限公司。

**【采煤沉陷征收安置工作】** 东海街道办事处采煤沉陷总户数 3379 户，已征收 3094 户，还有 285 户住宅未征收。非住宅门市 52 户，已征收 37 户，还有 15 户非住宅门市未征收。东海新区 797 户，入住率 95%。

【民政工作】2017年，东海街道办事处共有低保户192户257人，2017年新增低保户12户21人，清退18户30人。民政部门累计临时救助33户，发放资金70000元，教育救助新入学大学生3人。慈善总会资助因病致贫的杨超利资金2000元。

2017年6月9日，东海街道办事处征兵宣传

东海街道办事处　提供

【开展创建全国文明城市工作】创建全国文明城市工作开展后，东海街道办事处通过宣传板、悬挂标语、发放宣传单等多种形式，扩大宣传范围。按照区委的要求开展工作，组织人员清理卫生218人次，积极开展志愿者活动，参加志愿者服务的队伍党员15人，分两个小组，共参加组织志愿者312人次。并且与东海派出所密切保持联系，及时做好治安工作，保证居民安居乐业。社区组织志愿者开展法律咨询、健康知识宣传活动4次。街道联合社区向广大居民发放“一封信”，向广大居民宣传创建全国文明城市的相关知识。

【信访工作】接待群众来访22件（群体访3件），其中上下水问题7件，供热问题2件，环境卫生5件，房屋相关问题8件。群体访小房照和独立工矿棚户区信访案件已解决，已签协议。10月份，平安家园和向阳四委东升小区5号楼和6号楼上水出现供不上水问题，经过城建局和物业公司协商决定，为该6栋楼重新铺上水管线。收集信息10余条，其中有4次30人左右的群体访是通过多种渠道获得信息而得到及时解决。办事处主任同主管信访以及各居委会主任签订信访落实责任状，层层落实责任。

【司法调解】司法所经常组织社区开展矛盾纠纷排查活动，同时与辖区单位和商业网点及时沟通情况，避免各种案件发生。二季度调解邻里纠纷2起，调解成功率100%。社区矫正是维护社会治安稳定的一项重点工作，司法所有5人正在矫正中，被矫正人员状态稳定。

【征兵宣传】积极开展征兵工作，张贴标语100余条，悬挂宣传横幅20余条，发放宣传单500余份，征兵宣传资料发放80余份。

【劳动保障】21人办理异地医保，办理就业失业证29本，办理居民养老保险5人，养老资格认证2225人，申报2017年灵活就业社保补贴543人。

【安全工作】全面贯彻落实国家及省、市、区安委会会议精神，结合东海街道办事处实际制订社区安全生产组织机构、安全事故应急预案责任分工和东海街道办事处防御洪水灾害应急预案。针对辖区内人员聚集和经营性场所进行突发事件和安全风险隐患排查（已将排查情况上报区安委会），年前对辖区内大商服户76户进行检查，共有10户检查防火设施不安全，下发整改时间通知，在辖区内商服户下发宣传单100余份。办事处主任和主管安全以及各居委会主任签订安全落实责任状。区委宣传部部长刘成到东海排查安全隐患，对出现的问题认真分析，给予指导，针对辖区内出现的黑煤井情况，联合区公安分局、东海派出所进行排查，并将3处黑井口推倒。

## 杏花街道办事处

**【概　况】** 杏花街道办事处地处鸡东县境内。辖区面积为3.3平方公里，户数为4990户，人口为13100人。辖区内大型企业1个，为杏花煤矿。下设杏花1个社区。职工总数40人，其中机关23人，社区8人，司法所2人，就业所7人。杏花街道党委所属党支部2个，党员172人，预备党员3人，积极分子2人。人员编制，公务员2人，事业1人，分流教师1人，龙煤分流21人，协理员7人，委主任8人。辖区内中学和小学合并为一所，派出所1个，"两供一热"管理办公室1个。

**【扶持救助】** 2017年，取消低保23户、33人；新增低保34户、50人；临时救助15户、31人；教育救助2户、5人；新增廉租房补贴12户、16人。春节期间，为下岗分流等困难家庭发放救济面粉36袋，大礼包80份。

**【整治环境卫生】** 先后在4月及8月开展2次整治环境卫生集中行动。参加人数200余人次，出动车辆20余台次，清理垃圾80余立方米，制作宣传牌11个，粉刷和修剪树木600余棵。同时还对公园凉亭、建筑物进行粉刷和维修，矿区环境有很大改观。

**【信访工作】** 每周召开一次安全信访方面专门会议，讨论排查研究一周内的安全与信访工作。对排查出的安全隐患及事件，办事处安排专人负责处理和上报。特别是针对东采377户群体上访案件，安排2名专人具体负责，东采377户大部分居民已签订安置协议。针对春节前后供水、供热出现的群体上访问题，办事处先后组织召开三次协调会，积极协调承包方解决问题。为解决矿务局11栋楼排水问题，积极找建筑施工方出资2万元，改造排水管线。

2017年11月6日，杏花街道办事处全体人员学习中共十九大精神　　杏花街道办事处　提供

**【采沉治理】** 4月至5月抽调12人对育新委、兴华委和海林煤矿三个地区进行入户调查和登记，并按照政府要求的时间节点，完成调查任务。办事处对上年动迁遗留问题进行认真排查，并上报区政府，使整个动迁工作不留死角。

**【党建学习】** 杏花街道党工委全面加强学习型、服务型、创新型班子建设和干部队伍建设。结合"两学一做"学习教育，重点完成加强班子建设和干部队伍建设，加强基层服务型党组织建设，做到"两学一做"学习教育常态化制度化，按照作风整顿实施方案要求执行。

2017年5月17日，杏花街道办事处机关人员参加读书日活动　　杏花街道办事处　提供

**【招商引资】** 宣传区政府出台的招商引资优惠政策，通过宣传已招到1户投资50余万元的洗煤厂，已开工生产。杏花街道办事处拟在黄楼动迁后腾出空地建一处农贸市场，2017年末正在对外招商。

2017 年 11 月 13 日，办事处工作人员在杏花广场宣传鸡西城市“114”一号通　　杏花街道办事处　提供

【计划生育工作】认真执行国家人口和计划生育政策，长期为居民发放免费避孕药具，为居民免费发放避孕药具 1000 只，春节前组织社区计生员为流动人口返乡人员宣传国家计划生育新政策，免费发放计生药具，为广大居民办理计划生育意外保险，为独生子女家庭办理独生子女证 69 本，截至 2017 年 8 月份新增计生奖励扶助 2 户 2 人。

杏花广场，群众正在跳健身操　　杏花街道办事处　提供

【武装工作】按照区人武部要求，杏花街道办事处抢前抓早广泛宣传征兵政策，特别是利用节假日返乡探亲人员较多之机进行全面宣传，共悬挂条幅 5 个，发放宣传单 1000 余份。

【工会工作】办事处从 2016—2017 年，共接收分流职工 21 人，并积极努力为其安排岗位。同时，对分流职工重病和生活较困难家庭申请大病救济款 4000 余元，救济面粉 30 袋，让职工感受到工会温暖。

【娱乐活动】杏花居民每晚在文化广场组织开展多种健身体操、舞蹈、秧歌等文化活动，场面十分热闹，丰富人民群众体育文化生活。

## 城子河街道办事处

【概　况】城子河街道办事处地处城子河中心地区，南与永丰乡相连，西北与城西街道办事处相接，东北与长青乡相邻。辖区东西最大距离 4 公里，南北最大距离 10.19 公里。总面积 40.76 平方公里，巷道约 500 条。辖区内人口 25769 户（2010 年普查数，2017 年已增 1 万余户），58597 人，其中空挂户 8942 户、22356 人。主要职责是组织群众、宣传群众、教育群众、服务群众，切实履行促进经济发展、加强社会管理、提供公共服务、维护社会稳定。工作人员 49 人，其中行政编制 5 人（正科 2 人，副科 3 人），事业编制 1 人，教师分流 1 人，教师借用 1 人，公益性岗位 1 人，调解员 1 人和社区主任 39 人。机构设置有党建、民政、司法、计生、安监、工会、团委、妇联、信访等。

【党建工作】城子河街道办事处在花园新区建设一个集“党群、政务、社区、文体”服务于一体的街道社区党群服务中心，内设有图书馆、棋牌室、儿童之家、老年活动室等。将辖区内驻区单位的非公有党群活动中心、工会、职工服务中心、城山矿双退办、工人文化宫及兴城广场等各类组织活动场所进行整合，努力形成“一个中心、五个基地”模式的党群活动中心格局，使党群服务中心成为社区党组织为党员群众提供咨询、培训、管理、指导、协调、帮扶等服务的综合工作平台以及社区党组织和党员的活动场所、交流平台、教育园地、展示窗口、精神家园。坚持党员“三会一课”制度，2017年召开党员大会、举办党课讲座6场，组织各类活动16次，增强党员的党性和觉悟。通过开展“党员先锋站”活动，鼓励党员加入到社区志愿者服务中来，社区党组织在社区工作的核心领导作用得以彰显。每季度把党务、居务的情况进行公开公示，积极接受居民群众的监督。

**【司法工作】** 坚持经常性的矛盾纠纷的排查工作，2017年，8个居委会调解委员会共计口头调处各类矛盾纠纷20件，其中邻里家庭纠纷10件，物业纠纷10件，调解成功率80%以上。截至2017年末，司法所有23人正在矫正中，被矫正人员状态稳定，无脱管漏管。

**【信访工作】** 按照“三到位一处理”（诉求合理的解决到位、诉求无理的教育到位、生活困难的救助到位、行为违法的依法处理）要求，压实属地主体和部门主管任务，全力化解各类信访问题。城子河街道办事处积极对影响辖区内的不稳定因素进行逐一排查。实行“预警在先，苗头问题早消化；教育在先，重点对象早转化；控制在先，敏感时期早防范；调解在先，矛盾纠纷早处理”，真正把矛盾消化在萌芽之中。上半年办事处配合区信访局接待上访群访5起（80人次），个人访12次，其中经办事处主任姜永政协调相关部门处理解决群访2起，矛盾纠纷得到缓解。

**【民政工作】** 加强低保管理工作。按照“应保则保、应退则退”的管理原则，共为25户困难家庭申办最低生活保障，根据社保部门数据，对家庭生活好转、死亡等低保户实施动态管理，进行清退139户，为50余名低收入、生活困难、没有住房的居民申请办理廉租房补贴。街道办事处对300余户长期不在辖区居住无法做到监管的低保户进行清理。认真执行救助政策，对22户辖区内重病、重残、因病致贫户进行临时救助，对11名90岁以上老人进行高龄津贴发放，对办事处下辖社区地域地名进行登记。

**【安监工作】** 积极配合相关部门进行专项检查，特别是非法盗采资源小煤井及地槽钢生产，做到有情况及时上报。更新应急信息，完善应急工作，制定防汛工作预案，深入居民家进行沉陷区危房调查，排查危房，发现危房户，立即做工作，要求居民搬出危房，避免发生危险。组织各社区清理反宣品条幅10余幅，光盘挂件10余件。

**【计生工作】** 2017年，共办理222本独生子女光荣证，流动人口婚育证明14本，85份计划生育证明。根据上级要求，每天登录流动人口信息反馈平台，确保及时反馈及处理数据。及时变更黑龙江省人口和计划生育管理信息系统中户籍人员信息，按时上报PIS统计数据，并根据黑龙江卫计委金人工程平台反馈信息中的生育登记及新生儿出生信息进行调查并补充录入，同时组织社区计生助理到防疫站抄录新生儿信息，补充后录入，整理后的反馈信息分别上报卫计委每季度人口表、出生表、药具使用表等计划生育统计报表。为育龄妇女及流动人口免费发放计生宣传品避孕药具10000余支。

**【武装工作】** 开展适龄青年（18—24周岁）摸底网上报名登记工作，共张贴标语100余条，悬挂宣传横幅8条，向群众发放适龄青年宣传单1500余份，征兵宣传资料200余份，并完成了区人武部下发的征兵任务。按照区委、区政府的工作部署，严格落实，认真抓好中共十九大后的维稳工作及消防安全工作。

**【工青妇工作】** 在6个居民委创建标准化“妇女之家”；对接龙妹家庭服务信息站，提供免费学习及对接平台8次；为10名贫困女童申报“春蕾助学”得到助学资金。为贫困妇女儿童发放奶粉6罐；为2名离家老人调解与子女的矛盾，解决实际问题；参加市总工会活动，为工会会员申报工会会员惠民服务卡。

**【创建全国文明城市工作】** 以宣传为媒介，利用微信公众号、微信群、微信朋友圈和QQ群，通过宣传板、悬挂标语、发放宣传单等多种形式，扩大宣传范围。共悬挂创建全国文明城市横幅3条、发放创建全国文明城市宣传单1000余份。街道联合社区向广大居民宣传创建全国文明城市的相关知识。按照区委、街道办实施方案，2017年9月4—8日，街道党员志愿者50余人在政清路开展卫生大清扫活动。

## 城西街道办事处

**【概　况】** 城西街道办事处位于城子河区西北部，北与永丰朝鲜族乡城子河村白石组相连，东与中心办事处新红房委相接，南以城子河灌渠为界，西与永丰乡新城村毗连。城西街道办事处总面积44平方公里，辖区内人口11348户、26559人，其中，空挂户4401户、8163人，通过采煤沉陷安置6428户，其中房屋拆除4911户，原房过渡1517户，余下519户。城西街道办事处机关共有13人，书记1人、主任1人、正科级员2人、副主任1人、司法所所长1人、科员7人（公务员1人、公益性岗位2人、仲裁员1人、矿务局分流3人），正科级员和司法所所长借调到区征收办，实际在岗10人。办事处共有1个社区，3个居委会（晨光、平安、白石），居委会主任共有13人，平均年龄44岁，40岁以下占23%。辖区内有小学1所，派出所1个。

**【党建工作】** 办事处党工委共有党员122人，其中机关支部党员11人，社区自管党员111人（流动党员14人），其中45岁以下党员36人，占29.5%，大专以上学历党员33人，占27%。街道党工委全面加强学习型、服务型、创新型班子建设和干部队伍建设。深入学习贯彻实施习近平总书记系列重要讲话精神和中共十九大精神，紧紧围绕区委重大战略部署，以大力实施“四大工程”工作大局为主线，夯实党建基层基础工作，创建党建活动载体，打造党建精品工程，把学习贯彻中共十九大精神与即将开展的“不忘初心、牢记使命”主题教育紧密结合起来，作为“两学一做”学习教育和党支部开展“三会一课”的核心重点，推动社区党员干部深入学习领会中共十九大精神，帮助街道及社区党员切实把思想和行动统一到贯彻落实中共十九大全会精神上来。

**【民政工作】** 2017年，城西街道办事处低保新开户48户，删除不符合条件88户。新增廉租住房补贴64户，删除不符合条件82户。对城西街道办事处低保户进行医疗保险认定，方便低保人员就医。

**【计划生育】** 认真执行国家人口和计划生育政策，2017年，城西街道办事处共办理流动人口婚育证明3户，独生子女证133本，办理特别扶助家庭4人，开具婚育证明18份。

**【司法、武装】** 2017年，城西街道办事处司法所积极配合上级部门工作，新增社区矫正人员3名；新增劳改释放人员7人；调解各种纠纷6起。开展征兵宣传活动，发放宣传单350余份。

**【信访工作】** 2017年，接待群体访1次，共计69人次（平安社区反映动迁政策问题）；进京上访人员3名，经办事处与有关部门协调，问题已化解。

**【沉陷区改造】** 采煤沉陷区治理是区委、区政府重大的民生工程，涉及百姓切身利益。城西街道办事处要求各居委会主任将采沉区政策学深学透，提高业务能力，第一时间将相关政策、信息传递给居民。各居委会主任在2月份召开居民代表大会，讲解采沉区征收安置流程，确保征收工作顺利完成。2017年，辖区采煤沉陷改造共涉及房屋1503户，已拆迁1232户，其余居民原房过渡。

**【招商引资】** 根据区政府开展招商引资工作的要求，城西街道办事处按照引进符合区情实际的“一黑一绿一药”的好项目。与轻体保温厂到密山等地与养蜂专业户洽谈，引进投资金额520万元，项目为蜂产品和山产品加工。但由于2017年1月份该厂房着火，设备烧毁按废品变卖。截至6月份，由于该厂地在被征收范围内，2017年末新址已定，建造300平方米的厂房，企业负责人已在河北与设备厂重新签订设备协议。2017年底厂房已建完，重新安装设备投入生产。

**【创建全国文明城市工作】** 创建全国文明城市工作开展后，街道办事处通过多种形式进行宣传，共发放宣传单300余张、微信转发70余条，自制创建全国文明城市宣传材料8期，扩大宣传范围，向广大居民宣传创建全国文明城市的相关知识。城西街道办事处5次组织办事处全体党员干部及社区“两委”人员、志愿者对所辖区域加大环境卫生整治力度，集中开展卫生综合整治，下大气力治理卫生死角，为群众创造整洁、优美的生活环境。整治的范围和重点是辖区内居民区背街巷道的白色垃圾以及春节期间燃放烟花后产生的碎屑等。

**【安全工作】** 城西街道办事处采取多种方式开展安全生产大检查，办事处每月不定期检查、居委会主任定期排查、居委会主任和城西派出所建立“打非”工作群、在居民区张贴“打非”公告发动群众积极举报等方法，集中打击盗采行为。2017年上半年，办事处共发现7个非法井口，其中龙山委4个、五井委1个、永胜委1个、六井委1个，办事处第一时间将检查结果上报区安委会和城西派出所对其进行查处。按照区委、区政府淘汰钢铁落后产能打击取缔“地条钢”的要求，在辖区悬挂打击“地条钢”宣传条幅，3次下社区排查及走访附近居民，所辖区域内确无“地条钢”生产企业。

2017年7月14日，城西街道办事处组织全体人员召开机关风纪整顿及安全、防汛工作会　　城西街道办事处　提供

城西街道办事处组织工作人员学习领会中共十九大精神

城西街道办事处　提供

# 附　录

## 主要机构及其负责人名录

### 中国共产党城子河区委员会

书记：张远民

副书记：任　峰

　　　　张京海

常委：靳春海

　　　孙洪英

　　　蔡兴元

　　　李　巍

　　　佟成柱

　　　刘　成

### 区委工作部门

**区委办公室**

主任：姜永政（至7月）

　　　周　泉（7月任）

副主任：姜学波

**组织部**

部长：蔡兴元

副部长：李　强

　　　　姜洪斌（8月任）

**宣传部**

部长：刘　成

副部长：李玉华

　　　　李艳杰

**政法委**

书记：孙洪英

副书记：崔玉臣

**统战部**

部长：张京海

副部长：刘和春

　　　　程漠山

**信访局**

局长：安艾群

副局长：林海军（12月任）

**机关委员会**

党委书记：单清胜

**编办**

主任：魏保民

**老干部局**

局长：殷喜财

### 城子河区人民代表大会常务委员会

主任：别怀龙

副主任：周玉芹

　　　　柴寿山

　　　　尹淑静

　　　　高庆嵩

## 城子河区人民政府

区长：任　峰

副区长：靳春海

　　　　艾安富

　　　　张丽娟

　　　　郭志鹏

## 区政府工作部门

**区政府办公室**

主任：李长波

副主任：赵国强

　　　　李锋军（12月任）

**发展和改革局**

局长：张　岩

**教育局**

局长：王英春

副局长：孟香莲

**工业信息与科学技术局**

局长：孙建国

副局长：赵玉歆

**公安分局**

局长：郜建军

政委：潘志杰

副局长：陈晓光

　　　　李惠晶

　　　　董祺武

**司法局**

局长：邱玉学

副局长：潘淑芹

**财政局**

局长：丁　武

副局长：迟玉清

　　　　赵丽华（12月任）

**人力资源和社会保障局**

局长：张建坤

副局长：周启环

　　　　张雨绮（12月任）

**环境保护局**

局长：袁清文

**农林水牧局**

局长：陈　雷

副局长：于惠杰

**林业站**

站长：王淑兰

**水利站**

站长：汤有山

**畜牧兽医站**

站长：程艳军

**商务局**

局长：周建权

副局长：姜春颖

**经济合作促进局**

局长：周建权

副局长：姜春颖

**保障办**

副主任：孙　凯

**动物卫生监督所**

所长：李贺金（7月任）

**城乡建设局**

局长：郭立新

副局长：车洪利

**城市管理行政执法大队**

队长：曾庆伟

副队长：王英琦

**房产管理处**

书记：孙世胜

局长：姜洪伟（5月任）

副局长：林忠理

　　　　柴玉涛（12月任）

**民政局**

局长：冯立平

**审计局**

局长：艾洪胜

副局长：马晓婷

**金三角经济开发管理委员会**

副主任：刘庆国

**环卫处**

主任：王子恒

副主任：周学斌

**安煤局**

局长：丁　林

**市场监督管理局**

局长：王德全

副局长：钱宝林

　　　　刘振华

　　　　张晓刚

**卫生和计划生育局**

局长：姜虹波

副局长：金小靖

**档案局**

副局长：蔡　华

**采煤沉陷安置办公室**

主任：邹本强

副主任：赵玉启

## 中国人民政治协商城子河区委员会

主席：尚浪英

副主席：刘和春

　　　　于春丽

　　　　田松楠

## 中共城子河区纪律检查委员会

书记：佟成柱

副书记：陈　灼

　　　　李学权

## 城子河区人民法院

院长：刘文辉

副院长：孙丽坤（至5月）

　　　　王忠江（至5月）

　　　　辛宝峰（7月任）

　　　　关金海（7月任）

　　　　孙永杰（7月任）

## 城子河区人民检察院

检察长：王长林（至7月）

　　　　田奎明（7月任）

副检察长：李淑芳

　　　　　徐　鸿

　　　　　崔金涛

　　　　　姚东辉

## 群众团体

**工会**

主席：邹本强

副主席：那玉东

**共青团**

副书记：金　丰

**关心下一代工作委员会**

主任：侯庆梅

**妇女联合会**

主席：胡　伟

**残疾人联合会**

副理事长：王　颖

## 乡及街道办事处

**长青乡**

书记：田锦龙

副书记：周　泉

　　　　张启迪（7月任）

　　　　张玮宏

勾思远（12 月任）
乡长：张启迪（7 月任）
副乡长：勾思远
刘海英
郭晓慧

**永丰朝鲜族乡**

书记：高宝山
副书记：徐　亮
乡长：权秀玉
副乡长：李洪哲
朴福哲
盛永满

**正阳街道办事处**

主任：崔学军
副主任：张德成

**东海街道办事处**

主任：张启迪（至 7 月）
张玮泓（7 月任）
副主任：金桂花

**杏花街道办事处**

主任：杜井友
副主任：高洪艳（4 月任）

**城子河街道办事处**

主任：姜永政（8 月任）
书记：廉　凤

**城西街道办事处**

主任：肖嫚清（4 月任）
书记：隋立兴
副主任：王　宏（4 月任）

## 省市直属部门

**国家税务局**

局长：南承益
副局长：孟　涛
张同珍
邱连海
王佰宇

**地方税务局**

局长：韩淑艳
副局长：张万生
王　鹤

**国土资源局**

局长：赵满春

**供电所**

经理：田　钢（7 月任）
书记：孙文斌
副经理：李　平
胡宝安（7 月任）

**邮政集团公司城子河区分公司**

总经理：彭贵刚

## 金　融

**中国建设银行鸡西城子河支行**

行长：邢　晖（3 月任）
副行长：张　勇
张大明（3 月任）

**中国工商银行鸡西城子河支行**

行长：关　艳
副行长：王子民
韩少波

**鸡西农村商业城子河支行**

行长：李　彬（1 月任）

**中国农业银行城子河支行**

行长：李　卓

## 学　校

**城子河小学**

校长：田剑莽（至 7 月）
左万忠（7 月任）
书记：于　英
副校长：潘秀婷
李颜君

李洪蛟

**晨兴中学**

校长：张兆生

书记：孙其友

副校长：马丽婷

朱长勇

孙兴斌

**东海学校**

校长：侯家兴（至8月）

田剑莽（9月任）

书记：刘建荣（至8月）

周晓东（9月任）

副校长：周晓东（至8月）

陈 鉴（9月任）

吴德臣（9月任）

**立新小学**

校长：左万忠（至9月）

司宝柱（9月任）

副书记：唐淑荣（至9月）

张秋凤（9月任）

副校长：宋桂波

张代才

**树英小学**

校长：靳培武

书记：杨洪胜（至9月）

蒲丽芳（9月任）

副校长：王秀颖

杨士莲（9月任）

**杏花学校**

校长：蒲丽芳（至9月）

战 英（9月任）

书记：宋 菊

副校长：季井江

刘彦杰

王军华（9月任）

**永胜小学**

校长：孙靖和

书记：王启超

副校长：孙秀芳

**正阳学校**

校长：冯玉琼

书记：李朝霞

副校长：祁建宝

赵丽娟（9月任）

孙仁成

## 企 业

**赛龙水泥制造有限公司**

总经理：徐松鹤

副总经理：焦金健

**城海水泥有限责任公司**

总经理：刘海波

副经理：李正波

# 2017年城子河区获得荣誉单位及个人

## 单位获得荣誉

**城子河区地方税务局**

2017年7月，城子河区地方税务局被省委、省政府授予“省级文明单位标兵”称号。

**城子河区人民检察院**

2017年7月，区人民检察院被黑龙江省委授予“省级文明单位标兵”称号。

**城子河区纪检监察**

2017年8月23日，在鸡西市纪委举办的喜迎十九大“学党内法规 扬清风正气”知识竞赛中，城子河区纪检监察代表队获得优秀奖。

2017年9月8日，在鸡西市纪委举办的“迎庆中共十九大，全面从严治党从我做起”演讲比赛中，城子河区纪检监察代表队获优秀组织奖。

**城子河区人民法院**

2017 年 3 月，城子河区人民法院被评为市妇女儿童维权先进集体。

2017 年 12 月，城子河区人民法院民一庭被市中级人民法院评为先进集体。

**中国建设银行城子河支行**

2017 年 4 月，中国建设银行城子河支行在鸡西分行开展的“金鸡报晓　建行迎春”旺季营销活动中获“‘营销快贷’先进营销单位”称号。

2017 年 8 月 1 日，中国建设银行城子河支行荣获市级“重合同、守信用”企业荣誉称号。

2017 年 9 月，中国建设银行城子河支行获“市级精神文明单位”称号。

**城子河区国土资源局**

城子河区国土资源局不动产登记办公室在 2017 年度全市国土资源系统“四零”服务创建活动中获“优秀窗口单位”称号。

**城子河区人力资源和社会保障局**

2017 年 5 月，城子河区人力资源和社会保障局被共青团鸡西市委员会授予的“鸡西市五四红旗团支部（总支）”称号。

**城子河区环卫处**

2017 年 10 月，鸡西市人民政府授予城子河区环卫处“全市市容环卫工作先进集体”称号。

**城子河区卫生和计划生育局**

2017 年 12 月，市卫生和计划委员会授予城子河区卫生和计划生育局“优秀志愿服务贡献单位”“鸡西市卫生应急竞赛团体优秀奖”“鸡西市卫生应急竞赛优秀组织奖”荣誉。

**城子河区文化体育局**

2017 年 12 月，区文化体育局获得市文化体育局授予“2017 年度体育工作先进单位”和“2017 年度扫黄打非先进单位”称号。

**晨兴中学**

2017 年 12 月，晨兴中学获全国青少年学生法治知识网络大赛优秀组织奖和鸡西市民主法治学校称号。

**树英小学**

2017 年 6 月，树英小学参加第二届小学生快乐阅读比赛获鸡西赛区二等奖。

2017 年 12 月，树英小学红领巾合唱团参加黑龙江省首届少儿合唱比赛鸡西赛区选拔赛，五年级二班获鸡西赛区第一名。

**杏花学校**

2017 年 10 月，鸡西市教育局授予杏花学校“好习惯示范校”称号。

2017 年 12 月，教育部授予杏花学校“全国青少年学生法制知识网络大赛初级中学组组织奖”。

2017 年 12 月，杏花学校获黑龙江省首届青少年合唱大赛鸡西赛区小学组优秀奖。

**正阳学校**

2017 年 6 月，黑龙江省教育厅授予正阳学校“黑龙江省心理健康教育特色学校”称号。

2017 年 6 月，鸡西市教育局授予正阳学校大队部“优秀少先队集体”称号。

**城子河街道办事处**

2017 年 12 月，城子河街道办事处获中共鸡西市委政法委员会颁发的“先进单位”称号。

2017 年 12 月，城子河街道办事处获建设法治鸡西工作委员会法治宣传教育组颁发的“民主法治社区”称号。

## 个人获得荣誉

**城子河区公安分局**

2017 年 3 月，鸡西市公安局为林雪峰记个人三等功一次。

2017 年 8 月，鸡西市公安局为隋金志记个人三等功一次。

2017年3月，鸡西市公安局为李甲记个人三等功一次。

**城子河区人民检察院**

2017年5月，鸡西市人民政府授予柳会“鸡西市第二十二届劳动模范”称号。

**城子河区人民法院**

2017年12月，张宗秀立个人三等功一次。

2017年12月，栾继鹏被评为全市法院办案标兵，吴楷、刘继东、赵越、于洁被评为全市法院优秀干警，温春艳被评为全市法院调解能手。

**立新小学**

2017年3月，韩海霞、刘素萍在黑龙江省教育学院组织的“一师一优课，一课一名师”评选中获三等奖。

2017年12月，鸡西市精神文明建设办公室授予张欣欣“鸡西市优秀志愿服务活动优秀志愿者”称号。

**杏花学校**

2017年12月，市教育局授予王洪杰、赵春玲、张海霞、孙桂芬“市级骨干教师”称号。

2017年12月，王洪杰被评为“鸡西市师德先进个人”和“鸡西市好习惯示范班班主任”。

**城子河区卫生和计划生育局**

2017年4月，宋萍被黑龙江省卫生和计划生育委员会评为“免疫规划先进个人”。

2017年12月，唐晓波被黑龙江省卫生和计划生育委员会评为“艾滋病防治工作先进个人”。

**中国建设银行城子河支行**

2017年4月，邢晖获中国建设银行鸡西分行旺季营销“个人存款营销能手”称号。

2017年4月，张勇获中国建设银行鸡西分行旺季营销“实物贵金属”销售能手奖。

2017年4月，闫孝亮获中国建设银行鸡西分行旺季营销“保险销售”能手奖。

2017年4月，许召龙获中国建设银行鸡西分行旺季营销“手机银行”销售能手奖。

2017年4月，谭婷婷获中国建设银行鸡西分行旺季营销“短信销售”能手奖。

2017年9月，邢晖被中国建设银行黑龙江省总行命名为“巾帼建功标兵”。

**城子河区环卫处**

2017年10月，鸡西市人民政府授予付晶“城市美容师标兵”称号。

2017年10月，鸡西市人民政府授予孟明涛、谷梅泉、张晓波、何秀香“城市美容师”称号。

## 归档文件目录

归档文件目录（定期30年）

表2

| 件号 | 责任者 | 文号 | 题 名 | 日 期 | 页数 | 备注 |
|---|---|---|---|---|---|---|
| 1 | 城征补决字 | 11 | 城子河区人民政府房屋征收补偿决定书 | 2017年10月18日 | 17 | |
| 2 | 城征补决字 | 12 | 城子河区人民政府房屋征收补偿决定书 | 2017年10月18日 | 15 | |
| 3 | 城征补决字 | 13 | 城子河区人民政府房屋征收补偿决定书 | 2017年10月18日 | 14 | |
| 4 | 城征补决字 | 14 | 城子河区人民政府房屋征收补偿决定书 | 2017年10月18日 | 16 | |
| 5 | 城征补决字 | 15 | 城子河区人民政府房屋征收补偿决定书 | 2017年10月18日 | 17 | |
| 6 | 城征补决字 | 16 | 城子河区人民政府房屋征收补偿决定书 | 2017年10月18日 | 16 | |
| 7 | 城征补决字 | 17 | 城子河区人民政府房屋征收补偿决定书 | 2017年10月18日 | 14 | |
| 8 | 城征补决字 | 18 | 城子河区人民政府房屋征收补偿决定书 | 2017年10月18日 | 14 | |
| 9 | 城征补决字 | 19 | 城子河区人民政府房屋征收补偿决定书 | 2017年10月18日 | 14 | |

续表 2

| 件号 | 责任者 | 文号 | 题　名 | 日　期 | 页数 | 备注 |
|---|---|---|---|---|---|---|
| 10 | 城征补决字 | 20 | 城子河区人民政府房屋征收补偿决定书 | 2017 年 10 月 18 日 | 14 | |
| 11 | 城征补决字 | 21 | 城子河区人民政府房屋征收补偿决定书 | 2017 年 10 月 18 日 | 14 | |
| 12 | 城征补决字 | 22 | 城子河区人民政府房屋征收补偿决定书 | 2017 年 10 月 18 日 | 14 | |
| 13 | 城征补决字 | 23 | 城子河区人民政府房屋征收补偿决定书 | 2017 年 10 月 18 日 | 14 | |
| 14 | 城征补决字 | 24 | 城子河区人民政府房屋征收补偿决定书 | 2017 年 10 月 18 日 | 14 | |
| 15 | 城征补决字 | 25 | 城子河区人民政府房屋征收补偿决定书 | 2017 年 10 月 18 日 | 14 | |
| 16 | 城征补决字 | 26 | 城子河区人民政府房屋征收补偿决定书 | 2017 年 10 月 18 日 | 14 | |
| 17 | 城政催字 | 1 | 履行行政决定催告书 | 2017 年 2 月 12 日 | 11 | |

## 归档文件目录（永久）

表 3

| 件号 | 责任者 | 文号 | 题　名 | 日　期 | 页数 | 备注 |
|---|---|---|---|---|---|---|
| 1 | 城政发 | 1 | 城子河区人民政府关于下达 2017 年收入计划的通知 | 2017 年 2 月 8 日 | 17 | |
| 2 | 城政发 | 2 | 城子河区人民政府关于印发《城子河区水污染防治行动计划实施方案》的通知 | 2017 年 1 月 7 日 | 110 | |
| 3 | 城政发 | 3 | 关于鸡西市兴盛食品有限公司新建家禽定点屠宰场申请的批复 | 2017 年 2 月 20 日 | 6 | |
| 4 | 城政发 | 4 | 城子河区人民政府房屋征收决定 | 2017 年 3 月 6 日 | 5 | |
| 5 | 城政发 | 5 | 城子河区人民政府印发城子河区采煤沉陷区棚户区改造（沉陷治理）项目 2017 年首批危房安置征收方案的通知 | 2017 年 3 月 6 日 | 19 | |
| 6 | 城政发 | 6 | 城子河区人民政府转发《鸡西市人民政府关于贯彻落实黑龙江省人民政府贯彻落实国务院关于深入推进实施新一轮东北振兴战略加快推动东北地区经济企稳向好若干重要举措的意见若干措施的通知任务分解的通知》的通知 | 2017 年 3 月 7 日 | 28 | |
| 7 | 城政发 | 8 | 城子河区人民政府印发城子河区人民政府服务重点企业和产业项目建设“直通车”工作制度 | 2017 年 5 月 2 日 | 7 | |
| 8 | 城政发 | 9 | 城子河区人民政府转发《鸡西市人民政府转发黑龙江省人民政府关于进一步加强企业安全生产工作的实施意见的通知》的通知 | 2017 年 5 月 15 日 | 23 | |
| 9 | 城政发 | 10 | 关于城子河区污水处理厂办公楼及输水管网作为城子河区人民政府地方配套投资的批复 | 2017 年 3 月 17 日 | 6 | |
| 10 | 城政发 | 11 | 城子河区人民政府关于对城子河区金三角家具市场区域性火灾隐患销案的请示的批复 | 2017 年 6 月 12 日 | 6 | |
| 11 | 城政发 | 12 | 城子河区人民政府房屋征收决定 | 2017 年 6 月 13 日 | 5 | |
| 12 | 城政发 | 13 | 城子河区人民政府印发《城子河区采煤沉陷区棚户区改造（沉陷治理）项目 2017 年第二批危房安置征收方案》的通知 | 2017 年 6 月 13 日 | 19 | |
| 13 | 城政发 | 15 | 城子河区人民政府关于城子河区安全生产监督和煤炭管理局 2017 年度安全生产监督检查计划的批复 | 2017 年 4 月 6 日 | 37 | |
| 14 | 城政发 | 16 | 城子河区人民政府关于印发《城子河区采煤沉陷区棚户区改造（沉陷治理）项目 2017 年第三批危房安置征收方案》的通知 | 2017 年 9 月 26 日 | 33 | |
| 15 | 城政发 | 17 | 城子河区人民政府房屋征收决定 | 2017 年 9 月 26 日 | 7 | |
| 16 | 城政发 | 18 | 城子河区人民政府关于印发《城子河区采煤沉陷区棚户区改造（沉陷治理）项目非住宅房屋安置征收方案》的通知 | 2017 年 9 月 26 日 | 341 | |
| 17 | 城政发 | 19 | 城子河区人民政府房屋征收决定 | 2017 年 9 月 26 日 | 8 | |
| 18 | 城政发 | 20 | 城子河区人民政府关于印发《城子河区采煤沉陷区棚户区改造（沉陷治理）项目 2017 年第四批危房安置征收方案》的通知 | 2017 年 11 月 17 日 | 33 | |
| 19 | 城政发 | 21 | 城子河区人民政府房屋征收决定 | 2017 年 11 月 17 日 | 9 | |

续表 3

| 件号 | 责任者 | 文号 | 题 名 | 日 期 | 页数 | 备注 |
|---|---|---|---|---|---|---|
| 20 | 城政发 | 22 | 城子河区人民政府关于印发《城子河区采煤沉陷区棚户区改造（沉陷治理）项 2017 年第五批危房安置征收方案》的通知 | 2017 年 12 月 16 日 | 32 | |
| 21 | 城政发 | 23 | 城子河区人民政府房屋征收决定 | 2017 年 12 月 16 日 | 8 | |
| 22 | 城政发 | 24 | 城子河区人民政府关于印发《鸡西市城子河区 2017 年城市棚户区改造工程征收安置方案》的通知 | 2017 年 12 月 16 日 | 26 | |
| 23 | 城政发 | 25 | 城子河区人民政府房屋征收决定 | 2017 年 12 月 16 日 | 9 | |
| 24 | 城政函 | 1 | 关于拨付城子河区污水处理厂深度处理项目工程款的请示 | 2017 年 1 月 3 日 | 4 | |
| 25 | 城政函 | 2 | 关于城子河区独立矿区搬迁改造实施方案前期经费申请拨付的函 | 2017 年 1 月 5 日 | 4 | |
| 26 | 城政函 | 3 | 关于义务兵优待金区级匹配资金借款的请示 | 2017 年 1 月 9 日 | 4 | |
| 27 | 城政函 | 4 | 关于省政府安全生产第七督查组在城子河区检查中发现隐患和问题整改情况的函 | 2017 年 1 月 10 日 | 5 | |
| 28 | 城政函 | 5 | 关于城子河区食品安全快检车配套资金的承诺 | 2017 年 1 月 16 日 | 3 | |
| 29 | 城政函 | 6 | 关于协查城子河区城东村高金昌建设房屋规划审批情况的函 | 2017 年 1 月 7 日 | 4 | |
| 30 | 城政函 | 7 | 关于城子河区“两供一业”供水应急维修改造资金的请示函 | 2017 年 2 月 6 日 | 5 | |
| 31 | 城政函 | 8 | 关于城子河区水污染防治行动计划实施情况的自查报告 | 2017 年 2 月 14 日 | 34 | |
| 32 | 城政函 | 9 | 关于同意鸡西市兴盛食品有限公司新建家禽定点屠宰场的函 | 2017 年 2 月 20 日 | 4 | |
| 33 | 城政函 | 10 | 关于鸡西市富阳煤矿等三处煤矿安全生产保证金联保的函 | 2017 年 2 月 27 日 | 5 | |
| 34 | 城政函 | 11 | 关于向鸡西市保障性安居工程建设办公室提供采煤沉陷治理房源（非住宅）的函 | 2017 年 3 月 2 日 | 4 | |
| 35 | 城政函 | 12 | 关于拟建城子河区树英小学教学楼、综合楼的报告 | 2017 年 3 月 14 日 | 7 | |
| 36 | 城政函 | 13 | 关于城子河区开展落后产能煤矿梳理排查情况的说明 | 2017 年 3 月 20 日 | 8 | |
| 37 | 城政函 | 14 | 关于城子河街道办事处新区社区建设资金的请示 | 2017 年 3 月 22 日 | 4 | |
| 38 | 城政函 | 15 | 关于更新城子河区气象灾害预警信息服务对象情况的函 | 2017 年 3 月 27 日 | 7 | |
| 39 | 城政函 | 16 | 关于鸡城锅炉厂改制进展情况答复 | 2017 年 3 月 29 日 | 13 | |
| 40 | 城政函 | 17 | 关于鸡西市富阳煤矿复工整改的报告 | 2017 年 4 月 6 日 | 5 | |
| 41 | 城政函 | 18 | 关于鸡西市向阳煤炭有限责任公司复工整改的报告 | 2017 年 4 月 6 日 | 9 | |
| 42 | 城政函 | 19 | 关于鸡西市东源煤炭经销有限责任公司企源煤矿复工整改的报告 | 2017 年 4 月 6 日 | 1 | |
| 43 | 城政函 | 20 | 关于利用国家开发银行政策性贷款承建鸡西市中央下放地方煤矿棚户区改造工 2009 年度建设项目的债务偿还承诺函 | 2017 年 4 月 15 日 | 13 | |
| 44 | 城政函 | 21 | 关于鸡西市富阳等四处煤矿安全生产保证金联保的报告 | 2017 年 4 月 17 日 | 8 | |
| 45 | 城政函 | 22 | 关于鸡西市城子河铁城煤矿复工技改的请示 | 2017 年 4 月 17 日 | 5 | |
| 46 | 城政函 | 23 | 关于城子河区接收龙煤四矿两供一业人员情况的说明函 | 2017 年 4 月 18 日 | 7 | |
| 47 | 城政函 | 24 | 关于城子河区永丰乡新兴村 114 名失地农民办理养老保险手续的函 | 2017 年 4 月 20 日 | 7 | |
| 48 | 城政函 | 25 | 关于鸡西市东源煤炭经销有限责任公司企源煤矿申请复工复产的函 | 2017 年 5 月 4 日 | 5 | |
| 49 | 城政函 | 26 | 关于鸡西市富阳煤矿申请复工复产的函 | 2017 年 5 月 4 日 | 5 | |
| 50 | 城政函 | 27 | 关于鸡西市向阳煤炭有限责任公司申请复工复产的函 | 2017 年 5 月 4 日 | 4 | |
| 51 | 城政函 | 28 | 关于义务兵优待金区级匹配资金借款的请示 | 2017 年 5 月 4 日 | 4 | |
| 52 | 城政函 | 29 | 关于鸡西市 2017 年城市棚户区项目资金的承诺函 | 2017 年 4 月 22 日 | 4 | |
| 53 | 城政函 | 30 | 关于鸡西市向阳煤炭有限责任公司安全生产保证金联保的报告 | 2017 年 5 月 10 日 | 14 | |
| 54 | 城政函 | 31 | 城子河区人民政府关于临时用地的函 | 2017 年 5 月 18 日 | 8 | |
| 55 | 城政函 | 32 | 关于东海矿热源选址的请示 | 2017 年 5 月 18 日 | 4 | |
| 56 | 城政函 | 33 | 关于城子河区煤泥河抗洪抢险需要停电的通知的函 | 2017 年 5 月 21 日 | 4 | |

续表 3

| 件号 | 责任者 | 文号 | 题 名 | 日 期 | 页数 | 备注 |
| --- | --- | --- | --- | --- | --- | --- |
| 57 | 城政函 | 34 | 关于北加油站地下储油罐防渗改造的复函 | 2017 年 5 月 22 日 | 5 | |
| 58 | 城政函 | 35 | 关于龙煤集团为转岗 70 人社保关系接受的函 | 2017 年 5 月 25 日 | 11 | |
| 59 | 城政函 | 36 | 关于鸡西市城子河区三鑫源煤矿申请复工复产的报告 | 2017 年 5 月 25 日 | 5 | |
| 60 | 城政函 | 37 | 关于鸡西市城子河区三鑫源煤矿安全风险保证金的报告 | 2017 年 5 月 25 日 | 6 | |
| 61 | 城政函 | 38 | 城子河区人民政府关于拖欠鸡西市国资公司贷款本息及管理费还款计划的承诺函 | 2017 年 6 月 2 日 | 7 | |
| 62 | 城政函 | 39 | 关于申请垫付城子河区煤矿监控设备升级改造项目资金的函 | 2017 年 6 月 1 日 | 5 | |
| 63 | 城政函 | 40 | 关于鸡西矿业（集团）有限责任公司城子河煤矿九采区七井复工整改的函 | 2017 年 6 月 5 日 | 37 | |
| 64 | 城政函 | 41 | 关于刘清国同志养老保险录入情况说明的函 | 2017 年 6 月 6 日 | 4 | |
| 65 | 城政函 | 42 | 城子河区水污染防治行动计划实施情况自查报告 | 2017 年 6 月 9 日 | 41 | |
| 66 | 城政函 | 43 | 关于鸡西市东源煤炭经销有限责任公司企源煤矿安全生产保证金联保的说明 | 2017 年 6 月 16 日 | 7 | |
| 67 | 城政函 | 44 | 关于报送《城子河区良好湖泊项目专项资金审计问题整改方案》的函 | 2017 年 6 月 23 日 | 7 | |
| 68 | 城政函 | 45 | 关于穆棱市市政工程有限责任公司投诉事项调查意见的函 | 2017 年 6 月 20 日 | 5 | |
| 69 | 城政函 | 46 | 关于门前房、接建房、独立房等非成行成栋自建房征收安置的函 | 2017 年 7 月 5 日 | 5 | |
| 70 | 城政函 | 49 | 关于鸡西市城子河区城市棚户区改造工程晨兴小区项目矿产压覆评估报告的承诺函 | 2017 年 8 月 7 日 | 4 | |
| 71 | 城政函 | 50 | 关于缓交滨水颐园建设项目土地出让金的函 | 2017 年 8 月 17 日 | 7 | |
| 72 | 城政函 | 51 | 关于申请城子河区“两供一业”应急维修改造项目评审的请示 | 2017 年 8 月 21 日 | 10 | |
| 73 | 城政函 | 52 | 关于加快城子河矿国有工矿项目建设施工的催告书 | 2017 年 8 月 29 日 | 8 | |
| 74 | 城政函 | 53 | 关于加快城子河矿国有工矿项目建设施工的催告书 | 2017 年 8 月 31 日 | 5 | |
| 75 | 城政函 | 54 | 关于鸡西市创新煤矿申请复工复产的报告 | 2017 年 8 月 29 日 | 8 | |
| 76 | 城政函 | 55 | 关于穆林河众兴跨河大桥项目涉及永丰乡新城村农民办理养老保险的请示 | 2017 年 7 月 26 日 | 14 | |
| 77 | 城政函 | 56 | 关于黑龙江省环境保护督察组交办信访举办问题调查处理情况的函 | 2017 年 9 月 8 日 | 5 | |
| 78 | 城政函 | 57 | 关于申报全省新农村建设先进个人的函 | 2017 年 9 月 14 日 | 9 | |
| 79 | 城政函 | 58 | 关于 2017 年鸡西市城子河区保障性安居工程配套基础设施建设项目中央预算投资资金使用的承诺函 | 2017 年 9 月 15 日 | 7 | |
| 80 | 城政函 | 59 | 关于拨付东海、杏花独立矿区新建热源工程进度款的请示 | 2017 年 9 月 30 日 | 3 | |
| 81 | 城政函 | 60 | 关于呈报 2018 年美丽乡村示范村相关材料的函 | 2017 年 10 月 11 日 | 7 | |
| 82 | 城政函 | 61 | 关于 2017 年城子河区保障性安居工程配套基础设施项目（道路工程）的承诺函 | 2017 年 10 月 12 日 | 5 | |
| 83 | 城政函 | 62 | 关于《鸡西市环境保护督察反馈意见》反馈意见的函 | 2017 年 10 月 18 日 | 7 | |
| 84 | 城政函 | 63 | 关于鸡西市海林煤矿关闭验收的请示 | 2017 年 10 月 19 日 | 5 | |
| 85 | 城政函 | 64 | 关于 2018 年城子河区保障性安居工程配套基础设施项目情况说明的函 | 2017 年 10 月 20 日 | 7 | |
| 86 | 城政函 | 65 | 关于对城子河区东海矿职工住宅门前房接建房进行认定的函 | 2017 年 10 月 23 日 | 7 | |
| 87 | 城政函 | 66 | 关于协调鸡西市中央下放地方煤矿棚户区改造工程 2012 年度建设项目城花四期延长提款期限的请示 | 2017 年 10 月 19 日 | 8 | |
| 88 | 城政函 | 67 | 城子河区永丰乡丰安村旱改水项目资金扶持的函 | 2017 年 10 月 23 日 | 8 | |
| 89 | 城政函 | 68 | 关于《鸡西市税收收入分享改革实施方案》的意见和建议 | 2017 年 10 月 31 日 | 5 | |

续表 3

| 件号 | 责任者 | 文号 | 题 名 | 日 期 | 页数 | 备注 |
|---|---|---|---|---|---|---|
| 90 | 城政函 | 69 | 关于提供正阳矿地下资源情况的函 | 2017 年 11 月 3 日 | 6 | |
| 91 | 城政函 | 70 | 对市政协十二届一次会议第 112 号提案的答复 | 2017 年 11 月 7 日 | 6 | |
| 92 | 城政函 | 71 | 关于鸡城公路城子河段居民楼上下水管网改造的函 | 2017 年 11 月 8 日 | 3 | |
| 93 | 城政函 | 72 | 关于城子河区流域考核断面有关情况说明的函 | 2017 年 11 月 10 日 | 5 | |
| 94 | 城政函 | 73 | 城子河区关于报送查处破坏发展环境案例的函 | 2017 年 11 月 10 日 | 7 | |
| 95 | 城政函 | 74 | 关于城子河区非住宅房屋征收类别的函 | 2017 年 10 月 24 日 | 5 | |
| 96 | 城政函 | 75 | 关于移交毕克明违法建设案件的函 | 2017 年 11 月 9 日 | 5 | |
| 97 | 城政函 | 76 | 城子河区财政教育经费投入使用管理情况自查自纠的函 | 2017 年 11 月 21 日 | 15 | |
| 98 | 城政函 | 77 | 城子河区全面改善贫困地区义务教育薄弱学校基本办学条件工作自查的函 | 2017 年 11 月 21 日 | 8 | |
| 99 | 城政函 | 78 | 关于城子河区采煤沉陷治理房源情况的函 | 2017 年 11 月 27 日 | 8 | |
| 100 | 城政函 | 79 | 关于申请政府置换债券用于偿还 2018 年到期贷款本金的承诺函 | 2017 年 11 月 24 日 | 5 | |
| 101 | 城政函 | 80 | 城子河区关于报送查处破坏发展环境案例的函 | 2017 年 11 月 28 日 | 5 | |
| 102 | 城政函 | 81 | 关于三五一国有工矿棚户区改造二期工程 A 组团项目有关事项承诺书 | 2017 年 12 月 12 日 | 1 | |
| 103 | 城政函 | 82 | 关于三五一国有工矿棚户区改造二期工程 A 组团项目办理初步认定意见书的函 | 2017 年 12 月 12 日 | 1 | |
| 104 | 城政函 | 83 | 关于调整城子河区城镇棚户区改造计划的函 | 2017 年 12 月 12 日 | 2 | |
| 105 | 城政函 | 84 | 关于申请下拨关闭煤矿及煤矿淘汰落后产能奖励奖金的函 | 2017 年 12 月 18 日 | 1 | |
| 106 | 城政函 | 85 | 城子河区关于报送查处破坏发展环境案例的函 | 2017 年 12 月 8 日 | 5 | |
| 107 | 城政函 | 86 | 2017 年城子河区发展环境整治工作总结 | 2017 年 12 月 18 日 | 11 | |
| 108 | 城政函 | 87 | 关于申请拨付城子河区 2016 年“两供一业”应急维修改造项目资金的函 | 2017 年 12 月 28 日 | 5 | |
| 109 | 城政函 | 88 | 城子河区关于 2017 年申请补充劳动保障协理员的函 | 2017 年 10 月 10 日 | 5 | |
| 110 | 城政呈 | 1 | 请假报告 | 2017 年 1 月 13 日 | 3 | |
| 111 | 城政呈 | 2 | 关于城子河区采煤沉陷区货币化补偿拨付资金的承诺 | 2017 年 1 月 17 日 | 9 | |
| 112 | 城政呈 | 3 | 关于穆棱河众兴跨河大桥项目征地涉及永丰乡新城村农民办理养老保险事宜的请示 | 2017 年 2 月 19 日 | 6 | |
| 113 | 城政呈 | 4 | 关于新建鸡西市兴盛家禽定点屠宰场的请示 | 2017 年 2 月 20 日 | 4 | |
| 114 | 城政呈 | 5 | 关于鸡西市富阳煤矿复工复产验收的请示 | 2017 年 2 月 24 日 | 4 | |
| 115 | 城政呈 | 6 | 关于鸡西市向阳煤炭有限责任公司复工复产验收的请示 | 2017 年 2 月 24 日 | 4 | |
| 116 | 城政呈 | 7 | 关于鸡西市东源煤炭经销有限责任公司企源煤矿复工复产验收的请示 | 2017 年 2 月 24 日 | 5 | |
| 117 | 城政呈 | 8 | 关于城子河区采煤沉陷区货币化补偿拨付资金的承诺 | 2017 年 3 月 2 日 | 9 | |
| 118 | 城政呈 | 9 | 请假报告 | 2017 年 3 月 10 日 | 11 | |
| 119 | 城政呈 | 10 | 关于拟建城子河区树英小学教学楼、综合楼的报告 | 2017 年 3 月 14 日 | 6 | |
| 120 | 城政呈 | 11 | 关于李长波等同志任免职的请示 | 2017 年 3 月 29 日 | 37 | |
| 121 | 城政呈 | 12 | 关于城子河区 2009 年煤矿棚户区改造项目建设资金有关问题的请示 | 2017 年 3 月 16 日 | 7 | |
| 122 | 城政呈 | 12 | 关于彻查黑龙江省鸡西市城东冶炼有限公司“地条钢”举报信息的报告 | 2017 年 3 月 29 日 | 9 | |
| 123 | 城政呈 | 13 | 关于《鸡西矿业（集团）有限责任公司关于城子河区青少年宫及附近居民住宅楼等建筑物影响我公司城山矿正常回采的报告》的意见 | 2017 年 4 月 10 日 | 23 | |

续表 3

| 件号 | 责任者 | 文号 | 题 名 | 日 期 | 页数 | 备注 |
|---|---|---|---|---|---|---|
| 124 | 城政呈 | 14 | 关于城子河区城西垃圾场情况的报告 | 2017 年 4 月 24 日 | 4 | |
| 125 | 城政呈 | 15 | 关于省党代会期间城子河区煤矿安全生产工作的报告 | 2017 年 4 月 26 日 | 7 | |
| 126 | 城政呈 | 16 | 关于城子河区农村公路建设实施情况专项核查工作汇报 | 2017 年 5 月 3 日 | 16 | |
| 127 | 城政呈 | 17 | 关于调整鸡西市矿业（集团）有限责任公司城子河煤矿七井规划方案的请示 | 2017 年 5 月 4 日 | 9 | |
| 128 | 城政呈 | 18 | 关于编制城子河区正阳独立工矿区整体规划的请示 | 2017 年 5 月 8 日 | 4 | |
| 129 | 城政呈 | 19 | 关于丰安朝鲜族村少数民族特色村寨的请示 | 2017 年 5 月 9 日 | 15 | |
| 130 | 城政呈 | 20 | 关于拨付鸡西市三五一厂国有工矿棚户区改造工程进度款和前期费用的申请 | 2017 年 5 月 8 日 | 4 | |
| 131 | 城政呈 | 21 | 关于拨付鸡西市城子河矿国有工矿棚户区改造工程配套基础设施工程进度款及前期费用的申请 | 2017 年 5 月 8 日 | 7 | |
| 132 | 城政呈 | 22 | 关于拨付鸡西市城子河区城花居住二期工程进度款的申请 | 2017 年 5 月 8 日 | 6 | |
| 133 | 城政呈 | 23 | 关于城子河区采煤沉陷区货币化补偿拨付资金的承诺 | 2017 年 5 月 22 日 | 10 | |
| 134 | 城政呈 | 24 | 关于城子河区晨兴小区借款的请示 | 2017 年 5 月 26 日 | 4 | |
| 135 | 城政呈 | 25 | 关于申请拨付撤并小锅炉补助资金的请示 | 2017 年 5 月 26 日 | 7 | |
| 136 | 城政呈 | 26 | 关于退还城子河区 2014–05 号地块竞买保证金的请示 | 2017 年 6 月 9 日 | 4 | |
| 137 | 城政呈 | 27 | 关于拨付城子河区污水处理厂深度处理项目工程尾款的请示 | 2017 年 6 月 9 日 | 7 | |
| 138 | 城政呈 | 28 | 关于为永丰乡新华村、丰安村失地农民办理养老保险的请示 | 2017 年 6 月 9 日 | 5 | |
| 139 | 城政呈 | 29 | 关于城子河区城花居住区四期工程选址压覆问题的请示 | 2017 年 6 月 12 日 | 4 | |
| 140 | 城政呈 | 30 | 请假报告 | 2017 年 6 月 13 日 | 3 | |
| 141 | 城政呈 | 31 | 关于城子河区城花居住区四期工程选址压覆问题的请示 | 2017 年 6 月 19 日 | 4 | |
| 142 | 城政呈 | 32 | 关于城子河区采煤沉陷区货币化补偿拨付资金的承诺 | 2017 年 6 月 28 日 | 10 | |
| 143 | 城政呈 | 33 | 关于城子河区采煤沉陷区货币化补偿拨付资金的承诺 | 2017 年 6 月 28 日 | 10 | |
| 144 | 城政呈 | 34 | 关于更新危桥项目库的请示 | 2017 年 7 月 10 日 | 5 | |
| 145 | 城政呈 | 35 | 关于拨付鸡西市城子河区城花居住二期工程进度款的申请 | 2017 年 7 月 10 日 | 4 | |
| 146 | 城政呈 | 36 | 关于拨付鸡西市城子河矿国有工矿棚户区改造工程进度款的申请 | 2017 年 7 月 10 日 | 4 | |
| 147 | 城政呈 | 37 | 城子河区农村公路管理养护体制改革进展情况汇报 | 2017 年 7 月 25 日 | 7 | |
| 148 | 城政呈 | 38 | 关于新建鸡西市瑞彩烟花爆竹销售有限责任公司仓储库的请示 | 2017 年 8 月 4 日 | 8 | |
| 149 | 城政呈 | 39 | 城子河区关于城海路供热站有关事宜的请示 | 2017 年 8 月 8 日 | 4 | |
| 150 | 城政呈 | 40 | 关于城子河区 2018 年农村公路建设项目配套资金承诺函 | 2017 年 8 月 11 日 | 7 | |
| 151 | 城政呈 | 41 | 关于拨付鸡西市 2017 年城子河区保障性安居工程配套基础设施项目资金的请示 | 2017 年 8 月 15 日 | 1 | |
| 152 | 城政呈 | 42 | 请假报告 | 2017 年 8 月 17 日 | 1 | |
| 153 | 城政呈 | 43 | 请假报告 | 2017 年 8 月 21 日 | 1 | |
| 154 | 城政呈 | 44 | 关于上报鸡西市城子河区辖区内玉米、大豆合法面积的报告 | 2017 年 8 月 22 日 | 2 | |
| 155 | 城政呈 | 45 | 请假报告 | 2017 年 8 月 30 日 | 1 | |
| 156 | 城政呈 | 46 | 关于任峰同志销假的报告 | 2017 年 9 月 1 日 | | |
| 157 | 城政呈 | 47 | 关于城子河区采煤沉陷区货币化补偿拨付资金的承诺 | 2017 年 9 月 5 日 | 2 | |
| 158 | 城政呈 | 48 | 请假报告 | 2017 年 9 月 6 日 | 1 | |

续表 3

| 件号 | 责任者 | 文号 | 题 名 | 日 期 | 页数 | 备注 |
|---|---|---|---|---|---|---|
| 159 | 城政呈 | 49 | 关于鸡西市采煤沉陷棚户区改造工程城子河区花园新区施工便道铺设工程结算评审的申请 | 2017 年 9 月 1 日 | 1 | |
| 160 | 城政呈 | 50 | 关于鸡西市采煤沉陷棚户区改造工程城子河区花园新区通信管道工程结算评审的申请 | 2017 年 9 月 1 日 | 1 | |
| 161 | 城政呈 | 51 | 关于鸡西市采煤沉陷棚户区改造工程城子河区花园新区供水管路工程结算评审的申请 | 2017 年 9 月 1 日 | 1 | |
| 162 | 城政呈 | 52 | 关于拨付鸡西市城子河矿国有工矿棚户区改造工程进度款的申请 | 2017 年 9 月 1 日 | 1 | |
| 163 | 城政呈 | 53 | 关于鸡西市水上公园项目租用土地确权情况的汇报 | 2017 年 9 月 13 日 | 2 | |
| 164 | 城政呈 | 54 | 关于城子河区采煤沉陷区货币化补偿拨付资金的承诺 | 2017 年 9 月 15 日 | 1 | |
| 165 | 城政呈 | 55 | 关于拨付鸡西市城子河区城花居住二期工程进度款的申请 | 2017 年 9 月 18 日 | 1 | |
| 166 | 城政呈 | 56 | 关于拨付鸡西市城子河矿国有工矿棚户区改造工程进度款的申请 | 2017 年 9 月 18 日 | 1 | |
| 167 | 城政呈 | 57 | 关于拨付鸡西市城子河区城花居住二期工程进度款的申请 | 2017 年 9 月 18 日 | 1 | |
| 168 | 城政呈 | 58 | 请假报告 | 2017 年 9 月 25 日 | 1 | |
| 169 | 城政呈 | 59 | 城子河区人民政府关于任峰同志销假的报告 | 2017 年 9 月 28 日 | 1 | |
| 170 | 城政呈 | 60 | 关于城子河区 2016 年法治政府建设工作的报告 | 2017 年 9 月 30 日 | 7 | |
| 171 | 城政呈 | 61 | 关于调整变更鸡西市旭升煤炭销售有限公司兼并重组煤矿的请示 | 2017 年 10 月 23 日 | 2 | |
| 172 | 城政呈 | 62 | 关于调整城子河区所辖永丰乡、长青乡土地利用总体规划（2006—2020 年）有关指标的请示 | 2017 年 11 月 1 日 | 2 | |
| 173 | 城政呈 | 63 | 关于对鸡西市城市棚户区改造工程城子河区晨兴小区土方工程招标控制价进行评审的请示 | 2017 年 11 月 2 日 | 1 | |
| 174 | 城政呈 | 64 | 关于对鸡西市城市棚户区改造工程城子河区晨兴小区施工用水管道工程项目预算进行评审的请示 | 2017 年 11 月 2 日 | 1 | |
| 175 | 城政呈 | 65 | 关于城子河区接收龙煤集团两供一业未转岗 70 人纳入第一批组织化分流人员管理的请示 | 2017 年 11 月 3 日 | 2 | |
| 176 | 城政呈 | 66 | 关于城子河区采煤沉陷区货币化补偿拨付资金的承诺 | 2017 年 11 月 3 日 | 2 | |
| 177 | 城政呈 | 67 | 请假报告 | 2017 年 11 月 8 日 | 8 | |
| 178 | 城政呈 | 69 | 城子河区人民政府关于任峰同志外出请假的报告 | 2017 年 11 月 15 日 | 3 | |
| 179 | 城政呈 | 70 | 关于鸡西市海林煤矿人员遣散的报告 | 2017 年 11 月 15 日 | 3 | |
| 180 | 城政呈 | 71 | 关于申请城子河区“三供一业”工作经费的请示 | 2017 年 11 月 28 日 | 6 | |
| 181 | 城政呈 | 72 | 关于拨付鸡西市城市棚户区改造工程城子河区晨兴小区征收补偿费的请示 | 2017 年 12 月 5 日 | 5 | |
| 182 | 城政呈 | 73 | 关于城子河区永丰乡丰安村旱改水项目扶持资金的请示 | 2017 年 12 月 6 日 | 8 | |
| 183 | 城政呈 | 74 | 关于城子河区采煤沉陷区货币化补偿拨付资金的承诺 | 2017 年 12 月 11 日 | 11 | |
| 184 | 城政呈 | 75 | 关于拨付鸡西市城市棚户区改造工程城子河区晨兴小区征收补偿费的申请 | 2017 年 12 月 15 日 | 4 | |
| 185 | 城政呈 | 76 | 关于城子河区采煤沉陷区货币化补偿拨付资金的承诺报告 | 2017 年 12 月 26 日 | 11 | |
| 186 | 城政呈 | 77 | 关于城子河区 2017 年耕地保护目标完成情况的自查报告 | 2017 年 12 月 22 日 | 20 | |
| 187 | 城政规 | 1 | 城子河区人民政府关于印发《城子河区大气污染防治专项行动方案（2016—2018 年）》的通知 | 2017 年 3 月 10 日 | 35 | |
| 188 | 城政规 | 2 | 城子河区人民政府关于印发《城子河区土壤污染防治行动计划实施方案》的通知 | 2017 年 5 月 15 日 | 33 | |

续表 3

| 件号 | 责任者 | 文号 | 题 名 | 日 期 | 页数 | 备注 |
|---|---|---|---|---|---|---|
| 189 | 城政规 | 3 | 城子河区人民政府关于印发《城子河区开展养老院服务质量建设专项行动实施方案》的通知 | 2017 年 6 月 6 日 | 15 | |
| 190 | 城政规 | 4 | 城子河区人民政府关于印发《2017 年度城子河区大气污染综合整治工作方案》的通知 | 2017 年 6 月 2 日 | 11 | |
| 191 | 城政规 | 5 | 城子河区人民政府关于印发《建立完善守信联合激励和失信联合惩戒制度加快推进社会诚信建设的实施方案》的通知 | 2017 年 6 月 26 日 | 23 | |
| 192 | 城政规 | 6 | 城子河区人民政府关于印发《城子河区城市公立医院综合改革实施方案》的通知 | 2017 年 7 月 24 日 | 17 | |
| 193 | 城政规 | 7 | 城子河区人民政府关于印发《城子河区域内流域综合整治方案》的通知 | 2017 年 8 月 3 日 | 16 | |
| 194 | 城政规 | 8 | 城子河区人民政府关于印发《城子河区促进电子商务发展若干规定》的通知 | 2017 年 10 月 13 日 | 19 | |
| 195 | 城政规 | 9 | 城子河区人民政府关于印发《城子河区政务诚信建设工作方案》的通知 | 2017 年 11 月 9 日 | 15 | |
| 196 | 纪要 | 1 次 | 常务会议纪要（12 届 1 次） | 2017 年 1 月 13 日 | | |
| 197 | 纪要 | 2 次 | 常务会议纪要（12 届 2 次） | 2017 年 3 月 13 日 | | |
| 198 | 纪要 | 3 次 | 常务会议纪要（12 届 3 次） | 2017 年 3 月 10 日 | | |
| 199 | 纪要 | 4 次 | 常务会议纪要（12 届 4 次） | 2017 年 5 月 18 日 | | |
| 200 | 纪要 | 5 次 | 常务会议纪要（12 届 5 次） | 2017 年 6 月 14 日 | | |
| 201 | 纪要 | 6 次 | 常务会议纪要（12 届 6 次） | 2017 年 6 月 29 日 | | |
| 202 | 纪要 | 7 次 | 常务会议纪要（12 届 7 次） | 2017 年 8 月 9 日 | | |
| 203 | 纪要 | 8 次 | 常务会议纪要（12 届 8 次） | 2017 年 8 月 18 日 | | |
| 204 | 纪要 | 10 次 | 常务会议纪要（12 届 10 次） | 2017 年 9 月 9 日 | | |
| 205 | 纪要 | 11 次 | 常务会议纪要（12 届 11 次） | 2017 年 10 月 10 日 | | |
| 206 | 纪要 | 12 次 | 常务会议纪要（12 届 12 次） | 2017 年 10 月 13 日 | | |
| 207 | 纪要 | 13 次 | 常务会议纪要（12 届 13 次） | 2017 年 11 月 16 日 | | |
| 208 | 纪要 | 15 次 | 常务会议纪要（12 届 15 次） | 2017 年 11 月 23 日 | | |
| 209 | 纪要 | 16 次 | 常务会议纪要（12 届 16 次） | 2017 年 12 月 16 日 | | |
| 210 | 纪要 | 第 1 次 | 专题会议纪要（第 1 次） | 2017 年 7 月 7 日 | | |
| 211 | 纪要 | 第 2 次 | 专题会议纪要（第 2 次） | 2017 年 7 月 24 日 | | |
| 212 | 纪要 | 第 3 次 | 专题会议纪要（第 3 次） | 2017 年 7 月 24 日 | | |
| 213 | 纪要 | 第 4 次 | 专题会议纪要（第 4 次） | 2017 年 7 月 24 日 | | |
| 214 | 纪要 | 第 5 次 | 专题会议纪要（第 5 次） | 2017 年 8 月 9 日 | | |
| 215 | 纪要 | 第 6 次 | 专题会议纪要（第 6 次） | 2017 年 8 月 9 日 | | |
| 216 | 纪要 | 第 7 次 | 专题会议纪要（第 7 次） | 2017 年 8 月 26 日 | | |
| 217 | 纪要 | 第 8 次 | 专题会议纪要（第 8 次） | 2017 年 9 月 7 日 | | |
| 218 | 纪要 | 第 9 次 | 专题会议纪要（第 9 次） | 2017 年 9 月 14 日 | | |
| 219 | 纪要 | 第 10 次 | 专题会议纪要（第 10 次） | 2017 年 11 月 13 日 | | |
| 220 | 纪要 | 第 11 次 | 专题会议纪要（第 11 次） | 2017 年 12 月 19 日 | | |
| 221 | 纪要 | 第 12 次 | 专题会议纪要（第 12 次） | 2017 年 12 月 21 日 | | |

续表 3

| 件号 | 责任者 | 文号 | 题 名 | 日 期 | 页数 | 备注 |
|---|---|---|---|---|---|---|
| 222 | 纪要 | 第 13 次 | 专题会议纪要（第 13 次） | 2017 年 12 月 28 日 | 1 | |
| 223 | 纪要 | 1 次 | 办公会议纪要 | 2017 年 1 月 13 日 | | |
| 224 | 纪要 | 2 次 | 办公会议纪要 | 2017 年 3 月 10 日 | | |
| 225 | 纪要 | 3 次 | 办公会议纪要 | 2017 年 4 月 15 日 | | |
| 226 | 纪要 | 4 次 | 办公会议纪要 | 2017 年 5 月 27 日 | | |

## 归档文件目录（定期 10 年）

表 4

| 件号 | 责任者 | 文号 | 题 名 | 日 期 | 页数 | 备注 |
|---|---|---|---|---|---|---|
| 1 | 城政办 | 1 | 城子河区人民政府办公室关于调整城子河区人民政府班子成员工作分工的通知 | 2017 年 1 月 3 日 | 6 | |
| 2 | 城政办 | 2 | 城子河区人民政府办公室关于调整城子河区食品安全委员会成员的通知 | 2017 年 1 月 5 日 | 11 | |
| 3 | 城政办 | 4 | 城子河区人民政府办公室关于印发城子河区《全民健身实施计划（2016—2020 年）》的通知 | 2017 年 1 月 16 日 | 10 | |
| 4 | 城政办 | 5 | 城子河区人民政府办公室关于转发《黑龙江省人民政府办公厅关于进一步加强钢铁煤炭行业违法违规行为清理整顿工作的通知》的通知 | 2017 年 2 月 10 日 | 13 | |
| 5 | 城政办 | 6 | 城子河区人民政府办公室关于印发任峰区长《在区政府十二届一次全体（扩大）会议暨廉政工作会议上的讲话》的通知 | 2017 年 2 月 10 日 | 26 | |
| 6 | | 7 | 城子河区人民政府办公室关于报送招商引资项目进展情况的通知 | 2017 年 2 月 14 日 | 10 | |
| 7 | 城政办 | 8 | 城子河区人民政府办公室关于建立城子河区困难群众基本生活保障工作联席会议制度的通知 | 2017 年 2 月 16 日 | 15 | |
| 8 | 城政办 | 9 | 城子河区人民政府办公室关于调整城子河区突发公共事件应急委员会成员的通知 | 2017 年 2 月 21 日 | 10 | |
| 9 | 城政办 | 10 | 城子河区人民政府办公室印发城子河区人民政府常务会议制度的通知 | 2017 年 2 月 23 日 | 22 | |
| 10 | 城政办 | 11 | 城子河区人民政府办公室关于调整城子河区“质量强区”工作领导小组成员的通知 | 2017 年 2 月 28 日 | 9 | |
| 11 | 城政办 | 12 | 城政办关于印发《城子河区畜禽禁养区划定方案》的通知 | 2017 年 12 月 28 日 | 38 | |
| 12 | 城政办 | 13 | 城政办关于印发《城子河区的搬迁禁养区内规划优选法禽养殖场小区专业户工作方案》的通知 | 2017 年 12 月 28 日 | 16 | |
| 13 | 城政办 | 14 | 请假报告 | 2017 年 3 月 23 日 | 4 | |
| 14 | 城政办 | 15 | 城子河区人民政府办公室关于印发《城子河区创建消防安全社区活动实施方案》的通知 | 2017 年 3 月 30 日 | 13 | |
| 15 | 城政办 | 16 | 城子河区人民政府办公室关于调整城子河区人民政府安全生产委员会成员的通知 | 2017 年 3 月 30 日 | 10 | |
| 16 | 城政办 | 17 | 城子河区人民政府办公室关于城子河区森林防火指挥部成员的通知 | 2017 年 4 月 1 日 | 10 | |
| 17 | 城政办 | 18 | 城子河区人民政府办公室关于调整城子河区环境监管网格化管理工作领导小组及网格监管人员的通知 | 2017 年 2 月 23 日 | 17 | |
| 18 | 城政办 | 19 | 关于申请公益岗位的请示 | 2017 年 1 月 13 日 | 4 | |
| 19 | 城政办 | 20 | 城子河区人民政府办公室关于调整城子河区禁毒委员会成员的通知 | 2017 年 4 月 28 日 | 7 | |

续表 4

| 件号 | 责任者 | 文号 | 题 名 | 日 期 | 页数 | 备注 |
|---|---|---|---|---|---|---|
| 20 | 城政办 | 21 | 城子河区人民政府办公室关于转发《鸡西市人民政府办公室关于加强和规范公共资源交易管理工作的通知》的通知 | 2017 年 5 月 3 日 | 27 | |
| 21 | 城政办 | 22 | 城子河区人民政府办公室关于调整城子河区“诚信城子河”建设工作领导小组成员的通知 | 2017 年 5 月 3 日 | 13 | |
| 22 | 城政办 | 23 | 城子河区人民政府办公室关于下发《鸡西市城子河区人民政府配合国家土地督察沈阳局督察工作方案》的通知 | 2017 年 5 月 8 日 | 13 | |
| 23 | 城政办 | 24 | 城子河区人民政府办公室关于建立城子河区社会信用体系建设联席会议制度的通知 | 2017 年 5 月 16 日 | 7 | |
| 24 | 城政办 | 25 | 城子河区人民政府办公室关于转发《鸡西市人民政府办公室关于加强城市信用监测平台建设提升城市信用指数工作的实施意见》的通知 | 2017 年 5 月 22 日 | 11 | |
| 25 | 城政办 | 26 | 城子河区人民政府办公室关于成立城子河区“三供一业”维修改造指挥部的通知 | 2017 年 5 月 17 日 | 11 | |
| 26 | 城政办 | 27 | 城子河区人民政府办公室关于成“6·15”城子河区白石砑石山滑坡事故调查小组的通知 | 2017 年 6 月 16 日 | 5 | |
| 27 | 城政办 | 28 | 城子河区人民政府办公室关于调整城子河区深化医药卫生体制改革领导小组组成人员的通知 | 2017 年 6 月 8 日 | 5 | |
| 28 | 城政办 | 29 | 城子河区人民政府办公室关于调整城子河区防汛抗旱指挥部成员的通知 | 2017 年 7 月 10 日 | 7 | |
| 29 | 城政办 | 30 | 城子河区人民政府办公室关于印发《城子河区加快推进“互联网+政务服务”工作实施方案》的通知 | 2017 年 6 月 30 日 | 23 | |
| 30 | 城政办 | 32 | 城子河区人民政府办公室关于转发《鸡西市产业项目立项审批环节一次性告知制度》的通知 | 2017 年 8 月 7 日 | 18 | |
| 31 | 城政办 | 33 | 城子河区人民政府办公室关于印发《城子河区重点产业项目定期督办制度》《城子河区投资项目审批领办代办制度》的通知 | 2017 年 8 月 7 日 | 16 | |
| 32 | 城政办 | 34 | 城子河区人民政府办公室关于建立城子河区农村集体土地权属争议暨农村集体产权制度改革联席会议制度的通知 | 2017 年 8 月 16 日 | 9 | |
| 33 | 城政办 | 35 | 城子河区人民政府办公室关于印发《2017 年城子河区政务公开工作要点》的通知 | 2017 年 8 月 11 日 | 34 | |
| 34 | 城政办 | 36 | 城子河区人民政府办公室关于调整城子河区人民政府安全生产委员会成员的通知 | 2017 年 9 月 10 日 | 8 | |
| 35 | 城政办 | 37 | 城子河区人民政府办公室关于加强城子河区采煤沉陷区治理后腾空土地管理的通知 | 2017 年 9 月 14 日 | 5 | |
| 36 | 城政办 | 39 | 城子河区人民政府办公室关于印发《城子河区城乡居民基本医疗保险基金征缴工作方案》的通知 | 2017 年 9 月 26 日 | 14 | |
| 37 | 城政办 | 40 | 城子河区人民政府办公室关于转发《鸡西市人民政府关于公布保留修改废止规范性文件的通知》的通知 | 2017 年 9 月 22 日 | 31 | |
| 38 | 城政办 | 41 | 城子河区人民政府办公室关于印发《城子河区住房保障对象信息联动审核平台方案》的通知 | 2017 年 9 月 27 日 | 16 | |
| 39 | 城政办 | 42 | 城子河区人民政府办公室关于转发鸡西市政府办公室关于《深入学习贯彻陆昊省长在虎林市调研期间重要指示精神的通知》的通知 | 2017 年 9 月 29 日 | 14 | |
| 40 | 城政办 | 43 | 城子河区 2017 年第三季度优化发展环境案例 | 2017 年 10 月 10 日 | 7 | |
| 41 | 城政办 | 44 | 城子河区人民政府办公室关于印发《城子河区 2017 年度法治政府建设考核方案》的通知 | 2017 年 10 月 18 日 | 28 | |

续表 4

| 件号 | 责任者 | 文号 | 题 名 | 日 期 | 页数 | 备注 |
|---|---|---|---|---|---|---|
| 42 | 城政办 | 45 | 城子河区人民政府办公室关于印发《城子河区 2017 年度行政执法责任制考核方案》的通知 | 2017 年 10 月 18 日 | 15 | |
| 43 | 城政办 | 46 | 城子河区人民政府办公室关于转发《鸡西市人民政府办公室印发鸡西市进一步加强“地沟油”治理工作实施方案的通知》的通知 | 2017 年 10 月 24 日 | 13 | |
| 44 | 城政办 | 47 | 城子河区人民政府办公室关于转发《鸡西市人民政府关于做好鸡西市“十三五”食品药品安全工作的意见》的通知 | 2017 年 10 月 24 日 | 15 | |
| 45 | 城政办 | 48 | 城子河区人民政府办公室关于转发鸡西市政府办公室转发《黑龙江省“十三五”基本公共服务清单的通知》的通知 | 2017 年 10 月 24 日 | 22 | |
| 46 | 城政办 | 49 | 城子河区人民政府办公室关于转发鸡西市政府办公室转发《黑龙江省“十三五”基本公共服务清单的通知》的通知 | 2017 年 10 月 24 日 | 29 | |
| 47 | 城政办 | 50 | 城子河区人民政府办公室关于转发《城子河区乡村医生队伍建设实施方案》的通知 | 2017 年 10 月 26 日 | 22 | |
| 48 | 城政办 | 51 | 推荐请示 | 2017 年 11 月 2 日 | 3 | |
| 49 | 城政办 | 52 | 城子河区人民政府办公室关于印发《城子河区解决已入住未验收楼房不能办理房屋产权确认工作实施方案》的通知 | 2017 年 6 月 22 日 | 26 | |
| 50 | 城政办 | 53 | 城子河区人民政府办公室关于印发《城子河区 2017 年“放管服”改革重点任务分工方案》的通知 | 2017 年 11 月 6 日 | 39 | |
| 51 | 城政办 | 54 | 城子河区人民政府办公室关于转发鸡西市人民政府办公室印发《鸡西市规范性文件管理办法的通知》的通知 | 2017 年 11 月 6 日 | 32 | |
| 52 | 城政办 | 55 | 城子河区人民政府办公室关于机关冬季清雪工作安排的通知 | 2017 年 11 月 15 日 | 8 | |
| 53 | 城政办 | 56 | 城子河区人民政府办公室关于转发《关于个别单位工作推诿、担当意识差情况的通报》的通知 | 2017 年 11 月 20 日 | 22 | |
| 54 | 城政办 | 58 | 城子河区人民政府办公室关于建立城子河区土壤污染防治行动联席会议制度的通知 | 2017 年 12 月 14 日 | 14 | |
| 55 | 城政办 | 59 | 城子河区人民政府办公室关于印发《城子河区解决离岗退养老年乡村医生生活补助问题实施方案》的通知 | 2017 年 12 月 28 日 | 28 | |
| 56 | 城政办 | 60 | 城子河区人民政府办公室关于印发《城子河区人民政府成立城子河区深入推进城市执法体制改革改进城市管理工作领导小组》的通知 | 2017 年 11 月 16 日 | 8 | |
| 57 | 城政办规 | 1 | 城子河区人民政府办公室关于印发《城子河区煤矿企业超层越界开采专项检查整治行动工作方案》的通知 | 2017 年 5 月 16 日 | 11 | |
| 58 | 城政办规 | 2 | 城子河区人民政府办公室关于印发《2017 年度城子河区水污染防治行动计划实施方案工作任务》的通知 | 2017 年 6 月 16 日 | 8 | |
| 59 | 城政办规 | 3 | 城子河区人民政府办公室关于印发《城子河区危险化学品安全综合治理实施方案》的通知 | 2017 年 7 月 25 日 | 38 | |
| 60 | 城政办规 | 4 | 城子河区人民政府办公室关于印发《城子河区电线电缆专项整治工作方案》的通知 | 2017 年 8 月 31 日 | 17 | |
| 61 | 城政办规 | 5 | 城子河区人民政府办公室关于印发《城子河区第三期学前教育三年（2017—2020）行动计划》的通知 | 2017 年 10 月 25 日 | 38 | |
| 62 | 城政办规 | 6 | 城子河区人民政府办公室关于印发《城子河区个人诚信体系建设工作方案》的通知 | 2017 年 11 月 9 日 | 17 | |
| 63 | 城政办规 | 7 | 城子河区人民政府办公室关于印发《城子河区城镇燃气安全综合治理工作方案》的通知 | 2017 年 10 月 31 日 | 25 | |

# 关于城子河区域内街路命名、更名的通知

各单位：

为规范我区的地名管理，加快城区的建设步伐，方便人民群众的生活，根据《地名管理条例实施细则》，经认真考证和实地调查，广泛征求社会各界意见并报区委常委会研究同意，确定了城子河区街路名称命名，现公布如下：

更名的街路

表 5

| 原用名 | 新命名 | 汉语拼音 | 命名依据和由来 |
| --- | --- | --- | --- |
| 荣华路 | 中心大街 | Zhōngxīn Dàjiē | 按照政府统一规划，因位于中心地带，以此命名的 |
| 新医路 | 民强街 | Mínqiáng Jiē | 按照政府统一规划，寓意居民自强、自立 |
| 政府路 | 政通路 | Zhèngtōng Lù | 按照政府统一规划，寓意通往幸福的一条路，一路通畅 |
| 新　路 | 政清路 | Zhèngqīng Lù | 按照政府统一规划，寓意当地政府清正廉洁，政治清明、干部廉洁 |
| 佳和路 | 政祥路 | Zhèngxiáng Lù | 按照政府统一规划，寓意吉祥和谐，百姓生活其乐融融 |
| 三建路 | 政昌路 | Zhèngchāng Lù | 按照政府统一规划，寓意繁荣昌盛之意 |
| 城海路 | 民爱街 | Mín ài Jiē | 按照政府统一规划，寓意城子河区百姓互敬互爱，幸福的生活 |
| 永丰乡路 | 兴荣路 | Xīngróng Lù | 按照政府统一规划，寓意兴盛繁荣 |

新命名街路名称

表 6

| 暂用名 | 新命名 | 汉语拼音 | 命名依据和由来 |
| --- | --- | --- | --- |
| 无名 | 民乐街 | Mínlè Jiē | 位于兴城广场东侧的一条路，希望百姓安居乐业 |
| 无名 | 民业街 | Mínyè Jiē | 位于兴城广场西侧的一条路，希望百姓安居乐业之意 |
| 无名 | 民育街 | Mínyù Jiē | 通往桥北家具城的一条路，以民字开头，取育才中学的“育”字，培育人才之意 |
| 无名 | 民才街 | Míncái Jiē | 通往育才中学的一条路，以民字开头，取育才中学的“才”字，培育人才之意 |
| 无名 | 兴华路 | Xīnghuá Lù | 位于喜盈门北侧的一条路，以兴字开头，振兴中华之意 |
| 无名 | 兴邦路 | Xīngbāng Lù | 位于新城村界碑前的一条路，兴字开头，使城区兴盛之意 |
| 无名 | 兴盛路 | Xīngshèng Lù | 途经美华玻璃厂的一条路，兴字开头，振兴城区，繁荣昌盛之意 |
| 无名 | 兴雅路 | Xīngyǎ Lù | 通往永平村的一条路，兴字开头，比较幽静的一条路，取雅字 |
| 无名 | 兴瑞路 | Xīngruì Lù | 位于农商银行北侧的一条路，兴字开头，祥瑞、吉祥之意 |
| 无名 | 政丰路 | Zhèngfēng Lù | 政字开头，通往永丰乡政府的一条路，年年丰收之意 |

城子河区人民政府办公室

2017 年 9 月 11 日